ケースで読み解く
経営戦略論
Strategic Management

《編著》

草野 素雄／上村 聖

誉 清輝／小谷 茂生／坂上 順子／田部 渓哉

久保田 精一／栗田 るみ子／辻 智佐子

川辺 純子／今西 一／木内 正光

河重 隆一郎／三國 信夫／髙橋 欣也

八千代出版

執筆者一覧

草野　素雄	城西大学経営学部教授	第1章
誉　清輝	城西大学経営学部客員教授	第2章
上村　聖	城西大学経営学部教授	第3章
小谷　茂生	社会経済研究工房代表 城西大学非常勤講師	第4章
坂上　順子	城西大学経営学部准教授	第5章
田部　渓哉	城西大学経営学部助教	第6章
久保田精一	サプライチェーン・ロジスティクス研究所 城西大学非常勤講師	第7章
栗田るみ子	城西大学経営学部教授	第8章
辻　智佐子	城西大学経営学部教授	第9章
川辺　純子	城西大学経営学部客員教授	第10章
今西　一	デロイトトーマツ コンサルティング合同会社 城西大学非常勤講師	第11章
木内　正光	城西大学経営学部准教授	第12章
河重隆一郎	独立行政法人神奈川県立産業技術総合研究所 城西大学非常勤講師	第13章
三國　信夫	城西短期大学准教授 城西大学経営学部兼任講師	第14章
髙橋　欣也	城西大学経営学部助教	第15章

はじめに

　戦略という言葉は、「将軍の術（the art of general）」を意味し、その語源は古代ギリシャ時代までさかのぼることができるといわれている。本来は軍事用語である戦略は「敵に勝つための作戦」のことであるから、「経営戦略」は、敵を市場に置き換え、「市場で勝つための作戦」と考えることができる。作戦を立てるためには、企業が現在置かれている状況（＝現状）および、その作戦で勝つとはどういうことか（＝将来の目指す姿）が明確でなければならない。現状と目指す姿の2つが明確になって初めて、これらの間の埋めるべきギャップが見えてくる。これを埋めるのが経営戦略で、企業の強みや弱みなどの経営資源としての内部要因と、事業を展開する業界や市場における機会や脅威などの環境としての外部要因の影響を考慮して立案される。

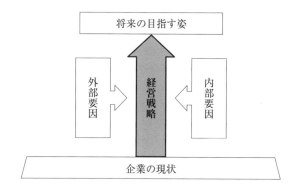

　本書は、経営戦略論を従来の教科書のように理論の説明からではなく、企業で実際にどのような戦略がとられているかを描いたケースから理解しようとするものである。東北大学経営学グループによる『ケースに学ぶ経営学』以降、最近の経営学関連の入門書や大学生向けの教科書は、「ケース＋理論の解説」の形式が増えている。一般の読者にとって、戦略論の全体像や網羅性の追求より、実際に企業でどのように活用できるかの方が優先順位は高い。また、企業がある戦略を策定して実行する背景には、上図の通り様々な要因が影響しているため、戦略だけを取り出して説明しても分かりにくい。したがって、戦略がど

のような背景で生まれたのかを実際の事例の中で説明する方式が有効なのである。特に、本書には、執筆者が注目している興味深いケースが揃っている。

　本書のねらいおよび構成は次の通りである。
　各章では、はじめに章の位置づけを簡単に説明した後、 ケース で企業の現状や置かれている環境下での戦略の概要を紹介する。次に、 ケースを読み解く では、ケースで取り上げた企業の戦略について、戦略論のキーワードを用いて理論的に解説する。これにより、読者はケースの背後にある戦略論のコンセプトを容易に理解することができるはずである。
　土屋守章氏によると、経営戦略を以下の図の通り、企業の将来の在り方に関する「企業戦略」、その企業戦略を支える「事業別戦略」と生産、財務、マーケティングなどの「機能別戦略」に分類している。また、マーケティングを企業の全体戦略の中に位置づける分類もある。

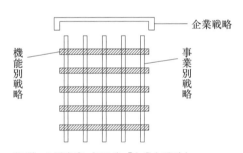

出所）土屋守章（1984）『企業と戦略』
　　　日本リクルート出版部、p.25。

　本書では、まず第１部で「企業の全体戦略」について経営学やマーケティングの戦略論を解説し、第２部で「企業の機能別・事業別戦略」を取り上げる。

　最後に、本書を作成するにあたり、インタビューの機会や原稿の確認および修正等のお手間を頂戴するなど、快くご協力いただいた八千代出版の森口社長をはじめ担当者、ならびに関係者の皆様に改めて御礼を申し上げたい。

　　　　　　　　　　　　　　　　　　　　　　編著者　草野素雄・上村聖

目　　次

はじめに　i

第 1 部　企業の全体戦略

第 1 章　流通産業と経営戦略　　2

ケース　流通産業の動向と経営戦略

　1　流通業界の動向 2　　2　小売業態のライフサイクル 8　　3　流通産業における
イノベーション 11

ケースを読み解く

　1　流通業界の分析枠組み 13　　2　小売業態の分析枠組み 20　　3　流通イノ
ベーションの分析枠組み 21

第 2 章　EMS 企業のコスト・リーダーシップ戦略　　24

ケース　台湾鴻海精密工業の国際経営戦略

　1　郭台銘会長の経営哲学 25　　2　スマイルカーブにおける鴻海の位置づけ 26
　3　鴻海の企業文化 27

ケースを読み解く

　1　コスト・リーダーシップ戦略 29　　2　グローバル戦略 30　　3　プラット
フォーム・イノベーション 32　　4　顧客管理 34　　5　今後の展開 35

第 3 章　産業廃棄物処理業における差別化戦略　　38

ケース　「石坂産業」再生の軌跡

　1　石坂産業について 38　　2　ダイオキシン野菜騒動による経営危機 40
　3　創業者の娘、立ち上がる 40　　4　改革の推進 42　　5　里山の再生と維持 43

ケースを読み解く

　1　差別化戦略 44　　2　ファミリービジネス 46　　3　環境経営と CSR 48

第 4 章　観光産業における差別化戦略　　51

ケース　札幌観光バスの再生と成長

iii

1　中堅企業から学ぶ基本戦略　51　　2　再生に向けた改革　52　　3　貸切バス事業の現状と問題　55　　4　貸切バスを起点とした新事業展開　58

ケースを読み解く

1　競争の戦略　63　　2　今後の成長課題と経営者　66

第5章　金融業における差別化戦略　　　　　　　　　　　　　　68

ケース　りそなHDのリテール戦略

1　りそなグループの概要と戦略　68　　2　過去の2つの事象とその後の戦略　69
3　りそなHD改革と再生　71

ケースを読み解く

1　金融業界におけるりそなHDの位置づけ　74　　2　金融業におけるリテール戦略とりそなの成果　79　　3　格付けによるりそなの外部評価　80

第6章　家電産業における集中戦略　　　　　　　　　　　　　　84

ケース　バルミューダの競争戦略

1　成熟した家電製品市場　84　　2　企業概要　85　　3　扇風機とオーブントースターが日本で普及するまで　88

ケースを読み解く

1　成熟した市場でチャンスを作る　89　　2　「ほかとは違う」バルミューダ　94
3　成熟市場における競争優位　96

第7章　物流業の経営戦略とイノベーション　　　　　　　　　　98

ケース　トランコムによる物流業のイノベーション

1　トランコムの事業展開　98　　2　事業発展の経緯　102

ケースを読み解く

1　ツールとしてのITの活用　106　　2　物流業の様々な戦略とブルーオーシャン戦略　109　　3　後発企業ならではのイノベーション　111　　4　多角化によるリスク分散とシナジー効果　112

第8章　IT産業における再生戦略　　　　　　　　　　　　　　114

ケース　ジャストシステム―おもてなしの一太郎―

1　PCの発展　114　　2　ジャストシステム　118

目　　次

| ケースを読み解く |

　　1　新規事業への進出　123　　　2　ジャストシステムの戦略評価　127

第9章　地域産業における中小企業戦略　130

| ケース | 今治タオル工業における産地戦略と経営戦略

　　1　四国タオル工業組合　130　　　2　渡辺パイル織物　133　　　3　大和染工　137

| ケースを読み解く |

　　1　四国タオル工業組合の産地戦略　140　　　2　渡辺パイル織物の差別化戦略　142
　　3　大和染工のグローバル戦略・技術戦略　144　　　4　戦略は人なり　147

第2部　企業の機能別・事業別戦略

第10章　グローバル経営戦略における地域統合の意味　150

| ケース | ASEAN におけるトヨタの展開

　　1　ASEAN の経済概況と自動車市場　150　　　2　ASEAN におけるトヨタ　151
　　3　トヨタの対 ASEAN 戦略　155

| ケースを読み解く |

　　1　地域統合・グローバル化と産業集積・クラスター論　161　　　2　トヨタの戦略と課題　163

第11章　鉄道会社における観光戦略　166

| ケース | 近鉄におけるインバウンド・観光収益増大に向けた取り組み

　　1　わが国の観光概況と近鉄グループホールディングスの概要　166　　　2　近鉄グループホールディングス中期経営計画における観光施策とその結果　168

| ケースを読み解く |

　　1　観光戦略の目的と視点　171　　　2　環境分析による観光戦略対象エリアの仮説導出　174　　　3　戦略オプションの導出とアクションプランの優先順位づけ　177
　　4　戦略実行スタイル　179

第12章　中小製造業の生産戦略　182

| ケース | 中小製造業を取り巻く環境

　　1　村上製作所　182　　　2　田中製作所　183　　　3　日昭電器　183　　　4　中小製造

v

業の生産の特徴　184

ケースを読み解く

　1　中小製造業の役割　185　　2　村上製作所の生産戦略　187　　3　田中製作所の
生産戦略　189　　4　日昭電器の生産戦略　190　　5　中小製造業の生産戦略と環境
適応力　192

第13章　ニッチャーの技術・情報戦略　194

ケース　東邦電子の情報・技術戦略

　1　創業　194　　2　高度成長期　195　　3　多角化—新たな領域へ進出する—　196
　4　技術の進歩の一歩先をねらう　198　　5　世代交代と新たな戦略　200

ケースを読み解く

　1　買い手に対する高い交渉力　202　　2　戦略的ポジショニング—ニッチャーの企業
戦略—　203　　3　起業家の情報戦略　205　　4　今後の展望　207

第14章　シェアリングエコノミーとプラットフォーム戦略　209

ケース　Airbnbの新たなビジネスモデル

　1　「所有」から「共有」「共用」へ　209　　2　世界を席巻するAirbnb　210
　3　Airbnbの誕生　211　　4　Airbnbのビジネスモデル　213

ケースを読み解く

　1　シェアリングエコノミーとは　215　　2　シェアリングエコノミーの仕組み　219
　3　シェアリングエコノミーを可能にしたもの　222　　4　シェアリングエコノミーの
影響　223

第15章　事件から学ぶコンプライアンスと経営　225

ケース　欠陥製品を巡る事件

　1　PL法上の責任が問われた事案　225　　2　刑事製造物責任　227

ケースを読み解く

　1　企業の法的責任　230　　2　リスクマネジメント　233　　3　CSR　235

　索　　引　239

vi

第 1 部

企業の全体戦略

第 1 章

流通産業と経営戦略

　本章では、流通産業、特に小売業における経営戦略やマーケティング戦略を、ケーススタディを通して解き明かしていく。小売業では産業構造が大きく変わり、百貨店や総合スーパー（GMS）のように多様な品揃えを重視した大規模小売店から、コンビニエンスストア（以下、コンビニ）のように品揃えを限定した小規模小売店へ、そしてドラッグストアのように専門店でありながら生活に必要なものは何でも購入できる中規模小売店へと時代のニーズを反映した業態改革が進んでいる。さらに最近では上述した有店舗小売業からネット通販のような無店舗小売業へと新たな潮流が生まれている。そうした中で7つのケースを挙げ、経営学やマーケティングの戦略理論を解説していく。

ケース 　流通産業の動向と経営戦略

1　流通業界の動向

1）イオンとダイエー

　2013年3月イオンはダイエー買収を決断した。半世紀前にはダイエーがイオン源流の一つであるスーパーフタギを買収しようとしたことがあった。

　1956年の経済白書に「もはや戦後ではない」と書かれたように、そのころには、日本経済は復興し、その後ダイエーや岡田屋（イオンの前身）などスーパーが各地に誕生した。

　経済学者の林周二がスーパーと消費社会の変化に注目し、『流通革命』を出版し、ビジネス書としてベストセラーとなった。大量生産と大量消費をスーパーが結びつければ、卸売業者は存在しなくなり、商品の価格は下がり、消費者は豊かになると論じた。

2

第1章 流通産業と経営戦略

図表1-1 イオンとダイエーの沿革

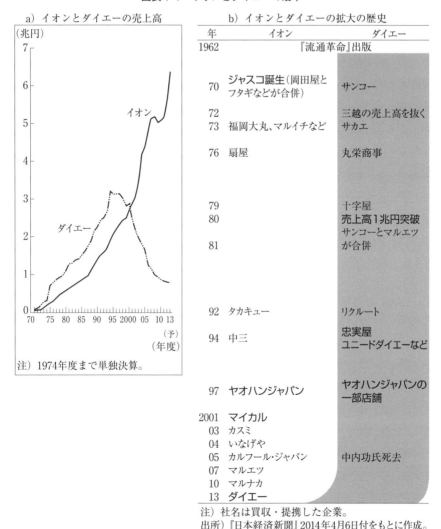

出所)『日本経済新聞』2014年4月6日付をもとに作成。

　ダイエーの創始者**中内㓛**は『わが安売り哲学』で流通の支配権をメーカーから奪い返すことが流通革命であると述べた。**規模の経済**を追求することが流通業者の使命だと信じていた。

　ダイエーもイオンも同じ方向を目指し、M＆Aを繰り返すことで覇権争い

3

を展開した。しかし、メーカーの希望小売価格が優勢で、価格は思ったほど下がらなかった。

1990年代もダイエーは大合併を続け、売上高は3兆2000億円となり、中内は「日本の物価を半分にする」と宣言した。一方イオンもヤオハンジャパンを支援したり、1兆円規模のマイカルも傘下に収めたりした。それでも規模拡大を追求したダイエーとイオンが価格決定権をメーカーから奪取することはなかった。

しかしながらスーパーは新たな戦略として、PB（プライベートブランド）に注目した。2014年2月期、ダイエーを買収したイオンの売上高は6兆円を超え、PBの販売量は大手メーカーのヒット商品に匹敵する規模になり、今では大手メーカーもPB商品を製造するようになった。ついにPBで小売業者は価格決定権を手に入れた。2017年2月期イオンの売上高目標は8兆円以上となり、PBも1兆5000億円になると予測した。流通革命が新たな形で実現しそうである。

2) GMSの凋落

衣食住に関する商品をすべて取り揃えたGMSが苦しんでいる。ダイエーは何度も倒産の危機に瀕し、イトーヨーカ堂（店名イトーヨーカドー）も多くの店舗を閉鎖せざるを得なくなっている。

「イオンスタイル碑文谷店」が装いを新たに2017年12月にオープンした。この店舗は同年5月まで「ダイエー碑文谷店」として営業を続けており、1994年には225億円という売上高だったが、閉店前には100億円程度に半減していた。ダイエーは国の産業再生機構の支援を受け、2014年イオンの完全子会社となり、「ダイエー」の名は事実上消滅することになった。この碑文谷店は1975年に開業し、1カ所であらゆる物を購入できるというワンストップショッピングの嚆矢として注目され、その後の大量出店へとつながった。米国の有名コンサルティング会社の助言で、店舗内の陳列もメーカー別から消費者の買いやすい商品群ごとに変更した。

当時ダイエーは飛ぶ鳥を落とす勢いで、米ウォルマートの創業者S.ウォルトンも視察に訪れ、その後の店舗運営に活用したといわれている。

大衆から圧倒的支持を受けた店が変調を来したのはバブル崩壊後の1992年。

図表 1-2　GMS の苦戦傾向

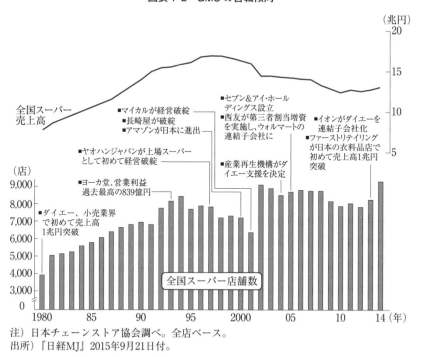

注）日本チェーンストア協会調べ。全店ベース。
出所）『日経MJ』2015年9月21日付。

　同時期にイトーヨーカ堂も下落し続け、今や往時のGMSビジネスモデルの構造変革を迫られている。GMSの最高売上高は1997年の10兆円。当時豊かさを手に入れた消費者は、同質化を嫌い、他人とは異なる自分らしさを求め、GMSの品揃えでは満足しなくなっていた。低価格路線を貫いたダイエーと価格競争から一線を画したイトーヨーカ堂がともに勢いを失っていった。「よい品をどんどん安く。より豊かな社会を」をスローガンに掲げたダイエーや大手スーパーから、豊かさを手に入れた消費者が皮肉にも離れ、経営破綻するところが続出した。

　代わって1990年代以降台頭してきたのが専門店チェーンだ。ファーストリテイリング（ユニクロ）、ニトリ、良品計画（無印良品）などは、製造、流通、販売をつなぐ**垂直統合モデル**を導入し、所得が減少する中、限定した分野で低価格を実現し、消費者の期待に応え成功を収めている。

第1部　企業の全体戦略

図表1-3　ダイエーと碑文谷店の売上高および業態別推移

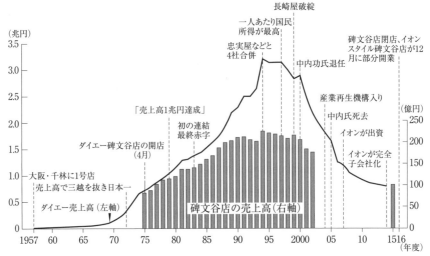

注）ダイエーの売上高は2015年以降公開せず。碑文谷店の売上高は2003～2014年度まで非公開。2015年は推計。

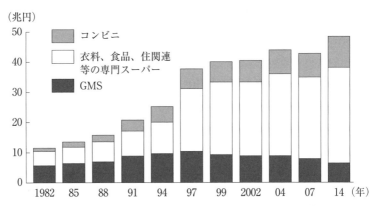

資料）GMS、専門スーパーは経産省『商業統計』、コンビニは日経調査。
出所）『日本経済新聞』2016年12月4日付をもとに作成。

　スーパー業界の中でGMSが不振を極める中、食品スーパーが気を吐き、顧客のニーズに合った品揃えで着実に成長してきた。GMSがメーカーや問屋に依存し、自ら顧客と向き合えなかったことが敗因だった。セブン＆アイやイ

オンがこの難局を乗り切れた主因は、GMS に代わる柱を見つけたことである。前者はコンビニ、後者は食品スーパーとドラッグストアである。他方ダイエーは「21 世紀の小売像」を描けなかったということだろう。

3) コンビニ出店鈍化とコンビニの再編

　コンビニの拡大ペースが鈍化している。大手3社が2017年度に計画する店舗の純増数は前年度から半減する見通しだ。セブン-イレブン・ジャパンは純増数が減少し、ファミリーマートは店舗の統廃合により純減となる。環境が厳しくなる中、出店数を絞り店ごとの採算を重視する動きが顕著になってきた。

　国内のコンビニ店舗数は2017年3月末時点で5万6160店であり、大手3社が市場全体の9割を占める。2017年度における3社の純増数は合計で700店と、この10年で最低の水準となる見通しだ。

　店舗数の拡大に伴い、同じチェーンの間でも顧客獲得競争が激化し、スーパーやドラッグストアなど**異業態間競争**も加わり、全国のコンビニ既存店の来店客数は、1年以上にわたって前年を下回った。近年、既存店売上高伸び率は鈍化しているため、店舗のてこ入れが共通の課題になっている（図表1-4）。

図表1-4　コンビニ3社店舗数の伸び

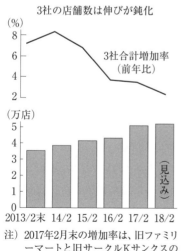

注）2017年2月末の増加率は、旧ファミリーマートと旧サークルKサンクスの前期合算値をもとに計算した。
出所）『日本経済新聞』2017年5月6日付をもとに作成。

図表1-5　コンビニの再編と店舗数

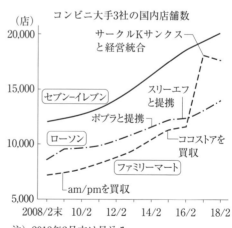

注）2018年2月末は見込み。
出所）同左。

第1部　企業の全体戦略

　ファミリーマートは、傘下の「サークルK」と「サンクス」を「ファミリーマート」に統一する作業を進め、商圏が重複する店は移転や閉店などで対応し、ローソンは「スリーエフ」など提携先のコンビニをローソンに看板替えする。

　首位セブン–イレブン・ジャパンは2万店規模となり、店舗数で圧倒的に優位を保ってきたが、セブン–イレブンを追う大手2社も再編を重ね規模を広げてきた。

　ファミリーマートは2009年にam/pm、2015年にココストア、2016年秋にはサークルKサンクスを経営統合した。店舗数は約1万8000店になり、ローソンを抜いてセブン–イレブンに迫る2位となった。ローソンもポプラやスリーエフなど中堅コンビニとの提携を広げ、各コンビニの2つのブランドを冠した店名のコンビニを増やしている（図表1-5）。

　各社とも、淹れたてコーヒーや惣菜に注力、セット買いが増えて、客単価は上がり続けているが、競争が激しく客数が減る中、既存店売上高を伸ばすのは至難の業となっている。

2　小売業態のライフサイクル

1）小売・消費再編の半世紀

　『日本経済新聞』の小売業調査で過去のランキングをさかのぼると、消費者のライフスタイルの変化によって小売の主役が入れ替わってきたことが分かる。1967年度の第一回調査の首位は大丸だった。上位には三越、高島屋、松坂屋が並び、当時小売市場は百貨店の独占状態だった。

　5位に「主婦の店ダイエー」が登場し、10位には西友ストア（現・西友）が入り、GMS時代が到来しつつあった。イトーヨーカ堂はこの時まだ25位、現在のイオンを作った岡田屋グループとフタギ、シロの3社は40位台に並んでいた。「価格破壊」や「流通革命」を標榜したダイエーは、1972年度に三越を抜いてトップに立ち、1979年度に初めて売上高1兆円を突破した。買収などで拡大を続けたが、バブル崩壊後失速し、2000年度にコンビニのセブン–イレブン・ジャパン（含チェーン全店売上高）に首位を明け渡し、2013年度にイオンの子会社になった。

　モノ不足の時代からモノ余りの時代へ変わり、消費者の目は厳しくなり、ユ

ニークな商品やサービスを提供する店の存在感が高まった。大丸や三越など半
世紀前に売上高 10 位以内の企業の多くは、生き残りをかけて合併を繰り返し
ていった。消費者の購買行動は幅広い品揃えの大型店から、独自商品を揃えた
専門店にシフトし、ユニクロを展開するファーストリテイリングは、売上高で
百貨店最大手の三越伊勢丹ホールディングスを凌ぐようになった。

　一方でネット通販が急速に台頭し、アマゾンジャパンが J. フロントリテイリ
ングを抜いて 6 位に上昇した。スマートフォンで注文すれば自宅に商品が届く
という新たな利便性を提供するネット通販が、従来型利便性（時間、場所、品揃
えなどのコンビニエンス）を提供してきたコンビニとともに現在の消費を牽引し
ている。

2)　ドラッグストア—小売の主役—

　ドラッグストアがスーパーやコンビニと並ぶ小売業態に成長してきた。売上

図表 1-6　売上高上位 10 社、50 年の変遷

順位	第 1 回 (1967 年度)	第 10 回 (1976 年度)	第 20 回 (1986 年度)	第 30 回 (1996 年度)	第 40 回 (2006 年度)	第 50 回 (2016 年度)
1	大丸	ダイエー	ダイエー	ダイエー	セブン＆アイ HD	イオン
2	三越	三越	イトーヨーカ堂	イトーヨーカ堂	イオン	セブン＆アイ HD
3	高島屋	西友ストアー	西友	ジャスコ	ヤマダ電機	ファースト リテイリング
4	松坂屋	大丸	ジャスコ	マイカル	ダイエー	ヤマダ電機
5	主婦の店 ダイエー	イトーヨーカ堂	三越	高島屋	ユニー	三越伊勢丹 HD
6	西武百貨店	高島屋	西武百貨店	西友	高島屋	アマゾン ジャパン
7	伊勢丹	ジャスコ	ニチイ	三越	西友	J. フロント リテイリング
8	阪急百貨店	ニチイ	高島屋	ユニー	大丸	高島屋
9	東急百貨店	西武百貨店	大丸	西武百貨店	三越	エイチ・ツー・オー リテイリング
10	西友ストアー	鉄道弘済会	ユニー	大丸	伊勢丹	ユニー・ファミ リーマート HD

注）HD はホールディングスの略。
出所）『日経 MJ』2017 年 6 月 28 日付をもとに作成。

第1部　企業の全体戦略

高でコンビニの6割に達し、小売の中でも拡大路線が顕著だ。医薬品だけでなく食品・日用品まで扱い、今後は高齢社会のニーズに合った地域医療を担う新たな業態になり、コンビニを超える存在になり得る。

「何でも揃う。安いのでまとめ買いをする」とドラッグストアを訪れる主婦は答える。

地方のドラッグストアが地域で果たす役割は大きく、車で来店した買い物客は、食品や日用品のワンストップショッピングをしていく。売り場は大型スーパー並みで、風邪薬などの一般用医薬品（OTC）や化粧品だけでなく、日用品、野菜や加工食品、酒類まで数万点を販売する。

品揃えがよく、安価であるという消費者の評価を受け、出店ペースは加速している。日本経済新聞社がウエルシアホールディングスなど主要10社の2017年度の店舗計画を調査したところ、新規出店は2016年度に比べ13％多い800店超と2012年度以降で最高となる。

大手10社の店舗数は、2017年度末に1万店以上となり、純増655店（純増率6％）はコンビニ大手3社が2017年度に計画する前年度比2.3％や、主要スーパー15社の2017年度計画0.9％を上回る。

コンビニの純増数はこの10年で最低水準となり、スーパーも新規出店が2012年度以降で最も少なく、中小チェーンを含めたドラッグストア総店舗数は、2016年度に1万9000店近くになるといわれている。2000年度比で6割増え、都市部で展開する約6万店のコンビニの3割強に達した。GMSなどが加盟する日本チェーンストア協会の店舗数の2倍を超えるという。

小売業の中で後発のドラッグストアは、医薬品から日用品、食品までを低価格で販売するビジネスモデルにより、1990年代から急成長が始まった。核家族化とデフレで強まった節約志向を追い風に客層を広げ、コンビニからやや遅れ、日本の小売業態の中核になってきた。

ドラッグストアは、出店地域のニーズに合わせて出店し、人口の多い都市部では医薬品や化粧品をメインに販売し、増加するインバウンド（訪日客）需要も取り込んでいる。地方では購買頻度の高い食品の比率を上げ、スーパーの代替として存在感を高めている。野菜など生鮮食品を販売したり、食品の売上高比率が6割に迫るところもある。スーパーやコンビニとの競争は激しく、「業

態の垣根はもう全くない」という経営者もいる。

ウエルシアHDは、2019年度末までに調剤併設店を現在の5割増の1500店超とし、全店の85％にすると同時に、24時間営業の店舗も4倍の400店に増やし、在宅介護など深夜早朝の急な薬の需要に対応するという。「地域の医療拠点」となれるかどうかが今後の成長の鍵を握るであろう。

図表1-7　ドラッグストア、スーパー、コンビニの売上高推移

出所）『日本経済新聞』2017年7月9日付をもとに作成。

3　流通産業におけるイノベーション

1）アマゾン売上高国内1兆円超―小売大手、半数減収―

日本経済新聞社がまとめた2016年度の小売業調査によると、ネット通販最大手のアマゾンジャパンの売上高が、初めて1兆円を突破し、セブン＆アイなど大手小売業は半数が減収となった。国内の小売市場が2年連続で減少する中、**ネット通販**などの**無店舗小売業**が有店舗小売業のシェアを奪う構図が鮮明になってきた。

アマゾンジャパンの2016年度売上高は、前年度比17.5％増の1兆1747億円となった。商品の選びやすさやスピード配送などの利便性で消費者の支持を集め、4月から生鮮品を配達する「アマゾンフレッシュ」を開始した。百貨店やドラッグストアの商品を届けるサービスも加え、年会費3900円の「プライム会員」は、配送無料のサービスなどの特典が好評で登録者を伸ばしている。

アマゾンジャパンの2桁成長が続けば、2017年度は売上高で百貨店最大手の三越伊勢丹ホールディングスを抜く見通しだ。衣料品通販サイト「ゾゾタウン」を運営するスタートトゥデイは、2016年度の売上高が763億円と4割増加した。

第1部　企業の全体戦略

図表1-8　ネット通販と小売業上位5社増収率比較

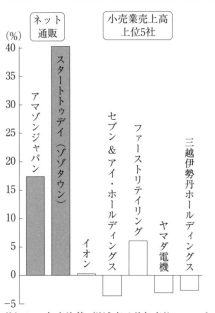

注）2016年度決算、増減率は前年度比、アマゾンジャパンの売上高は年平均の為替レートで換算。
出所）『日本経済新聞』2017年6月28日付をもとに作成。

増収額ランキングではアパレル小売「ユニクロ」のファーストリテイリング、ドラッグストア大手のツルハホールディングス、家具大手のニトリホールディングスなど専門店が上位を占めた。

商業動態統計によると、2016年の国内小売業の販売総額は139兆8770億円と前年比0.6％減少した。

既存の小売業では売上高上位20社のうち半数が減収となり、首位のイオンは334億円の増収にとどまった。2位のセブン＆アイは百貨店とGMSが不振で、2100億円の大幅減収、三越伊勢丹ホールディングスなど百貨店大手も軒並み減収となった。

2）米ショッピングモール苦境

米国におけるショッピングモールが国内全土で苦戦している。インターネット通販の急成長に押されて次々と店舗が閉鎖され、集客力を失ったことが大きな要因だ。

米国では、テナントの撤退が続き、閑散としたショッピングモールは「デッドモール（Dead Mall）」と呼ばれる。ニュージャージー州郊外にあるバーリントン・センター・モールもそのうちの一つだ。老舗百貨店メイシーズと大手スーパーJCペニーが撤退し、100あった店舗で現在も営業している店は1割程度だ。

「昔は生活で必要なものはここですべて揃った」と1982年の開業当時からこのモールに通った近隣の住民は答えている。だが、ハロウィーンやクリスマス

など季節のイベントも長い間開催されなくなり、「コミュニティにとって、大切な場」が失われつつある。

米国のショッピングモールは、「アンカーテナント（核店舗）」と呼ばれる大手百貨店を中心に形成されてきた。そうした百貨店は、現在アマゾン・ドット・コムなどネット通販業者に顧客を奪われ、相次いでモールから撤退している。

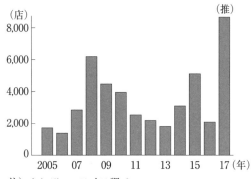

図表 1-9　米小売閉鎖店舗数

注）クレディ・スイス調べ。
出所）『日本経済新聞』2017年6月14日付をもとに作成。

2017年、JCペニーとシアーズ・ホールディングスは、100店舗以上の閉鎖を発表し、メイシーズも2016年100店舗閉鎖した。2017年の閉鎖店舗数は8000店を超えるともいわれている。「今後5年で米国では1100あるモールのうち最大4分の1が消える」と大手金融機関クレディ・スイスは米ショッピングモールの先行きを推測している。

ケースを読み解く

1　流通業界の分析枠組み

1）競争戦略、製品開発、垂直統合

1960年代はじめ、当時東大教授であった**林周二**の『**流通革命**』が経済関係のジャンルでベストセラーとなり、流通業界の主導権が、それまでの大手メーカーや商社から大手スーパーへと移る革命前夜のような様相を呈していた。1960年代から1970年代にかけて、ダイエーやイトーヨーカ堂をはじめとするスーパーチェーンが店舗数を増大させるだけでなく、地方の中小スーパーを自陣に引き入れるため、合従連衡を繰り返し、かつて小売業の盟主であった百貨

第 1 部　企業の全体戦略

店を凌駕し、1970 年代はじめにはまさに流通革命を体現し主役に躍り出た。しかしその後小売業界の中で寡占化が進み、四半世紀後、競争地位ではチャレンジャーやフォロワーだったイトーヨーカ堂とジャスコが、セブン & アイとイオンという大規模小売グループとなって、コンビニやショッピングモールを日本で定着させていった。小売業の業態が百貨店、食品スーパー、GMS、コンビニなどへと変遷し、まさに戦国時代のように盟主が入れ替わり、小売構造を大きく変貌させていった。

　この文脈を理解するうえでは、「小売の輪」「基本的競争戦略」「市場地位別競争戦略」などの理論が見事にあてはまる。

　M. P. マクネアが「小売の輪」という論文で主張したように、革新的小売業者は低価格、品揃え、サービスと重点を変えつつ大規模化を進めるが、いずれ次世代の革新的小売業者が新たな革命を起こし、同様のプロセスを経て業界構造を変えていくのは歴史的必然であろう。

　「**基本的競争戦略**」は、**M. E. ポーター**が示した経営戦略の基本的枠組みであり、図表 1-10 のように、3 つの基本的競争戦略、すなわち**コスト・リーダーシップ、差別化、焦点絞り込み（集中）**である。1970 年代はダイエーがスケールメリットを生かして低価格を実現し、イトーヨーカ堂や西友やジャスコはダイエーとの違いを強調し、量より質を追及し、その他の企業は、地域のニーズに合わせたマーチャンダイジング（商品化計画）を実施していった。

　「**市場地位別競争戦略**」（図表 1-11）は、**P. コトラー**が提唱した理論で、**市場リーダー、チャレンジャー、フォロワー、ニッチャー**という 4 つのランクに分けて論じている。リーダーであるダイエーは最大のマーケットシェアを持ち、市場

図表 1-10　基本的競争戦略

	顧客から特異性が認められる	低コスト地位
業界全体	差別化	コスト・リーダーシップ
特定セグメントだけ	差別化集中　←	→　コスト集中

集　中
（焦点絞り込み）

戦略ターゲット

出所）ポーター, M. E. 著、土岐坤ほか訳 (1982)『競争の戦略』ダイヤモンド社、p. 61（一部加筆）。

14

第1章　流通産業と経営戦略

図表 1-11　市場地位別競争戦略

市場地位

リーダー 40%	チャレンジャー 30%	フォロワー 20%	ニッチャー 10%

全体を拡大したり自社のマーケットシェアを維持しながら、他企業をリードする戦略をとり、チャレンジャーであるイトーヨーカ堂などはリーダーや他の企業からシェアを奪取する戦略を立て、フォロワーである三番手グループはリーダーの戦略に追随するか模倣する戦略を遂行し、ニッチャーである地方スーパーはニッチ（大企業が注目しないセグメント）に焦点を合わせ、経営資源をそこのみに集中させる戦略をとることになる。かつて小規模スーパーだったヤオコーは、埼玉県で地域のニーズに合わせ着実に成長を遂げたスーパーである。

　またナショナルブランド（National Brand：以下、NB）vs. プライベートブランド（Private Brand：以下、PB）というブランド戦略に関しても、メーカーと小売業の主導権争いが見て取れる。ある製品が市場に導入され、消費者から支持され市場規模が大きくなると、多くのメーカーが淘汰され、最も成功した企業が市場を支配するようになる。しかし「流通革命」により市場リーダーになった小売業者が、自らのブランドを中小メーカーに仕様書発注し大量に販売するようになると、価格面でメーカーのブランド（NB）より流通業者のブランド（PB）が優位に立ち、今では安かろう悪かろうではなく、リーズナブルな価格で良質な商品を提供する戦略として消費者から高く評価されるようになる。大手小売業者では2割近くをPBが占め、低価格品だけでなく、高価格品も登場するようになった。消費者の小売業者に対する信頼度が高まったといえる。さらに専門品小売業者、例えば紳士服専門店、アパレル専門店、家具専門店などがチェーン展開を進めた結果、品質やデザイン重視のオリジナルブランドが専門店の売上の大半を占めるようになった。ユニクロのように生産から小売まで総合的に管理する **SPA** 業態（Specialty store retailer of Private label Apparell）で流通革命を実践している小売業が新たな主役として登場し、生産者（Producer）、卸売業者（Wholesaler）、小売業者（Retailer）、消費者（Consumer）という伝統的連鎖の P–W–R–C から、**サプライチェーン**（Supply Chain）として W を排除し垂

15

第1部　企業の全体戦略

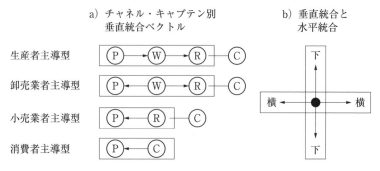

図表1-12　小売業者主導型垂直統合

出所）草野素雄（2017）『入門｜マーケティング論（第5版）』八千代出版。

直統合した P-R-C へと変貌を遂げていった（図表1-12）。

2) 小売業のライフサイクル論、ポートフォリオ戦略、真空地帯論

　GMSとはGeneral Merchandise Storeの略で総合スーパーと訳されている。Supermarket（スーパーマーケット）は食品スーパーを意味し、米国で大恐慌が発生した1929年以降、つまり1930年代にニューヨークから全米に広がった当時の新業態である。失業者が多くなかなか経済が回復しない中、セルフサービスという革新的な販売方法によって食品を安く売る店が大衆の支持を得たのである。1960年代日本にもスーパーという業態が導入されるが、ダイエーは薬品卸から、イトーヨーカ堂やジャスコは衣料品店からといったように、日本型スーパーは米国型スーパーと異なり、比較的短期間で衣食住を扱う大型スーパー（GMS）へと変貌していった。しかしこのGMSという業態の中でトップに躍り出たダイエーが、バブル崩壊を機に競争戦略の転換を余儀なくされ、1990年代の終わりには失速し、その後事実上倒産（**産業再生機構**入り）し2013年にはイオンの傘下に入った。低価格大量販売を追求したダイエーと品質を重視したイトーヨーカ堂が1990年代後半から主客転倒の様相を呈したが、21世紀に入り続々とGMSが姿を消し、大手スーパーの西友も世界最大の小売業者ウォルマートに買収された。イトーヨーカ堂をはじめGMSが苦戦する中、アパレル、家具、薬品などの専門店チェーンの成長戦略が功を奏し、今日に至っている。

第1章　流通産業と経営戦略

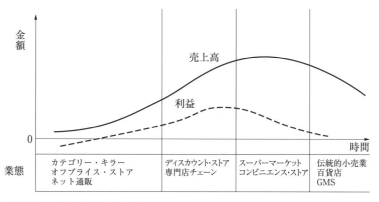

図表 1-13　小売業態ライフサイクル論

出所）草野素雄（2017）前掲書をもとに一部修整。

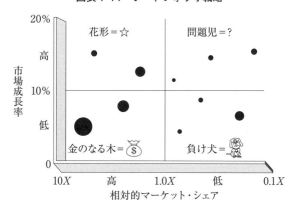

図表 1-14　ポートフォリオ戦略

出所）Kotker, P. and Armstrong, G.（2001）*Principles of Marketing,* 9th edition, Prentice-Hall, p. 54.

　小売業態の**ライフサイクル論**（図表1-13）によると、小売業にも導入期、成長期、成熟期、衰退期があり、ネット通販は**導入期**、専門店チェーンは**成長期**、コンビニは**成熟期**、GMSや百貨店は**衰退期**に入っていると解釈してよいだろう。
　小売業態を図表1-14に示されているような**ポートフォリオ戦略**（Product Portfolio Management）の視点で分析すると、**問題児**がネット通販などの無店舗販売、**花形**が専門店チェーンやドラッグチェーン、**金のなる木**がコンビニ、**負

第 1 部　企業の全体戦略

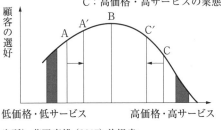

図表 1-15　真空地帯論

A：低価格・低サービスの業態
B：選好分布の中心にある業態
C：高価格・高サービスの業態

顧客の選好

低価格・低サービス　　　　　　高価格・高サービス

出所）草野素雄（2017）前掲書。

け犬が GMS や百貨店に相当するだろう。

真空地帯論（図表 1-15）では、低価格低サービスと高価格高サービスを両極に置くと、多くの小売業態は大衆が支持する中価格中サービスにシフトしようとするため、両端のエリアが空白になり新規参入の余地が生まれるということである。したがって低価格低サービスのネット通販や高価格高サービスの高級食品スーパーが新たに参入してくるということである。

3）競争環境要因分析、ブルーオーシャン戦略、行動経済学

　コンビニ業界で大手 3 社の寡占化が進んでいる。ポーターの競争戦略に基づき、規模の利益を追求し、マーケットシェア最大化ができたセブン-イレブンがコスト・リーダーシップ戦略を、2 番手、3 番手のファミリーマートやローソンは商品やサービスの差別化戦略を、その他のコンビニは特定のニッチに焦点を絞り込んだ集中戦略を展開しているといってよいだろう。

　しかしながら、上位 3 社はコンビニにとって市場環境が厳しくなる中、店舗の統廃合を進め、出店戦略を抑制しつつある。成熟市場になると、消費者ニーズが多様化し品揃えも一律ではなくなる。ポーターの **5 forces**（図表 1-16）によると、同業他社との競争だけでなく、ドラッグチェーンなどの新規参入業者が地方のマーケットで存在感を見せ、異形態間競争が本格化する。

　コンビニが小売業界で成功を収めた要因の一つは 1970 年代に施行された大規模小売店舗法であろう。当時大手スーパーの出店攻勢で地域の商店街が顧客を奪われ、出店反対運動が各地で盛り上がった。大型店は郊外に出店を余儀なくされ、消費者の購買行動が大きく変容していった。そうした中、米国を視察した鈴木敏文（元セブン＆アイ・ホールディングス代表取締役）は、スーパーを補完する形で発展していたコンビニに注目し、日本への導入を決断した。スーパーの開店前や閉店後の時間でも営業し、商店街でも出店できる小規模な店舗

18

図表1-16　ポーターの5つの競争環境要因（5 forces）

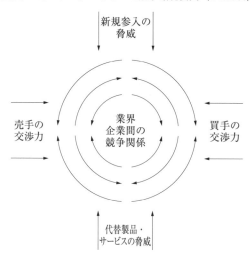

出所）ポーター, M. E. 著、竹内弘高訳(1999)『競争戦略論Ⅰ』ダイヤモンド社、p. 34（一部加

は、勢いを失いつつあった商店街に溶け込み、サラリーマンや若者にとってなくてはならない存在となった。大手小売チェーンは郊外にはスーパーで、街中ではコンビニで自らの商圏を確保する戦略が成功した。小売業界では、大規模スーパー間での激しい競争が展開され、伝統的小売勢力であった商店街とも血で血を洗う戦いが繰り広げられたが、コンビニはその争いに巻き込まれず、小売業界にいながら、全く異質な存在として勢力を拡大していった。まさに**W. C. キム**と**R. モボルニュ**の提唱した**ブルーオーシャン戦略**を実践したといってよいだろう。つまり同じルールで激しく戦う**レッドオーシャン**（red ocean）ではなく、新しいルールの下で競合相手のいない静かな**ブルーオーシャン**（blue ocean）で独自の世界を広げたのである。他の小売業態が次々と大規模化するのに対し、コンビニは300 m^2 ほどの面積で、3000品目ほどの商品を扱い、利便性（場所、時間、品揃え、サービス）を提供し、商店街で確固たる地位を築き、チェーン店であるにもかかわらず、地域の人々に愛される存在になった。さらに3社の寡占化は進むが、今後はドラッグストアなどの業態がコンビニやスーパーの市場に侵食し、新たなレッドオーシャンが広がっていきそうな雲行きで

第1部　企業の全体戦略

ある。

21世紀に入り、コンビニのマーケットは飽和状態に入ったといわれてきたが、2010年代に入って、東日本大震災をきっかけに顧客層が変わり、主婦と高齢者がコンビニを活用するようになった。低価格志向であった主婦層もコンビニのPB商品やオリジナル商品の価値を評価するようになり、コンビニの一大セグメントになりつつある。行動経済学者 **R. セイラー**（2017年ノーベル経済学賞受賞者）の「**メンタルアカウンティング**（Mental Accounting）」によると人々の心の財布が入れ替わると消費行動も大きく変化するということになる。「**プロスペクト**（prospect）**理論**」では「合理的経済人」ではない消費者は利得を獲得するより損失を回避する選択をすることを証明している。したがってかつてはサラリーマンや若者をターゲットにしていたコンビニが、OL層、主婦層、高齢者層という異なった価値観を持ったセグメントをターゲットにし、コンビニ業態を細分化し、他との差別化を図るためのポジショニングを行うといったマーケティング戦略が2010年代の趨勢になっている。

2　小売業態の分析枠組み

1）小売業態の変遷とサービス工業化

小売業の売上高は1967年には大丸、三越などの百貨店が上位を占め、1976年にはダイエーをはじめ西友、イトーヨーカ堂などのGMSが百貨店を凌駕し、1986年には上位すべてをGMSが独占した。1996年には業界の再編が進み、セブン＆アイとイオングループが圧倒的に優位に立ち、2016年になると、専門店チェーンとネット通販が小売業界の主役に躍り出た。過去50年間を振り返ってみると、百貨店→GMS→多角化小売グループ（コンビニ、ドラッグストア、ショッピングモールなど）→大型専門店と無店舗小売業（ネット通販）へと小売業態が変遷した。

価格、品揃え、サービスの3要素を時代のニーズに合わせて最適な組み合わせを行ってきた小売企業がトップに登り詰めたということだろう。

また店舗小売業から無店舗小売業へと流れが変わり、専門店チェーンの売上高もネット通販の割合が増え、カタログやテレビが主体だった無店舗販売もネット通販が主流となっている。しかし、ネット通販大手は、スーパーやコン

ビニなどをグループの傘下に収め、有店舗の利点も取り込もうとしている。**T. レビット**の「サービス工業化」理論で指摘されているように、ハード・テクノロジーとソフト・テクノロジーによる革新だけでなく、両者を組み合わせたハイブリッド・テクノロジー、言い換えるとリアルとバーチャルな世界を融合したハイブリッド型の小売業が今後クローズアップされるようになるだろう。

2）STP戦略（Segmentation, Targeting, Positioning）

ドラッグストアチェーンが小売業の中で最も成長率が高く、小売業界の中で主力業態になりつつある。地域社会のニーズに合わせた品揃えとサービスが特に高齢者に高く評価され、コンビニに代わって新たな市場リーダーになろうとしている。これは薬や日用品を中心に、ドラッグストアという業態を確立したのだが、近年は地方で、スーパーとコンビニの中間の店舗面積で食品の品揃えも拡大し、中には生鮮食品も加え、営業時間も延長して、両者の牙城を切り崩している。高齢者の増大を追い風に高齢者という大きなセグメントのニーズに焦点を合わせ、きめ細かく対応する戦略（**セグメンテーション**と**ターゲティング**）が、スーパーやコンビニという異業態との**差異化**（**ポジショニング**）を図り、その既存業態から顧客を獲得し成長している。

3　流通イノベーションの分析枠組み

1）ニッチ戦略、ロングテール理論、集中貯蔵の原理

アマゾンをはじめとするネット通販が小売業の中で急速に成長し、まさに業

図表1-17　ABC分析とロングテール理論

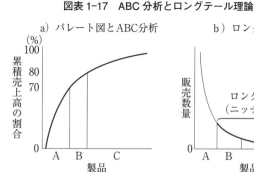

出所）草野素雄（2017）前掲書。

図表1-18　集中貯蔵の原理

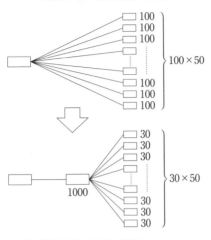

出所）草野素雄（2017）前掲書。

界にイノベーションを起こしつつある。自宅にいながらにして、あるいはスマートフォンで直接注文できる利便性から、百貨店やGMSという大型有店舗小売業を売上高で追い抜く状況である。かつて無店舗販売といえば、カタログ販売やテレビショッピングが中心であったが、今やネットが主導権を握り、商品の配送は宅配を活用している。店舗は持たないが、配送システムは不可欠であるため、コンピュータやロボットを配備した流通センターを構築している。品揃えも生鮮品まで拡大し、取り扱い品目数も幾何級数的に伸び、ABC分析では死に筋として排除されていたBやCの商品群も「ニッチ商品群」として再評価され、「**ロングテール**（Long Tail）**理論**」という逆説的発想で生き残るようになった。これは有店舗小売業では各店舗で在庫を持たなければならないが、ネット通販ではネット上で直接顧客の注文に応じ宅配便で届けるため、M.ホールの「**集中貯蔵の原理**」（図表1-18）が働き、必要最小限の在庫に抑えられるため、流通全体にかかるコストはかなり削減できるということである。

2）小売の輪

　米国における小売業界の動向を見ると、ショッピングモールの衰退が大きな歴史的転換点になっている。第二次大戦後全米各地にショッピングモールが建設され、核店舗（アンカーテナントまたはキーテナント）を中心に、専門店やサービス業が軒を並べ、さながら一つの町のような商業集積が形成されていった。一方、都市部の中心市街地（伝統的商店街）は衰退し、町の中心部は空洞化していった。商業の拠点が中心部から郊外へと移っていったわけである。それから半世紀以上経って、そのショッピングモールが老朽化し、アンカーテナントであった百貨店やGMSが次々と閉鎖をし、存続が困難になっている。ネット通販市場の拡大が有店舗小売業の粋を集めたショッピングモールを直撃し、都市

部の再生事業やスクラップ & ビルドで郊外の他の地域への進出に活路を見出そうとしている。20世紀のビジネスモデルであったシアーズがかつてカタログ通販で発展し、その後都市部やショッピングモールで店舗を持つようになったのだが、近年はネット通販にシェアを奪われるようになった。マクネアの価格-品揃え-サービスという「小売の輪」の理論が、20世紀に現れたチェーンストア、スーパー、ディスカウントストアの栄枯盛衰を説明したわけだが、ネット通販の出現は新たな「小売の輪」が価格-品揃え-サービスという同様のプロセスを経て米国小売市場で再現されているといえそうである。

　この社会現象は「アマゾンエフェクト」と呼ばれ、米国だけでなく日本や中国でも同様の現象が起こりつつある。宅配のビジネスモデルも再構築を迫られている。

　本章では小売業に焦点を合わせて論述したが、経営戦略やマーケティングの戦略理論が実際に活用されていることや、事例を分析するうえで役立つことが分かると、理論と実際の相互関係が把握でき、今後の経営学やマーケティングを学ぶ意欲が高まると思う。今後の流通業界の動向に注目し、戦略理論を役立てて欲しい。

参考文献

キム, W. C.・モボルニュ, R. 著、有賀裕子訳（2005）『ブルー・オーシャン戦略―競争のない世界を創造する―』ランダムハウス講談社

草野素雄（2017）『入門｜マーケティング論（第5版）』八千代出版

セイラー, R. 著、篠原勝訳（2007）『行動経済学入門』ダイヤモンド社

中内功（1969）『わが安売り哲学』日本経済新聞社

『日経MJ』（2015年9月21日付／2017年6月28日付）

『日本経済新聞』（2014年4月6日付／2016年12月4日付／2017年5月6日付／2017年6月14日付／2017年6月28日付）

林周二（1962）『流通革命』中央公論社

ポーター, M. E. 著、土岐坤ほか訳（1982）『競争の戦略』ダイヤモンド社

ポーター, M. E. 著、竹内弘高訳（1999）『競争戦略論I』ダイヤモンド社

Kotler, P. and Armstrong, G. (2016) *Principles of Marketing*, 16th edition, Pearson

第2章

EMS企業のコスト・リーダーシップ戦略

　本章では、町工場の国際経営戦略のケースとして、鴻海精密工業（本社は新北市土城、以下、鴻海）がどのような経営戦略を持って世界的企業となったのかを取り上げる。ケースの研究を通じて、鴻海の成功の背景には、企業トップの経営哲学と企業文化、差別化戦略、コスト・リーダーシップ戦略、グローバル戦略、技術プラットフォーム戦略、顧客管理戦略があったことが明らかにされる。

ケース　台湾鴻海精密工業の国際経営戦略

　鴻海は、台湾の町工場からスタートし、今や世界最大の EMS 企業となった。EMS（Electronics Manufacturing Service）とは、電子製品やハイテク製品などの受託生産を行うサービスのことである。EMS と似た用語に、OEM と ODM がある。

　OEM（Original Equipment Manufacturing）とは、委託者である相手ブランドの製品を委託生産することであり、アパレルなどの労働集約型製品でよく見られる。また、ODM（Original Design Manufacturing）とは、製造委託された企業が自らデザイン、生産し、相手方のブランドをつけて供給することであり、ノート型パソコンや携帯端末などの比較的高付加価値の製品によく見られる。

　鴻海は、1974 年に資本金 30 万台湾元（日本円約 110 万）により、「鴻海塑膠（プラスチック）企業有限公司」として設立された。当初は、白黒テレビの「つまみ」の部品製造の町工場としてスタートし、2004 年には世界最大の EMS 企業にまで成長した。米国経済誌『フォーチュン』の「グローバル 500 社」2017 年ランキングでは 27 位である。

　鴻海の成功は奇跡ではなく、地味な努力の結晶である。鴻海を作ったその日

から、創立者である郭台銘会長の目標は台湾1位、アジア1位、世界1位となることであった。本章では、鴻海グループの経営戦略について、経営管理とマーケティング論の視点から分析し、その国際経営の特徴と成功要因について解明する。

1 郭台銘会長の経営哲学

鴻海の経営戦略を考える場合、やはり創立者の郭台銘会長の存在を抜きには語れない。郭会長の経営哲学は、以下のような特徴を持つ。

第一は、率先垂範、すなわち「人の先頭に立って、模範を示す」である。この象徴的事例が、2003年のアップルからの携帯電話の受注生産である。当該製品は日本で開発されたのだが、香港・中国を中心に多数の感染者を出したSARS（重症急性呼吸器症候群）の流行により、取引先から派遣技術者が皆工場を去った。郭会長は、残された社員と一緒になって生産を続けることで、社員との間に強い信頼関係を築いたのである。

第二は、信賞必罰、すなわち「功ある者は称え、過ちある者は罰せよ」である。例えば、2000年の「フェニックス計画」では、光ファイバー通信の専門家を迎えるために、年俸1000万元（約3500万円）で人材募集を行った。当時の役員クラスの年俸は300万元、副社長クラスで1000万元弱であったから、この報酬は破格である。その一方で、製品のトラブル解決のために幹部が欧州へ派遣された際には「飛行機代は自己負担とする」ことを求めた。

第三は、権限授与である。1997年以降、売上と社員数が大幅に増えていたこともあり、責任者に責任を持たせ、命令を確実に遂行し、能力と権限と責任の間での好循環を生み出そうとした。

第四は、人材育成である。鴻海では、「人材、スピード、コスト、品質」の4つが重視されているが、中でも特に人材が重視される。「1000人の軍隊は簡単に作られるが、一人の将軍を見つけることは難しい」との考えから、郭会長は優れた人材の発掘に力を入れている。

第五は、総合判断である。郭会長は、他者が危機と見なすものこそチャンスであると捉える。そして、郭会長の思考は細心かつ大胆である。例えば、新領域に進出する際には、「その製品の市場が十分大きいか」「一時的なブームか、

第1部　企業の全体戦略

それとも大きな流れか」「長期成長を支えるだけの組織を持つかどうか」を総合的に考える。

また、**3C**（コンピュータ、通信、消費者製品）産業の動向を見る場合、郭会長は、コンピュータの出荷量、携帯電話の出荷量、コンシューマ向け電子機器の成長状況、半導体製造設備の稼働率の4指標を重視する。これらの指標によって、景気循環の周期と波を探り、鴻海の位置も決めるのである。こうした細心かつ大胆な思考が鴻海を成功に導いたのだ。

2　スマイルカーブにおける鴻海の位置づけ

鴻海は、日本の電機メーカーとはかなり異なったビジネスモデルを持つ。それを説明する前に、ここではスマイルカーブ（Smile Curve）を使って鴻海の位置づけを見ることとしよう。**スマイルカーブ**とは、サプライチェーンの各ポイントにおける収益構造を表したもので、横軸に製品の研究、開発からサービスに至るまでの業務の流れ、縦軸にそれらの付加価値や利益率をとったものであ

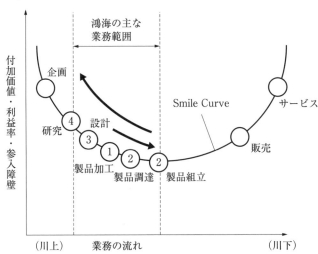

図表2-1　デジタル民生機器の「スマイルカーブ」と鴻海の位置どり

注）グラフ中の数字は、業務活動が推移した順番を示す。
出所）伊丹敬之・西野和美編著（2012）『ケースブック　経営戦略の論理』日本経済新聞出版社。

る（図表2-1を参照）。

　スマイルカーブは、川上段階の企画・研究・設計や川下段階の販売・サービスでは付加価値（利益率）が高く、中間段階の部品加工・調達や製品組立では付加価値が低いことを表している。曲線の形が、人が笑った時の口のような形をしていることからスマイルカーブと呼ばれる。台湾の宏碁（エイサー）社の創始者である施振栄会長がパソコンの各製造過程での付加価値の特徴を述べるために用いたのが始まりとされる。

　受託生産を行っている鴻海の主力は、このスマイルカーブ上の底辺にあたる付加価値の少ない（利益率の低い）製造工程にあるように見える。しかし、それならばなぜ日本の電機メーカーは儲からずに、鴻海は儲かっているのか。その理由の一つは、部品加工・調達や製品組立から徐々に研究と設計へと工程を増やしたことにあると考えられる。

　鴻海が EMS 企業として存続するには、顧客から選ばれることが重要である。鴻海の現在の主要顧客は、アップル、デル、ヒューレット・パッカード（HP）、インテル、アマゾン、マイクロソフト、ノキア、ソニー、パナソニック、シャープ、東芝、キヤノン、任天堂、レノボ、サムスン、華為（ファーウェイ）などの多数のグローバル企業である。これに合わせて、電子製品の製造・組立の範囲も、パソコン、プリント、携帯電話・スマートフォン、音響機器、情報端末、ゲーム機、デジタルカメラ、液晶テレビ、DVD レコーダー、液晶パネルなど多岐にわたる。

3　鴻海の企業文化

　企業文化とは、ある企業が有している独特の価値体系や行動規範のことである。それは、企業の長年の伝統であり、利益と同じく、長続きするための生命線でもある。張（2014）によれば、鴻海には 4 つの企業文化があるという。

① 　勤勉に働く文化。これは、台湾企業の多くに見られる特色であり、投機的な金儲けではなく、手堅く着実で、学習しながら成長することを目指すのだ。

② 　責任を持つ文化。つまり、責任を引き受けたら、しっかりと物事を完遂すること。失敗者は言い訳を探し、成功者は方法を探すが、時間を費やし

第 1 部　企業の全体戦略

て言い訳するよりも、時間を費やして方法を探すことが重要なのだ。

③　チームワークと資源を共有する文化。鴻海グループでは、技術委員会を積極的に推進し、部門間の垣根を取り払って、お互いに経験と技術の交流ができるプラットフォームを築いている。

④　働けば支払われ、貢献すれば報われるという文化。文字通りに、貢献に応じて報酬が支払われるということだ。

上記のうち①と②は日本企業にも見られる点であるが、③と④は鴻海の特徴であり、優位性の源泉でもある。さらに上記以外にも、鴻海には、以下のような企業文化・組織文化がある。

⑤　グローバル文化。鴻海は人材の現地化を重視し、現地スタッフを重用し、彼らと共同で努力する目標を設定することで、人種を問わず、真の信頼関係を築こうとしている。

⑥　分権化。鴻海では、各事業グループの社長がほぼ決定権を握っている。また、鴻海が迅速に海外進出できた背景には、技術管理、品質管理、生産管理、経営管理能力という4つの管理システムがあった。

⑦　グローバル人材育成。鴻海は、金型専門学校、海外人員外国語研修センターにグローバル幹部養成コース、在職エンジニアリング修士コースを設立・設置したほか、2000年には中国の20大学の優秀な人材696名を次世紀のリーダーとして育成するために「新世紀幹部養成コース」を創設し、また、世界全体の従業員総数20万人のうち、5分の1の4万人をエンジニアまたはマネジャーとすることを目標とした。

⑧　工場の軍隊式管理。工場の作業現場では、スローガンや社員の仕事や休みに至るまで、細かい指示がある。新北市の鴻海本社は作戦司令部であり、昼休みにはすべての照明が消え、静かな一斉休憩が始まる。

⑨　最大限のチームワークの発揮。郭会長は、時々鴻海を評して「人材四流、設備三流、管理二流、顧客一流」と述べることがある。「四流の人材」だからこそ、優れた業績を上げるにはチームワークが重要な鍵を握るというわけだ。

ケースを読み解く

1　コスト・リーダーシップ戦略

　鴻海が爆発的な成長を実現した背景には、国際貿易における「三角貿易」がある。最初に欧米日の先進国・大手メーカーがモノやアイデアを考え、次に台湾本社が製品企画を具体的に設計し商品化する方法を探り、最後に中国や世界各地の傘下工場で生産するという形の貿易である。これは、経営戦略研究の第一人者である **M. E. ポーター**のいう「コスト・リーダーシップ」の徹底化である。

　ポーターによると、同業他社との競争に勝ち抜くための基本的な競争戦略は、以下の3つである。すなわち、他社よりも低コストで製品を作るという「**コスト・リーダーシップ戦略**」、自社の製品やサービスを差別化して、他社にはない製品なりサービスなりを実現させるという「**差別化戦略**」、特定のセグメントに集中的に資源を投入するという「**集中戦略**」である。このうち、コスト・リーダーシップ戦略は最も単純かつ原始的なものだが、ライバルを正面から攻撃するという意味で企業間競争の王道といえる。

　ポーターは、コスト・リーダーシップ戦略の実行に際し、熟練・資源や組織が必要であるとする。具体的に必要とされる熟練や資源は、工程技術の熟練、低コストの流通システム、資金力と資金調達力、製造を容易にする製品化などである。また、必要とされる組織は、コスト管理・統制、責任と権限の明確化、および成果を反映させた報奨制度などである。

　コスト・リーダーシップ戦略とは、自社の属する産業内でライバル企業よりも低いコストを達成し、安い販売価格で競争することを意味する。コストを抑えるという発想自体はきわめて単純であるが、それをいかに実現するかが大事なポイントとなる。ポーターによれば、コスト優位性はその価値活動のコスト・ビヘイビアによって規定され、さらにコスト・ビヘイビアは、①規模の経済性、②習熟度、③キャパシティ利用のパターン、④連結関係、⑤価値連鎖（バリューチェーン）内部の連結関係、⑥垂直統合、⑦タイミング、⑧ポリシー

第1部　企業の全体戦略

選択の自由裁量、⑨立地、⑩制度的要因、といった10項目の構造的要因（コスト推進要因）によって左右される。

コスト競争は、すべての産業において避けられない課題である。ポーターは、「コストの優位性がある企業は環境の変化に適応しやすい」という。鴻海の過去30数年に及ぶ成長は、コストダウンの経営戦略を絶えず追求してきた成果である。本当のコストには、機械、工場、原料、人件費など目に見えるものだけではなく、組立、物流、人材研修など目に見えないものも含まれる。鴻海の目標は、「赤字で受注、黒字で出荷」である。

鴻海は、コスト削減を徹底するため、出荷センターを顧客近くに建設し、これによりスピーディにサービスを提供している。顧客は資材を準備する手間が省け、鴻海も輸送コストと時間を節約できる。また、製品が倉庫から出荷されるとほぼ同時に納入が可能となり、直ちに売掛の請求ができる。顧客側も、部品の変動によるリスクを避けられる。

さらに、仕入戦略も重要である。よい戦略的パートナーとの間で、堅固、緊密かつ長期にわたる信頼関係を築くことで原料の安定供給が確保される。かつて鴻海は、プラスチック原料を確保するために、南亜プラスチックおよび長春石化集団と共同で、台湾初の工業用樹脂を生産した。また、筐体市場に参入するために、燁輝と亜鉛メッキ鋼板を開発した。鴻海の鉄鋼仕入先は燁輝の1社だけであり、同社は鉄鋼不足の時にも優先的供給を行ったのである。

2　グローバル戦略

鴻海のグローバル戦略の中心は、Ｍ＆Ａ、人材現地化、工程管理の合理化・標準化・システム化・情報化、世界一流企業の顧客化、スピード経営である。

1）Ｍ＆Ａ（合併・買収）

Ｍ＆Ａとは、合併（Merger）と買収（Acquisition）のことである。合併とは複数の企業を統合し、法人格を統合して一つの企業になることをいい、新設合併と吸収合併がある。ある企業が他社の資産や株式などを買い入れ、子会社として別個に支配下に置く場合は、合併と区別して買収という。これには、株式取得と事業譲受がある。

Ｍ＆Ａは、その目的により、4つのタイプがある。第一は、**水平統合型**で、

30

主に規模の経済性を追求することにより、事業強化を目指して同業種の企業を取り込むものである。第二は、**垂直統合型**で、より魅力的な製品やサービスを供給するためにサプライチェーンに沿って川上ないし川下産業を取り込むものである。第三は、**機能獲得型**で、より魅力的な製品やサービスを供給するために必要な人材、技術やノウハウ、ブランドなどを取り込むものである。第四は、**新市場参入型**で、新事業や未進出の海外市場に参入するために既存企業を取り込むものである。

上記のうち機能獲得型の典型例は、鴻海によるシャープの買収である。シャープ買収では、ディスプレイなどの技術特許だけではなく、日本におけるブランドや人材の吸収も考慮された。トップレベルの研究開発スタッフがいれば、研究開発の対象は従来の枠を越えて拡大することができる。例えば、自動化技術やロボット技術関連の人材獲得は、次世代の自動化工場の実現に向けた重要な一歩となる。また、市場参入型の事例として、鴻海の家電小売への進出のほか、自動車部品、太陽光パネル事業、携帯電話通信事業、データ通信事業、医療機器事業などへの進出がある（喬 2016）。

2）人材現地化

鴻海は、現地の人材活用を重視する。郭会長の考える「グローバル化」とは、現地スタッフの重用から始まって、双方が共同で努力する目標を設定し、現地の人材の力を借りて、ともにグローバル運営することである。人種や民族の違いは問題ではない。各国の人材が責任を背負い、目標達成できれば、完璧な「鴻海人」として認められる。

3）工程管理の合理化・標準化・システム化・情報化

郭会長は、「マクドナルド」の工程管理を高く評価する。どこへ行っても同じメニュー通りに出てくるからである。厳格なマニュアルを使うことで、世界のどこにおいても作業の差異を克服し、簡素化によって効率を上げることができる。簡素化の対象は、顧客、製品番号、プロセス、管理計画、組織構築などであり、その方法が合理化・標準化・システム化・情報化である。

4）世界一流企業の顧客化

鴻海は、世界の一流企業を主な得意先としている。例えば、2002 年における主要な顧客は、コンパック（売上の 23 ％、以下同じ）、アップル（18 ％）、コニ

カ（7％）の3社で、その売上は全体の48％を占めた。そのほか、デル（6％）、
ソニー（6％）、モトローラ（5％）、IBM（5％）、レノボ（5％）、インテル（5％）、
ヒューレット・パッカード（4％）、昇陽（4％）などの売上を含めると全体の
88％を占めた。このように、世界の一流企業を顧客に選び、「シンプルかつ緊
密」な関係を構築することが鴻海のグローバル戦略の特徴である（王 2016：206
を参照）。

5）スピード経営

　鴻海は、スピード経営を重視する。スピードが上がるほど、節約できるコス
トも増え、競争力も向上する。このような考えから、郭会長は、「4 速」を強
調する。4 速とは、①戦略実行および内部監査が速いこと、②研究開発・製造・
サービスが速いこと、③コミュニケーションと協力・競争が速いこと、④ハー
ドとソフト、リアルとバーチャルの連携が速いこと、である。例えば、仕事の
作業スピードを上げるために、鴻海は工員を3班に分け、週末や休日も関係な
く、昼夜を問わず作業を続け、管理職も一緒になって残業に加わる。その結果、
通常なら少なくとも6週間かかるような案件を、わずか3週間で仕上げ、時間
やコストを半分に削減したこともある。

3　プラットフォーム・イノベーション

　2011 年に、郭会長は、CMMS（Component Module Move & Service）と呼ばれ
る経営モデルを考案したが、鴻海では金型開発においてこの経営モデルの実践
に長い歴史を持っている。プラットフォームとしての CMMS 経営モデルは、
金型開発から始まり、新たな段階に入って、以下のような展開を見せている
（張 2014：212 を参照）。

1）技術プラットフォーム・イノベーション

　鴻海にはすでに 30 数年の金型機構の技術資源と経験がある。これを基礎と
して電子、光学、ワイヤレス通信など新事業部の技術資源と経験を結合して、
さらに完全に共有できる技術データベースを構築することを目指している。特
に、鴻海は、光学・機械・電気の3つを融合させた「オプトメカトロニクス」
のイノベーションを推進している。

2) サプライチェーン・プラットフォーム

サプライチェーン・マネジメント (SCM) とは、複数の企業間において統合的な物流システムを構築することで全体最適を実現して経営効率を高めようとするマネジメント手法である。金型のサプライチェーンにおける鴻海の役割は、主に各種材質の金型を供給することにより、「流行性・多様性・個性化・カスタマイズ化」といった消費者ニーズを満たし、グローバル市場の顧客に安定した供給と一定の品質を提供することである。

3) プラットフォームの製造

鴻海は中国の様々な特徴を利用し、全面的な低コストによるメリットを活かし、規模による優位性と急速な成長を果たした。そして、垂直統合の製造経験から、規模の経済でも柔軟性のある生産システムを構築した。郭会長の考えるグローバル経営は、中国進出にとどまらず世界的展開を目指すものである。鴻海は、産業における分業化の流れに乗って、最低コストで顧客を支え、顧客とともに世界戦略を実行し、海外に工場を次々に建設したのである。

4) 購買プラットフォーム

このイノベーションでは、製造と同時に、共通の大口原材料、仕掛品や設備の購買作業を統合し、最も競争力のあるコストと優れた品質を勝ち取ることを目指す。

5) 財務テクノロジー・プラットフォーム

このプラットフォームは、主に M & A によって取引規模を拡大させ、世界最低コストを実現するために不可欠な資金の不足を補うものである。

6) 顧客プラットフォーム

鴻海の各事業グループは、内部での情報交換を通じて、顧客データを共有し、顧客管理プロセスを統一して簡素化に努めている。顧客との協力経験は語り継がれ、それを広めていくことで、マーケティング費用を節約し、経営効率を高めるのである。鴻海では、全営業マンが「秘密連絡図」を持っている。それは、氏名、肩書、職務権限の範囲、好み、誕生日、家族状況といった顧客のプライバシーに関する資料である。これを使って、営業マンは顧客の状況を知り、相手の好みに合わせて商談の切口を探すのである。

第1部　企業の全体戦略

7）特許プラットフォーム

　グローバル統合した特許関係部署および特許の最適化を通して、知的財産保護や応用を提供して共有化する。技術革新に有益なものを作り、革新的な制度やシステム環境を管理するのである。2003年に鴻海は、特許取得数1780件となり、台湾最大の知的財産権取得数を持つ企業となった。同年には、鴻海のセラミックファンや熱伝導技術が世界一となっている。2006年には海外の研究開発スタッフは6000人となり、台湾の3000人強の研究開発チームを加えると約1万人近くとなった。

8）情報ネットワーク・プラットフォーム

　鴻海が構築しているグローバル情報ネットワークシステムは、迅速かつ良質な情報共有を提供し、サービス・プラットフォームの運用を可能にしている。例えば、ある機種の売上が急増したら、EMS企業はこれに迅速に対応しなければならない。鴻海にはこうしたネットワークがあり、欧州、南北アメリカ、アジアでの製造を通じて、即時量産が実行可能なのである。

4　顧 客 管 理

　鴻海の急成長を支えた要因の一つに、顧客資格の審査がある。鴻海は、見込み顧客が自社と競合関係にあるかどうかをチェックし、鴻海製品の品質向上に貢献してくれる顧客が将来的に鴻海のライバルになるかもしれないと考える。そこで、相手の長期的企画力・ビジョン・将来戦略を見て、総合的判断を行うのである。鴻海が顧客にねらいをつける方法はきわめてシンプルなものであり、市場シェア30％以上の企業を候補としている。

　そこで、鴻海は、顧客を以下の4つにランク分けしている。第一級は、グローバルブランドを持ち、市場シェアで上位4社に入っている企業である。第二級はシェア5位から20位の企業、第三級はある地域において市場をリードしているブランド、第四級は部品メーカーなどが作ったノーブランドである（王 2016：206を参照）。

　こうした顧客選定により、ある市場の規模が縮小しても、鴻海の業績が悪化するとは限らない。郭会長は、大手の顧客は「理不尽な値切り方をしない」と考えている。また、こうした大企業と付き合うことで、グローバル経営のコツ

を学び、市場や大手メーカーの最新動向を知り、鴻海自身のスピード経営を強化することができる。

　鴻海は、EMS事業者であり、顧客のバーチャル工場（Virtual Factory）としての役割を果たしている。鴻海は、顧客のために存在し、顧客ニーズを満足させることがすべてである。「納期が正確に、スピードが速く、品質がよく、コストが安く、物流が完備されている」だけでなく、自社の部品と組み合わせる部品に不適格なものがあった場合、主体的にその改善を支援する。品質・数量・納期などのすべての面で顧客を満足させてこそ、顧客の競争力向上に協力できるのである。また、不景気や過当競争によって、顧客が製品価格の引き下げを要望してきた時、鴻海は慎重にそれを検討する。もし、値下げによって顧客が市場に切り込めるのであれば、価格を下げる。そうすれば、顧客が優位に立った時に、鴻海には続々と注文が来るはずである。

　どんなに高い生産能力とどんなによい製品があっても、注文が来なければ、ただの在庫である。もし、顧客が金を稼げなければ、どんなによいことをしても何の役にもならない。顧客を助けてともに市場に打って出れば、最後に利益を得るのは鴻海なのである。

　郭会長は、新たな産業に進出する時、大物をヘッドハンティングしたり、生産ラインを作ったりする。生産ラインで顧客を囲み、顧客に対して、鴻海の「実力」と「相手と組みたい気持ち」を示すのである。顧客に忠誠を示すことで、「徹底的にサービスする」という決意を表明するのである。

　鴻海のマーケティングスタッフは、上記の任務を実行するために、7つの職責を果たしている。すなわち、①顧客を選び、分類の方法を確立すること、②正しいランクづけをすること、③新製品を開発するチャンスを見つけること、④ライバルを分析すること、⑤注文を取り、顧客の納品計画に合わせること、⑥真心を伝えること、⑦売掛金を管理すること、の7つである（王 2016：212を参照）。

5　今後の展開

　鴻海は、世界最強の商品ブランドを持つアップル、世界最高の技術開発力を持つシャープ、世界最大のEMS生産能力を持つ自社という3社が提携すれば、

第1部　企業の全体戦略

韓国勢のサムスンや LG といった長年の強力なライバルに勝ち、世界シェアを高めることができると考える。このうち、シャープは2016年に鴻海に買収され、鴻海グループの一員となった。

　シャープは、液晶パネル、複合機、白物家電、携帯電話、電子デバイス、太陽電池、テレビなどを製造する企業ある。鴻海がシャープを必要とした理由は、液晶パネルの技術に目をつけたことに加えて、シャープを通じて未開拓な日本市場へ進出し、シャープが保有する特許使用権や優秀な人脈と社会的信用を得ることができるためである。シャープが保有する自動化技術やロボット技術関連の人材獲得は、次世代の自動化工場の実現においても重要な役割を果たすことが期待されるのである（王 2016：140 を参照）。

　2017 年 7 月 26 日、D. トランプ米大統領はホワイトハウスで鴻海の郭会長と握手し、同社が米国のウィスコンシン州に 100 億ドル（約 1 兆 100 億円）以上を投じ、大型液晶パネル工場を建設することが発表された。3000 人以上、最終的には 1 万 3000 人の雇用が生まれるとのことである。今後 4 年間で 100 億ドルを投じ、世界最先端「10.5 世代」の液晶パネル工場を建設し、大型テレビを一貫生産する体制を整えるという。

　こうした米国への直接投資には、「一石二鳥」の効果がある。第一に、大型テレビ製造では自動ラインの工程が多く、従来の組立のような人件費がかからない。むしろ物流経費の方が大きく、外国から輸入するよりも米国本土で製造、販売した方がはるかによい。パネルや映像技術は、医療機器や自動運転車といった多様な分野にも展開することが可能である。

　鴻海は、2000 年代以降、アップルからスマートフォンの大量生産を受注し、中国各地に巨大工場を設置し、業績が急成長した。近年、中国では人件費が高騰しているため戦略転換を迫られていたのだが、今回の投資はタイミングもよく、苦境が続くトランプ大統領に雇用創出と貿易削減という利益をもたらすことで、米国を中国に次ぐ成長の舞台に位置づけることができた。

　実際、鴻海が中国で製造した製品の最大輸出先は米国であり、鴻海の生産拠点を米国に一部移転することで支持率低迷のトランプ大統領にとっては、大きなアピールにつながる。米国内での製造では、パネル部品や生産設備などの効率的なサプライチェーンを築けるかどうかが課題である。

参 考 文 献

伊丹敬之・西野和美編著（2012）『ケースブック　経営戦略の論理』日本経済新聞出版社

王樵一（2016）『鴻海帝国の深層』翔泳社

梶浦雅己編著（2014）『はじめて学ぶ人のためのグローバル・ビジネス』文眞堂

喬晋建（2016）『覇者・鴻海の経営と戦略』ミネルヴァ書房

草野素雄（2017）『入門｜マーケティング論（第5版）』八千代出版

グローバルタスクフォース（2005）『ポーター教授『競争の戦略』入門』総合法令出版

張殿文（2014）『郭台銘＝テリー・ゴウの熱中経営塾』ビジネス社

長谷川啓之編著（2010）『アジア経済発展論』文眞堂

松田久一編著（2012）『成功と失敗の事例に学ぶ　戦略ケースの教科書』かんき出版

安田峰俊（2016）『野心　郭台銘伝』プレジデント社

第 3 章

産業廃棄物処理業における差別化戦略

　産業廃棄物処理業者は社会的には必要不可欠な存在であることは理解していても、自宅の近くにあると不安な気持ちが勝ってしまうことがある。本章では、ダイオキシン野菜騒動により地元から大バッシングを受けた産業廃棄物処理業者である石坂産業が、いかに再生し地元との共生を実現してきたかについて、差別化、ファミリービジネス、環境経営と CSR の視点から考察していく。

ケース 「石坂産業」再生の軌跡

1　石坂産業について

　石坂産業株式会社は、埼玉県中部の三芳町に本社および工場がある創業 50 年を迎えた中間処理リサイクル企業である。創業者石坂好男は、廃材を東京湾の埋立地に運送する仕事をしながら、ゴミを捨て続ける時代からリサイクルの時代への変化を感じ取り、産業廃棄物処理業を手がけるようになった。現在では、資本金 5000 万円、売上高 51 億 3000 万円、従業員 173 名（2017 年 8 月期）と決して大きな企業ではないが、トヨタをはじめとした大企業から、海外の視察団、知事や大臣までが見学に訪れる隠れた有名企業だ。「産廃屋に、ホタル？　ニホンミツバチ？」「産廃屋の社長がなぜ、2 代目の女社長？」「産廃屋らしからぬ産廃屋の "脱・産廃屋"」（石坂 2014）など、産業廃棄物処理業のイメージを打ち破るユニークな企業であるところが、その人気の秘密だろう。筆者も、見学依頼から待つこと半年の 2016 年 9 月、ようやく念願がかなって大学院の学生を連れて工場とその周辺の里山などの施設を見学する機会をいただいた。

第 3 章　産業廃棄物処理業における差別化戦略

図表 3-1　石坂産業　搬入待機場所入口

出所）筆者撮影。

　産廃屋といえば、俗にいう 3K（きつい、汚い、危険）職場の代表とのイメージが真っ先に思い浮かぶ。搬入された廃棄物が吹きさらしの場所に高く積まれ、作業者は埃にまみれながら手作業で選別作業を行う……。しかし、石坂産業はこんなイメージとは全くかけ離れた、東京ドーム 4 個弱の広大な敷地の 9 割を占める豊かな森に囲まれた「工場」なのである。廃棄物を積んだダンプカーの待機場所は、まるでレジャー施設の駐車場のように大きな看板で分かりやすく入口が表示されている（図表 3-1）。

　廃棄物の搬入場所は屋根つきで、廃棄物の処理は密閉された建物の中で行われており、内部の埃や処理物が外部に漏れない構造になっている。見学通路も現場からはガラスで遮断されているので、まるで食品工場を見学しているような錯覚に陥る。驚かされるのは工場だけではない。見学の案内をしてくださる社員はもちろん、現場の作業者も実に丁寧な応対をしてくださった。本や雑誌などで知っていたつもりでいたが、実際に見学してみると想像以上に「産廃屋」のイメージとはかけ離れている企業である。

39

第1部　企業の全体戦略

2　ダイオキシン野菜騒動による経営危機

　1999年2月、「ニュースステーション」（テレビ朝日系）の「所沢産のホウレンソウなどの葉もの野菜に高濃度のダイオキシンが含まれている」との報道を覚えているだろうか。後日、ダイオキシンが検出されたのは野菜ではなく煎茶で、しかも健康に影響を及ぼすほどのものではないとの訂正がされたものの、風評被害は収まらず、所沢周辺の野菜はスーパーの店頭から消えることとなった。これに対し農家はテレビ朝日に対する損害賠償請求の集団訴訟を起こしたが、それだけでは済まなかった。次第に周辺の住民はダイオキシンを出している産廃屋が諸悪の根源だとの論調に変わった。当時、所沢市周辺の「くぬぎ山」と呼ばれる雑木林には多数の産廃業者が存在し、産廃銀座と呼ばれていた。石坂産業はその中で最大の規模の業者だった。反対運動はメディアでも取り上げられ、工場周辺には「石坂産業反対！」「石坂は、この町から出て行け！」などの横断幕が貼られるようになった。2001年6月には住民は埼玉県に対し、石坂産業の産業廃棄物処分業許可の取り消しを求める裁判を起こすことになる。

　実は、石坂産業では騒動が起きる2年前の1997年に、業界でも当時珍しかった最先端のダイオキシン対策の焼却炉を導入していた。反対運動が激化し、未対策の他社が撤退に追い込まれていても、石坂産業が操業を続けることは法的には全く問題がなかった。しかし、週刊誌をはじめとして事実とは異なる報道もなされたこともあり、反対運動はさらに激化することになる。

　その影響で、ゼネコンや大手ハウスメーカー等の取引先から一方的に取引停止に追い込まれ、事業継続の危機に追い込まれてしまった。

3　創業者の娘、立ち上がる

　産廃業者に対する反対運動が続き、行政もくぬぎ山地区から転出する際には補助金を出すなどしたため、1998年には59基あった周辺の焼却炉は数えるほどに減っていた。しかし、石坂産業は地元で事業を存続することを選択する。創業者はリサイクル事業に使命と誇りを持っていると同時に、事業を始めた土地に愛着を持っていた。

　石坂産業へのバッシングがピークに達していた2002年、創業者の娘である

40

石坂典子が30歳の若さで2代目社長に就任する。父親の事業存続への想いを受け止め、築き上げた会社を何とかしたいとの想いから、社長への就任を願い出たのだった。同時に、当時会社に存在しなかった経営理念の明文化を創業者に依頼した。これまでは創業者自身が生きる経営理念だったため、特に社内で共有化される必要がなかったが、今後の意思決定のよりどころとしての基準が必要だと考えたからである。そこで示されたのが「謙虚な心、前向きな姿勢、そして努力と奉仕」である。石坂社長は当時「何だか経営理念っぽくないな」と感じたそうだが、現在振り返ると数々の難局を乗り越える際にこの理念の存在が大きかったようだ。なお、この経営理念は、現在もそのまま引き継がれている。

社長としての最初の提案は、当時の売上の7割を占めていたゴミの焼却事業の中止だ。反対運動が激しくなる中、創業者が「地域に必要とされない仕事をしていても仕方ないな」（石坂 2014）とつぶやいたことに反応した。これは、年間売上高の6割にもなる15億円もの投資をした最新鋭の焼却炉を廃炉にすることを意味する。廃炉にしてバッシングを止めさせ、会社が操業の地で生き残れる可能性に賭けたのだ。こうして、焼却事業を捨てて新しい石坂産業へ生まれ変わるためにゼロからの再スタートを切ることになった。

社長就任にあたり、掲げた目標は「脱・産廃屋」であった。廃棄物処理業者は世の中にとって重要な役割を果たしているにもかかわらず、幼いころから家業を「ゴミ屋」「捨て場」などと呼ばれ悔しい思いをしていた。石坂は、周囲に自慢できる、正当に評価される会社を目指し、高い目標を掲げたのである。

売上の7割を占めていた焼却を止めたからには、別の事業の柱を構築する必要がある。そこで40億円を投資して「全天候型独立総合プラント」（図表3-2）の導入を推進した。通常の産廃業者のプラントは、工事現場のようなイメージで屋根もなく、きれいなイメージとはほど遠い。しかし、石坂産業は工場のように建物の中に処理施設を配置し、外に騒音や排気を出さないようなプラントを目指したのだ。当初、産廃銀座に新たな処理施設を建設することに対し行政が難色を示していたが何とか開発許可を得て、3年間をかけて新プラントは完成した。このプラントは多くの処理業者が受け入れることが難しい建設土砂系混合廃棄物のリサイクルを行う施設である。廃棄物を分別分級する技術は、水

第1部　企業の全体戦略

図表 3-2　石坂産業　全天候型独立総合プラントの一部

出所）筆者撮影。

を使った浮沈選別と、素材の物理特性を生かした風力・比重選別の2種類がある。この地域は水がないこと、また浮沈選別だと汚泥ができてこれが産業廃棄物になるため、風力・比重選別を選択し、さらに独自の技術開発を行うことにした。なお現在、このプラントの減量化リサイクル率は業界最高レベルの98％に達している。

4　改革の推進

石坂は社長に就任してから、「脱・産廃屋」を目指し、荒れた現場を立て直すため、整理・整頓・清潔の 3S を徹底的に推進した。はじめに休憩所のマンガやヌードグラビアから、現場で使わないものまで、徹底的に要らないものを捨てる整理を行った。次に、必要なものを使いやすいように整頓を行い、その状態を維持するために清掃を欠かさず行った。3S と同時並行で取り組んだのが、業界初となる品質、環境、労働安全衛生の ISO 3 統合マネジメントシステムの認証取得である。ISO（国際標準化機構）とは、国際的な取引をスムーズにするために、何らかの製品やサービスに関して「世界中で同じ品質、同じレベルのものを提供できるようにしましょう」（JQA 日本品質保証機構ホームページ）とい

第3章　産業廃棄物処理業における差別化戦略

う国際的な基準である。その対象範囲は、製品そのものだけでなく、組織の品質活動や環境活動を管理するための仕組み（マネジメントシステム）までカバーしている。石坂は社会的に認められ社員が誇りを持てるような会社にするために、外部認証の取得を目標に社内を変革することにしたのだ。

　これらの改革に対しては、古い体質から抜けられずついて来られない社員は退社することになったが、徹底的に改革を推進した。ISO の認証にはマニュアル化など事務方が活動を進めるだけでなく、現場の社員の品質も向上させる必要があった。そのため、活字を読まない勉強嫌いな社員に対し、若い美人の外部講師にマンガのテキストを活用した授業をしてもらうなどの工夫をして、ハードルが高かった社員教育も効果を上げることできた。その結果、当初は全く難しいと考えていた ISO の資格認証を 1 年で取得することができた。しかし、ISO は取得すれば終わりではなく、決められたことをきちんと実行しているかが問われる仕組みであるため、以後、3S の取り組みと合わせて徹底的に実行されるように、12 年にわたり社長が毎日自ら現場の巡回を行い、監視を続けたのである。

　また、2008 年からはプラントに通路を設け、外部からの見学者を積極的に受け入れるようになった。以前の屋根のないプラントは外部から見ることができたが、密閉された新プラントは中で何をやっているかが外部から分からず、周辺の住民からは不安の材料となっていたことが理由である。しかし、外部からの見学を受け入れると、思わぬ効果が現れた。屋内で最新鋭の設備で工場のように進められているリサイクル作業を見て安心してもらえただけでなく、きれいな職場を見学者から褒められた社員は自信になり、より 3S を推進するようになった。

5　里山の再生と維持

　永続企業になるためには、顧客に対するおもてなし、社員に対するおもてなしに加えて、地域や地元の人たちに対するおもてなしが不可欠だ。地域に愛され、信頼される企業にならなければ、この地で仕事を続けていくことはできないのである。特に、石坂産業はダイオキシン騒動により地域からはマイナスのイメージを持たれていたため、地域の自然を守る姿勢をより強く打ち出す必要

43

第1部　企業の全体戦略

があった。そこで目をつけたのが、以前は会社の周りのどこでも見られた里山だった。石坂産業では東京ドーム4個分の敷地のうち9割を占める里山を保全することで、地域の環境を守っている。里山は手入れをしないと木々がうまく育たなかったり、植生が変わり生態系が変わってしまったりする。以前の里山には存在しなかった針葉樹林は間伐し、外来種の下草は刈り取る必要がある。そこで、里山管理を専門とする6名の社員を雇って管理を行っている。その活動はさらに進化し、水辺にはホタル、森には埼玉県の絶滅危惧種であるキンランや準絶滅危惧種のササバギンラン・シュンランが生息するまでに、以前の生態系に近づいている。この里山の自然は、昔ながらの武蔵野の原風景を伝えることにより地域社会になくてはならないものになっている。

ケースを読み解く

1　差別化戦略

まずはじめに、本章のケースを**差別化戦略**の視点で読み解いていく。差別化戦略とは、コスト面での優位性を追求するコスト・リーダーシップ戦略と異なり、製品やサービスなどの面で他社と異なる違いを作り上げることで**競争優位**を獲得する戦略のことである。ダイオキシン騒動後の石坂産業の差別化戦略のキーワードは「脱・産廃屋」であり、これは従来の産廃屋のイメージと反対の路線を歩むことで、他社と差別化を図る意図がある。

産業廃棄物は、従来はなるべく安く引き取ってもらえれば、後はどのように処理されようが構わないとの意識が支配的で、低価格が競争優位の源泉であったように思われる。しかし、香川県の豊島で発生した不法投棄事件等の発生を契機に、環境問題に対する意識が高まり、単に安く引き取ってもらうだけではなく、環境への配慮も考慮されるようになってきた。この業界を取り巻く環境変化により、石坂産業の「脱・産廃屋」戦略がフィットする余地が生まれた。

石坂産業のサービスの最大の差別化の視点は、業界最高水準の減量化リサイクル率と、外部に汚染物を排出しない屋内型の処理プラントを活用した環境への負荷軽減である。顧客は自分が排出した廃棄物がどの程度リサイクルされる

44

か、また、処理時に有害物質を排出していないかなどの環境への配慮が、処理業者選択の重要な視点になりつつある。商品を購入した事業者または消費者は商品を利用するだけでなく、廃棄するまでの責任が問われるようになった。したがって、多少処理コストが高くても、環境負荷の小さい廃棄物処理が顧客に選択されることになる。

同社の環境への負荷低減による差別化戦略の優れている点は、実現の過程で社内プロセス改革を進めたことより、従業員の満足も同時に実現していることである。具体的には廃棄物処理業に特徴的な3K職場を打破したのだ。

第一に「きつい」に対しては、風力を活用した不燃系廃棄物の選別機導入など、業界トップレベルの機械化を推進することにより、作業者の負荷を軽減しつつ減量化リサイクル率の向上を実現している。業界では水を利用した選別が主流である中、水が貴重な地域で資源枯渇を防ぐため、風力を選択したことは減量化リサイクル率向上と合わせて環境負荷低減に役立っている。

次に「汚い」に対しては、徹底した3Sの取り組みにより工場の美化を実現している。これは工場見学を積極的に受け入れることにより、現場を外部の目にさらすことで、社員の意識を高めることに成功している。3Sの取り組みは基本的であるがゆえに、維持することが大変難しい。筆者も以前トヨタ系の工場を見学した際の「この工場は2Sがまだ徹底できていないので、見学の際に気づいた点があったら是非指摘して欲しい」との責任者の発言が大変印象に残っている。トヨタはいうまでもなく、世界でも有数の優れた現場を誇る企業である。そのトヨタが、3Sはおろか2S（整理、整頓）が徹底できていないと認識し、さらなるレベル向上を心がけているのである。ここに3S実現の重要なポイントがある。つまり、今回のケースと同様に3Sの徹底は、経営トップが現場を巡回するなど常に現場に対して意識づけを行うなど、継続して真剣に取り組むことによってのみ実現できるものなのだ。

最後に「危険」に対しては、国際規格 OHSAS 18001 の労働安全衛生の認証取得により正しい作業を遵守することを徹底させることで、安全な職場を作り上げることに成功している。ISO 等の国際規格は、海外企業との取引の前提条件になるなど業界によっては認証取得が必須のこともある。しかし、実際には取得自体のメリットよりも、取得のプロセスおよび維持することの意義の方

第1部　企業の全体戦略

が大きいように思われる。認証を取得するためには今回のように混沌とした個
人によりバラバラの業務を標準化する必要があり、このこと自体が作業効率の
向上や安全に大きく寄与する。また、現場の作業は一度標準化しても放ってお
くとすぐ元に戻るので、認証規格の更新時に業務を見直すことは標準化の維持
にも大変効果がある。

2　ファミリービジネス

1) ファミリービジネスとは

　ファミリービジネス（同族会社）とは、創業者一族が経営しているまたは一
定の株式を所有することにより経営に関与している会社のことである。加護野
(2008) によれば、「経営学者の間では、企業はファミリービジネスから、専門
経営者によって経営される企業へと進化していくと考えられていた」。創業者
である本田宗一郎と大番頭の藤澤武夫が、親族には会社を継がせずに潔く退社
したホンダの事例は称賛されることが多い。

　しかし、中小企業にとどまらず、実は大企業でもファミリービジネスは多数
存在する。例えば、トヨタの現社長の豊田章男は、自動織機の発明で有名なト
ヨタグループの創始者である豊田佐吉のひ孫であり、スズキの社長鈴木俊宏も、
創業者鈴木道雄のひ孫である。世界でもファミリービジネスの企業は、その業
績のよさや寿命の長さ等から再評価が進んでいる。ファミリービジネス繁栄の
理由は、ファミリーの経営者は内部昇進の「サラリーマン社長」に比べ企業存
続のためのコミットメントが強いこと、自分を選んだ前任者や同僚への配慮の
必要がないため、非連続的で抜本的な企業の改革を進めやすいなどが挙げられ
る（加護野 2008）。

　また、ファミリービジネス企業の連携とそのコンセプトの啓蒙のため、**エノ
キアン協会**というフランスに本部を置く国際団体がある。入会するためには、
創業 200 年以上の歴史を持ち、ファミリーによる経営を行っており、業績およ
び財務体質も良好などの条件を満たすことが必要となっている。日本からは、
団体の中で最古の歴史を誇る 718 年創業の旅館の法師、和菓子製造の虎屋、清
酒製造の月桂冠等が加盟している。2017 年 10 月現在の会員企業は、フランス
14社、イタリア12社、日本8社、ドイツ4社、スイス3社、オランダとベルギー

46

各 2 社、イギリスとオーストリア各 1 社の計 47 社となっており、ヨーロッパと並び、日本もファミリービジネスによる老舗企業が多いことが分かる。

2) 石坂産業の事業継承を考える

セブン & アイではセブン-イレブンを育てた鈴木敏文が長期に経営者として君臨したが最後は解任され、ソフトバンクでは孫正義 CEO の続投により後継者と目された N. アローラが退任するなど、企業のトップがいかに次の世代にバトンタッチするかは大変難しい問題である。特にカリスマ経営者からの世代交代は困難を極めることが多い。創業家がカリスマ化しているファミリービジネスにとっても、事業継承は経営にとっての最重要課題である。創業者の父と娘である現社長との間で裁判や委任状合戦を繰り広げた大塚家具の例は記憶に新しい。関係者がファミリーであるがゆえに一度こじれたら骨肉の争いになってしまうことも珍しくない。

本節では、まれに見る事業継承の成功事例として石坂産業の例をファミリービジネスの視点から検討する。なぜ、石坂産業は娘の現社長への世代交代がうまくいったのだろうか。第一の理由として、創業者（先代）の想いに対する深い理解がある。石坂社長は創業者である父のもとで、小さいころから会社に出入りし、社員に囲まれて成長してきた。父がなぜこの会社を設立したか、いかにこの会社や地域を大事にしているか、などを自然と学んでいるのである。後継者ははじめのうちは仕事はできないかもしれないが、創業者の想いは引き継いでいる。この点がその後の経営者としての大切なことであると思われる。創業者である父は、「社長をやってみろ。試しに何ができるか見せてみろ。1 年間だけ時間をやる」（石坂 2014）といって、娘を試したという。その後の娘の頑張りと成果は、事例で説明した通りだが、その原動力としては父の会社に対する想いに対する深い理解ではないだろうか。

第二の理由としては、会社に対する責任感や覚悟がサラリーマン社長と比べものにならないくらい強い点が挙げられる。例えば、「……自分は、人生を賭けてやってきたんだ」と父にいわれたのに対し、「私だって、人生を賭けてやっている！」と言い返したことがあったそうだ（石坂 2016）。その瞬間、創業者は自分と同じ会社に対する想いと覚悟を娘が持っていることを悟り、その後、一切会社の経営に口を出さなくなったとのことである。先代の父を追放し

第1部 企業の全体戦略

て社長になった星野リゾートの星野佳路の例なども見ても、会社への相当の責任感や覚悟がなければ創業家の先代を退任させることなどはできなかっただろう。

これら2つのファミリービジネスの強みは、20歳を過ぎて入社して一般社員から昇進した社長がいかに努力しても埋めることのできない大きな差である。エノキアン協会の取り組みのように、この大きなメリットをうまく活かしていければ、ファミリービジネスは長期間にわたり繁栄し続ける可能性が高くなる。

3 環境経営とCSR

1) 環境経営はどのように生まれてきたか

持続可能な開発に向けた企業としての積極的な取り組みの方向を示すものとして、国際商業会議所が1991年に環境管理に重点を置いた「持続可能な開発のための産業界憲章」を発表した。以後のサミットで企業の環境マネジメントが強化され、ISOにおける環境マネジメント規格の開発につながった。日本でも、1991年に経団連が「経団連地球環境憲章」を発表し、環境経営方針の明確化と管理体制の整備をうたい、ISO認証取得や自主的な取り組み強化につながっていった（経済産業省ホームページ）。市民レベルの環境意識の高まりに伴い、現在では企業も環境に対して配慮することは当然のことと認識されるようになっている。

2) CSRとは

CSR（Corporate Social Responsibility：企業の社会的責任）とは「すべてのステークホルダーを視野に入れ、経済・環境・社会など幅広い分野での社会ニーズの変化を捉え、それをいち早く価値創造や市場創造に結びつけることによって、企業の競争力強化や持続的発展とともに、経済の活性化やより良い社会づくりをめざす取り組み」（経済同友会 2003）のことである。企業の不祥事が頻発している状況に対し、日本企業でも世界的なCSRに対する取り組みを研究し、実践する必要性が高まってきたのである。

CSRは、従来の狭い意味での社会貢献とは異なり、法令遵守や社会に対して支払うべきコストといった最低限の取り組みではなく、企業が持続的に発展するための投資であり、経営の中核に位置づけるべき課題である。また、その

48

図表 3-3 企業の社会的責任（CSR）実践のための 4 つの評価軸

1. **市場（主なステークホルダー：顧客、株主、取引先、競争相手）**
   - 持続的な価値創造と新市場創造への取り組み
   - 顧客に対する価値の提供
   - 株主に対する価値の提供
   - 自由・公正・透明な取引・競争
2. **環境（主なステークホルダー：今日の世代、将来の世代）**
   - 環境経営を推進するマネジメント体制の確立
   - 環境負荷軽減の取り組み
   - ディスクロージャーとパートナーシップ
3. **人間（主なステークホルダー：従業員、人材としての経営者）**
   - 優れた人材の登用と活用
   - 従業員の能力（エンプロイアビリティ）の向上
   - ファミリー・フレンドリーな職場環境の実現
   - 働きやすい職場環境の実現
4. **社会（主なステークホルダー：地域社会、市民社会、国際社会）**
   - 社会貢献活動の推進
   - ディスクロージャーとパートナーシップ
   - 政治・行政との適切な関係の確立
   - 国際社会との協調

出所）経済同友会（2003）『第 15 回企業白書 「市場の進化」と社会的責任経営—企業の信頼構築と持続的な価値創造に向けて—』経済同友会、p. 12。

実践のためには、図表 3-3 の 4 つの領域とステークホルダーを意識して推進すべきであるとしている。

3) 石坂産業の戦略を CSR の視点から考える

石坂産業の再生過程における差別化戦略は、実は図表 3-3 の CSR の 4 つの評価軸で見事に説明できる。

業界最高水準の減量化リサイクル率を追求していることは、顧客や取引先に対する価値の創造であり市場の評価軸の範疇である。外部に粉塵や騒音を出さない屋内型の処理プラントは、いうまでもなく環境負荷軽減であり、環境の評価軸そのものである。また、ISO 3 規格の認証取得に始まり、現在は国際規格 7 種統合マネジメントシステムを構築することにより正しい作業を遵守させ、3S を徹底している。このことは、安全で清潔な職場環境の整備であり、人間の評価軸である。最後に、地元に対するおもてなしの心を持ち、貴重な里山を守り育てることにより、地域社会に愛される企業を目指している点は、社会の評価軸にほかならない。

第1部　企業の全体戦略

　石坂産業は意図していたか否かは分からないが、改めて振り返ってみると
CSR 経営により企業再生を実現したともいえる。しかしながら、企業は当初
から意図した戦略通りに成功することはまれで、環境の変化に適応して、試行
錯誤しながら創造された戦略により成功を摑むことも多い。この石坂産業の例
も、創業者とその娘が地域と会社を愛しながら、ただがむしゃらに進む中で創
造された戦略であると考えた方が実態に合っているように思われる。CSR の
本質は決して最近海外から輸入した概念ではなく、永続企業にとって必要不可
欠かつ基本的な視点なのである。

参 考 文 献

石坂産業（2016）『ISHIZAKA Corporate Profile　100 年先、自然とひとつになるために。』
　　石坂産業

石坂典子（2014）『絶体絶命でも世界一愛される会社に変える！─2 代目女性社長の号泣
　　戦記─』ダイヤモンド社

石坂典子（2016）『五感経営─産廃会社の娘、逆転を語る─』日経 BP 社

加護野忠男（2008）「経営学とファミリービジネス研究」『学術の動向』Vol. 13　No. 1、日
　　本学術協力財団、pp. 68-70

経済同友会（2003）『第 15 回企業白書「市場の進化」と社会的責任経営─企業の信頼構
　　築と持続的な価値創造に向けて─』経済同友会

石坂産業ホームページ　https://ishizaka-group.co.jp/（2017 年 9 月 20 日アクセス）

経済産業省ホームページ「我が国の環境経営の動向」
　　http://www.meti.go.jp/committee/summary/0003150/pdf/h14_001_05_00.pdf（2017 年
　　10 月 21 日アクセス）

THE HENOKIENS ホームページ
　　http://www.henokiens.com/index（2017 年 10 月 21 日アクセス）

JQA 日本品質保証機構ホームページ
　　https://www.jqa.jp/service_list/management/management_system/（2017 年 10 月 6
　　日アクセス）

第 4 章

観光産業における差別化戦略

　長い歴史のある低迷した企業を再生し、成長軌道へ浮上させることは、とても難しい。過去からのやり方や考え方を捨て去り、抜本的に方向性を転換することは容易ではないからだ。この章では、北海道を拠点に貸切バス事業を展開する中堅企業、札幌観光バスを取り上げ、その過程についてケースで整理を行った。

　事業を再生し、成長させることのみならず、地域を活性化し、地域の地場産業を観光資源の中に取り込むことによって、北海道の地方創生にも貢献を果たしているその要因を、ケースの解説において経営戦略の視点から一緒に考えていきたい。

ケース　札幌観光バスの再生と成長

1　中堅企業から学ぶ基本戦略

　本章で取り上げる事例は、「札幌観光バス株式会社」である。しかし、同社を知る人は少ないのではないだろうか。特に、本書を読み経営戦略を学ぼうとする若い人たちにとっては、初めて耳にする企業名であるはずだ。しかし、北海道ではちょっと知られた企業なのである。中堅企業だから学ぶべきことは少ない、名前も聞いたこともない企業だから学ぶことはない、と安直に侮ってはいけない。大手企業の事例に学ぶべき点はもちろん多い。大胆な戦略で事業を大きく転換することにより、市場や社会に与える影響も大きい。そのため、それらの情報が様々なメディアで取り上げられることも多く、研究や参考事例の対象となることが多いことも確かだ。

　しかし、経営戦略の基本を実際の事例から学ぶには、本章で取り上げる事例

51

のように簡素な**ビジネスモデル**（利益を生み出すビジネスの仕組み、と広義に定義される）を持つ中堅企業は、基本を学ぶに好材料であるといえる。知恵や創造性が欠かせない市場開発において、比較的分かりやすいビジネスモデルで事業展開を図る事例は、学ぶべき要素にあふれている。経営戦略を定め迅速な意思決定を行い、大胆に実行した事象が、この事例には登場する。これが、同社を事例として本章で取り上げた理由である。この事例から経営戦略（差別化戦略）を一緒に考えていくこととしよう。

2　再生に向けた改革

1）ビジネスチャンスを想定

　札幌観光バスは、1964年に創立され事業を開始した北海道でも数少ない貸切バス専業の老舗企業（売上高約10億円、従業員数約100名、保有車両43台、2017年現在）である。当時は、10台程度の車両で事業を開始した。しかし、その後も事業に明るい兆しは見られなかった。札幌観光バスは、名古屋鉄道のグループ企業であったが、名鉄グループからの切り離しと、同社での生え抜き社長が高齢であると同時に後継者が見つからないこともあり、**事業承継**（近年、日本では中小企業の事業承継が経営課題の一つとなっている）が検討されていた。そのため、2006年に企業再生ファンドであるジェイ・ウィル・パートナーズに売却され、その後2015年に企業再生コンサルティングを手掛けるレジリエンスに全株式が譲渡されることとなる。レジリエンスが全株式を取得することにより、レジリエンスの創業者の一人であり副社長であった福村泰司が、2012年に札幌観光バスの副社長に就任し、2013年に**MBO**（Management Buyout）により福村が全株式を取得し、社長に就任した。

　札幌観光バスを引き受けるにあたって、福村には一定の目算があったという。北海道での観光には、まだまだビジネスチャンス（事業機会、事業を起こす機会）が大きい、ということだ。福村が考えていたことには、次のようなことがあった。一つは、北海道には多くの魅力的な観光資源が多くある。もう一つは、観光地としてすでに定着している地域だけでなく、地元の人たちが様々な努力をしているものの、まだ観光地として知られていない地域が多い。どれも観光客にとっては魅力的であり、旅を経験し（モノの消費に対して、コトの消費といわれる）、

感動を記憶に深く刻むことができる資源にあふれている。

　しかし、これらの観光地（点）をうまくつなぐ交通手段が北海道には少ない。鉄道は札幌近郊を離れると本数は少なく、決して利便性が高いとはいえない。レンタカーを借りる手段はあるが、運転手はアルコールを飲むことができず、グループで観光を楽しむ場合、皆が同じく楽しむことができない。これら北海道への旅行者にとっての問題に着眼し、観光客ニーズを自社のバス資源を使って解決することができる。福村は、北海道の観光市場にはまだ開発余地が大きいと見ていたのである。

　福村の市場開発に対する考えは、次のようであった。観光客には、北海道内を巡ることができる移動手段を提供するこれまでの商品（観光サービス）に加えて、北海道の強みである「食と観光」をつなぐことによって移動手段に付加価値を提供することができる。福村は、「食と観光をつなぐ手段はバス。北海道を輝かせていきたい」と語っている。例えば、新千歳空港に降り立ったツアーに参加しない観光客（複数名のグループ）は、そこからの移動が大変なのだ。現状の北海道観光においての顧客の満足度は決して高くないことを、福村は早くから感じていたのである。個人客にもいくつかのセグメント（対象を分類整理、また細分化した領域のこと）があり、それらのニーズに合ったサービスを提供することにより、より付加価値の高いサービスが提供できる、とも考えていた。

　「観光はサービスである」と、同社の事業領域を定義し、これまでのサービス形態を見直し、観光客のニーズに応じた付加価値をグループ企業や関連する周辺企業、周辺産業と協業することにより、サービスを展開する。つまり、同社グループ単独で市場を開発することはせず、周辺との連携を重視することにより、これまで創出することができなかった市場を作り上げることを目指していた。それは、単なる観光のための移動サービスではなく、北海道に特化した観光サービスを実現することであった。

2）経営者と従業員の意思を合わせる

　北海道にある多くの魅力を発見し、そこにビジネスチャンスがあることを確信した福村であったが、新規事業への取り組みは決して容易ではなかった。札幌観光バスは、経営が悪化していることに加え、2度にわたる譲渡を受け従業員の間には戸惑いがあり不安が蔓延していた。会社の未来をただ憂いている者

第 1 部　企業の全体戦略

も少なくなかったという。「まるで死んでいるようだった」と福村は振り返る。このような組織を変革し、成長する事業へ転換する必要に迫られながらも、経営者と従業員との間には大きな乖離が深く残る。まずはここを突破することからであった。

しかし、乖離があること自体に問題はない。むしろあって当然なのである。経営者の意思（ビジョン、理念、方向性）と従業員が想い抱いている夢や理想には、差異があることが当然であり、また時間とともに変化をする。この差異を埋め、ビジネスチャンスの刈り取りを目指すことを明示し、共有化すること。これは、経営戦略を策定し、実行するための始めの一歩となるのだ。

3) 既存事業を安定化へ

この差異を埋めなければ、前には進めない。福村は副社長に就任した時、まずは従業員との対話から始めた。バスガイドの教官や同社を古くから知る宿直員などとの対話から、従業員の性格や業務の状況を詳細に聞き取り、問題や課題を明確にした。特に、顧客接点で働く従業員を重視した。バスガイドが着用する防寒着や揃いの黒のパンプスは、これまで従業員が全額を負担していたが、それらを購入する補助制度を導入した。また、約 6 億円の投資を決定し、約 3000 万円はする大型バスを順次、新車に更新することとした。新しいバスを運転する運転手はその車両をステータスと感じ、これまでの戸惑いや不安が解消されていく。

社内の雰囲気は大きく変わり始め、業務上の懸念や改善点を自ら話してくれる従業員が出始めた。2013 年以前は、ファンドが設備投資を抑制し利益率を高める経営にあった。福村が 2013 年に MBO を行い、その後、3 年で 16 台のバスを新車に更新した。大胆な意思決定であり、ほぼ毎年、営業赤字であった同社にとっては、経営リスクが大き過ぎる。しかしながら、そのリスクよりも組織内のリスクの方がはるかに大きいことを福村は理解していた。何より「福村は本気だぞ」ということが従業員全員に伝わったこと、それがメッセージとなった。これら福村の意思決定は従業員に大きな影響を与え、主軸となっている修学旅行などの団体向け観光バス事業を安定的に運用できる体制を整えた。

ここまでが再生に向けた第一ステップである。次に新規事業への展開計画を策定する準備に取り掛かっていった。

3 貸切バス事業の現状と問題

1) 貸切バス事業の現実

　貸切バス事業は、季節変動が大きい。繁忙期と閑散期の差があり、また競争も激しい。そのため、一般的に中小の事業会社の経営を安定させることは難しい。中小の事業者は、必要最小限のバスの所有と乗務員（運転手）により運行を行っていることが多い。2、3台程度のバスと数名の運転手を抱えるだけの家族経営の貸切バス事業者も多い。そのため受注競争も激しい。加えて、独自での販売活動や商品開発力がなく、旅行代理店や旅行企画会社から仕事を請け負うこととなる。貸切バス事業者は、それらの会社からの値下げ圧力を強く受け、適正な販売価格を維持できない状況が続いている。そのため運行管理が行き届かず、法令に従った管理体制の運用が難しくなる。したがって運転手に適正な休息を与えることなく運行する、そのような無理な受注が横行しているのが現実だ。このような厳しい事業環境にあるのが貸切バス事業なのである。

　2016年1月15日、長野県軽井沢町の国道18号線、碓氷バイパスの入山峠付近で、群馬方面から長野方面に向かっていたスキーツアーバスが速度超過により道路からはみ出し、崖に転落、乗員と乗客41人のうち、15人が死亡する事故（バスの乗客39人のうち、32人が首都圏の大学生であり、多くの若い命を失ったことにその悲しみは深い）が発生した。重篤なバス事故の一つである。この事故は、運転手の技術的問題が原因として指摘されている。バスに限らず貨物輸送においても、運転手の人手不足は深刻であり、また高齢化も進んでいるため、貸切バスを含む陸運業界全体として、経営環境はとても厳しい状況が続いているのである。

　貸切バスについては、国土交通省により標準的な運賃・料金が定められている。運賃と料金の単価には、それぞれ上限額と下限額（それぞれの地域の運輸局により金額は異なる）があり、下限額を下回らないよう指導をされている。しかしながら、軽井沢スキーバス転落事故以降も状況は改善しておらず、安全運行を脅かす下限割れ運賃・料金は、依然として残る。

　札幌観光バスを経営する福村にとっては、決して良好な経営環境にはないことが理解できる。多くの貸切バス事業会社が経営に苦しむ中にあって、福村は

その立ちはだかる厳しい経営環境のもと、それらをどのように克服し、市場を切り開いていったのだろうか。

2) 貸切バス業界にある問題

　貸切バス事業は、定期運行を行う路線バスや高速バスとは営業形態が異なる。国土交通省から認可される事業免許が異なるためだ。観光バスやスキーツアーバスなどの貸切バス商品は、事前に販売を行い、利用者（乗客）は料金の支払いを事前に済ませる。

　また、これらの商品は出発地から目的地までの移動が主な目的のため、他の貸切バス商品やツアー商品との差別化が難しく、ツアー企画や販売を行う旅行会社などは安売合戦に走ってしまう。その結果、バスの運行を受託する運行事業者にそのしわ寄せが集まる構造となる。そのため、貸切バス事業は儲からない事業として多くの人が考えているのである。

　図表4-1を見ていただきたい。多くの貸切バス会社は、図に示す「A」の領域にとどまっているため、旅行代理店などのツアー企画にその価格をコントロールされることとなる。バスを休ませ売上がないよりは、安くても運行をさせた方が少しでも売上に貢献できると管理者は判断し、安い価格でも受けてしまうことが常態的に発生する。閑散期であれば特に、少しでもバスの稼働率を上げるため、競合他社より安く請け負ってしまう受注行動となる。

　このような業界の中にあって、札幌観光バスは、商品企画（ツアー企画）を開発する能力を自社で持つことを決めた。図の「B」の領域にまでその機能を拡

図表 4-1　貸切バス業界構造

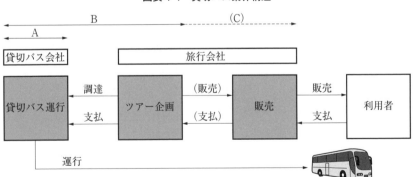

大することにより、自社の販売価格の下落を防止する動きに出たのである。また一部の商品を、自社で販売を行うことにより、図の「C」まで拡張する。このことにより、利用者（乗客）への販売価格を自社でコントロール可能にする。また、直接に顧客との接点を保持することにより、顧客のニーズを直接吸い上げることもできるようになる。より顧客や市場のニーズに合ったサービス開発ができるようになると考えられる。実際に、同社は直接販売にも乗り出している。

3) ビジネスモデルの転換

　本来、貸切バス事業者にとって、バスは利益を生み出す資産である。しかしその資産が負担となっている。皮肉な状況である。中小、特に小さな事業者ほどその傾向は顕著だ。赤字でもいい、売上がゼロよりはましだ、との判断から、少しでも売上やキャッシュをとろうと旅行会社と無理な取引を行い、運行をする。そのため、結果的に乗務員への負担は大きくなり、運転手と観光の魅力を伝えるバスガイドが退職し離れて行ってしまう。また一方では、資金繰りが悪化、投資余力も失う。そのためバスの入れ替えが進まず、古くなり故障も多発、顧客からの不満やクレームが多くなる、といった悪循環に陥っているのである。メンテナンス費用と燃料費（燃費悪化）の増加分、利用者（乗客）の減少の合計と、新車投資に係る減価償却（またはリース料）を比較すると、後者に優位があるとの判断から、新型車両への入れ替えを、福村は決断している。

　同時に福村が行った改革は、旅行業を社内に内包することである。貸切バス事業を支えるため、自分たちで北海道旅行の商品を企画して販売しようと、観光の企画営業を行う「旅コンシェルジュデスク」を立ち上げる。図の「B」にある下流側への進出を決めたのである。「旅コンシェルジュデスク」とは、北海道に来る観光客への飛行機や宿の手配、旅行プランや観光情報の提供といった、旅行者にとっての手間や不安を解消する、まさにコンシェルジュとしての機能だ。だが、当初から旅行業のノウハウがあったわけではなく、あえて旅行業を行うことで、リスクを取り利益を生み出す構造にビジネスモデルの転換を図るのである。もちろん旅行業は試行錯誤の連続で利益が出る事業になるまでには3年を要したという。

第1部　企業の全体戦略

4) 収益状況の改善

　福村が副社長に就任して以来、札幌観光バスの業績は回復傾向にある。2016年3月期の決算で、売上高は約10億円、営業利益は約4000万円となっている。2013年のMBO以降、黒字転換に成功し、その後も順調に推移している。福村が社長となってから以降は、従業員の意識も大きく変わったという。なぜ、そのような変化を福村は起こすことができたのだろうか。

4　貸切バスを起点とした新事業展開

1) 市場仮説に基づく事業の整備

　「食と観光」といったそれぞれの点を開発し、それらをバス（移動＝線）で結びつけることが、福村の考える札幌観光バスの基本戦略だ。バスへの投資、運行乗務員（運転手、バスガイド）の教育、観光の企画営業（コンシェルジュ）といったビジネスモデルの基本機能は整った。次に行うは、コンテンツ（観光資源）の開発だ。レストラン、キャンプ場、宿泊施設、地元の観光地との調整に動き出す。

2)「食と観光をつなぐ」

　「食と観光をつなぐ」ことに、札幌観光バスは一定の成功を果たそうとしていた。しかし福村は、それだけでは同社を中心とする企業グループの持続的成長は見込めないことを理解していた。札幌観光バスグループは、北海道の中にあってこそ、その価値を発揮できることを強く感じていた。そのため、北海道地域が活性化することが自社の成長に欠かせない。基本戦略に、地域との一体化した成長を事業の目標に据えていた。

　札幌観光バスは、2015年3月に北海道の中部にある美瑛町で農業生産法人を営む「ファームズ千代田」と合弁で地方創生を目的に「美瑛ファーマーズマーケット」を設立（後にファンドも出資）した。美瑛ファーマーズマーケットは、美瑛町でレストラン、宿泊事業を行うほか、「びえい和牛」ブランド（農業生産法人ファームズ千代田が有する商標権）の食肉などを食材にしたレストランの運営や、ジャージー牛の生乳を原料にした乳製品の生産と販売を手掛けている。

　ファームズ千代田は、広大な敷地で「びえい和牛」2000頭を肥育し、敷地内のレストラン「ファームレストラン千代田」で提供している。また、濃厚な

図表 4-2　関係企業および協業する企業の事業

企業名	事業・サービス	概要
札幌観光バス （1964 年創業）	貸切バス	貸切バス事業（団体向け） 周遊バス事業（個人、グループ向け） 富裕層向けの高級貸切リムジンの運行 （クールスター）
	クルーズキッチン	出張レストランとなる厨房施設を設けた大型バスの運行
	旅コンシェルジュデスク	旅行客のサポート、旅行商品の企画
	家族旅コンシェルジュデスク	星野リゾート宿泊客向けの旅行業を受託
	旅行商品の企画販売	観光地化されていない魅力的な地域を日帰りで体験する「SAPPORO Shot Tours」を企画販売
クールスター	旅行商品の企画販売	「クールスター」「クルーズキッチン」の販売
知床アルパ	旅行商品の企画販売	知床でのネイチャーガイド、アウトドアガイド
美瑛ファーマーズマーケット （2015 年創業）	乳製品加工工場	「ミルクファクトリー」運営、乳製品加工
	食肉加工品の製造 精肉加工・卸業	美瑛町の地域産業の活性化を目的とした食肉加工、精肉加工など
	レストラン	「ファームレストラン千代田」の運営
	売店	乳製品、加工品等の販売（レストラン併設）
	キャンプ	「ファームキャンプ場」の運営
	オーベルジュ	レストランを併設した宿泊施設
	Deli（デリ）	道外等で惣菜（デリ）の販売
ファームズ千代田 （農業生産法人）	畜産	「びえい和牛」の肥育

注 1) クールスター社：札幌観光バスが 2014 年に事業譲渡を受け入れ。
　 2) 知床アルパ社：「札幌観光バス（事業譲渡受入）」。「レジリエンス」「斜里バス」による出資会社。
　 3) 美瑛ファーマーズマーケット社：「六次化ファンド」「ファームズ千代田」「札幌観光バス」による出資会社。

ミルクとして知られるジャージー牛 40 頭を飼育し、自社のミルクファクトリーで加工し販売を行っていた。しかし、レストラン事業、乳製品加工事業が不振に陥り、ミルクファクトリーへの投資も重荷になり、ファームズ千代田は

第1部　企業の全体戦略

苦戦を強いられていた。レストランへはアクセスする手段が限られ、また乳製品を加工してもその後の販路がレストラン以外になく、バターに加工された製品は在庫が積み上がる状況にあった。

ファームズ千代田は、牧場以外の事業を切り離し、レストラン事業、乳製品加工事業の立て直しを目指した。運営する牧場への観光ルートを持っていた札幌観光バスと組むことにより、札幌観光バスと共同出資で「美瑛ファーマーズマーケット」を設立する。これにより、札幌観光バスは、レストランなどをグループ内に収め、「食と観光をつなぐ」ことを強化している（図表4-2）。

ここまでの事例企業の事業展開を簡単に整理しておこう（図表4-3）。貸切バス事業のうち、従来からある修学旅行などの団体向けサービスは、新車と質の高い乗務員（運転手とバスガイド）により、他社との差別化を図る。そして貸切バスの一部分を富裕層向けと、周遊ルートに分け、市場ニーズに対応した商品展開を開始した。富裕層向けには、客単価の高い商品として「クールスター」（客席数の少ない豪華仕様バス）を展開する。周遊ルートは、観光地をつなぐ手段

図表4-3　「食と観光をつなぐ」事業モデル

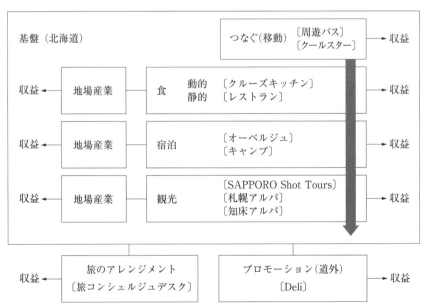

として、札幌から道東（知床）までを定期運行することで、旅行者の移動を容易にする商品を市場に投入している。バスを用いて、これまで需要を満たすことができなかった市場に切り込み、線（移動）を確立したのである。

　同時に、観光地や宿泊場所として、レストラン、キャンプ場、オーベルジュを周遊ルートに接続させるとともに、周遊ルートに沿った地場の産業や観光地とも協業し、旅行者が観光しやすい移動を整備している。

　同社が設立から行っている団体向け貸切バス以外のその他の事業は、2012年以降に開始した事業である。従業員の中に戸惑いや不安が多くあった組織にあって、これらの素早い動きは驚きだ。経営戦略が、経営者と従業員との間で素早く共有化され、それを実現しようと双方が動き始めたことの証左である。

　これらの事業（グループ会社、協業企業を含む）を組み合わせることにより、顧客に北海道の強みである「食と観光」を提供するとともに、これらをつなぐことを戦略として推進した。福村は「北海道を輝かせていきたい」と語っている。札幌観光バスグループの企業ビジョンを「Brighten up Hokkaido—北海道を、輝かせよう—」と定め、同社が果たすべき役割を明確にし、従業員との間で共有化を図っている。

3）ビジネスチャンスを刈り取るための事業ミックス

　線でつなぐ（移動）ことによって、食、宿泊、観光のそれぞれの領域で収益を確保する**事業ミックス**（事業の組み合わせ）を描いていることが前項から分かっていただけると思う。これまでの市場では、旅行代理店などのツアー企画から受託され貸切バスを運行する従来のビジネスモデルとは大きく異なる。つなぐ（移動）ことそれ自体は、これまでにある多く事業とそれほど大きな違いはない。また宿泊や観光についても、従来から存在するビジネスであり、それほど特筆すべきことはないのかもしれない。しかし単純ではあるが、それらをつなぐことにより、新たな価値を創出できることを示している。そして、それだけではない。同社の特徴は、自社グループで収益を上げるモデルを組むことだけではなく、同社の企業ビジョン「Brighten up Hokkaido—北海道を、輝かせよう—」を実現する姿、つまり周辺の地場産業をもそのモデルの中に取り込み、地域が一体となって、観光産業を作り上げる姿を描いている。この事例で着目すべき点である。

第1部　企業の全体戦略

経営戦略を立て、自社とそのグループだけに利益がもたらされる収益モデルを築き、競争に勝てばそれでよいのかもしれない。しかしそれだけにはとどまらないのが、福村の特徴だ。地域に愛され、地元で信頼される企業で働く誇りを従業員が持つことも重要な要素であることをこの事例は教えてくれる。事業や企業は、単独で存在するのではない。すべてはつながっていることを改めて認識することができる。

4）法令の改正と資金調達

六次産業（一次＋二次＋三次＝六次産業）は、まだ聞き慣れない言葉であるかもしれない。**第一次産業**（農林漁業者）が、**第二次産業**（加工など）と**第三次産業**（流通、販売など）にも関わることによって、今まで第二次、第三次産業が得ていた付加価値を、第一次産業にも広げることにより、農林漁業者を活性化する取り組みのことをいう（図表4-4）。第二次安倍改造内閣の施策の一つとして、2014年から地方創生が発表され、「**六次産業化法**（地域資源を活用した農林漁業者等による新事業の創出等及び地域の農林水産物の利用促進に関する法律）」が施行された。これにより、六次産業化事業体（六次産業化法の認定事業者：本事例では美瑛ファーマーズマーケット）へ国と民間等から間接的に出資が行われ支援が行われることから、福村としては大きな後押しを得ることとなった。国と大手民間企業等の共同出資である「農林産業漁業成長産業化支援機構（A-FIVE）」のサブファンド（地

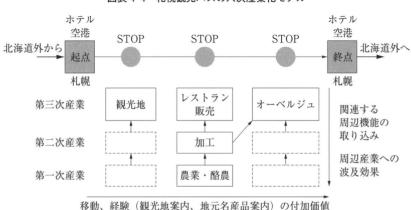

図表 4-4　札幌観光バスの六次産業化モデル

域金融機関が中心となって設立）である「北洋6次産業化応援ファンド投資事業」は、2015年8月、美瑛ファーマーズマーケットに出資（6660万円）を行ったことを北洋銀行が発表した。これを受け、デリ事業、富裕層向けのオーベルジュ事業（レストランを併設した宿泊施設のこと　欧州で古くからある小規模ホテルをオーベルジュという）を2016年12月に開始することとなった。

　福村は、北海道にある他の地域の温泉旅館やホテルなどと協力しながら、"周遊型観光路線バス"の構築を進め、六次化のさらなる展開を図っている。「食と観光をつなぐ」を基本的な考えとし、点を線にした展開、そして面への展開が今後は期待される。「北海道の広大な土地の色々な地域の温泉旅館、ホテル、お土産屋、そして農家の皆さんに至るまで、北海道の観光地全域に"お金が落ちる"絵を描き、実行するという志がなければ、本当の地方創生は難しい」と福村はいう。

　同社の事業を成長させつつ、地方創生への貢献をも果たすという2つの課題をどのように達成するのだろうか。今後はこれら課題を解決することが注目される。

ケースを読み解く

1　競争の戦略

1）空白領域こそビジネスチャンス

　北海道の面積は約8万3000 km^{2}となり、日本の国土面積の約2割を占める。東西に約500 km、南北に約400 kmもある。ゲートウエイとなる新千歳空港や札幌駅に降り立った観光客は、用意されたツアーバスに乗って移動するか、一般的なツアーバスで観光をすることとなる。個人客がJRを乗り継いで行きたい観光地に向かうことは、いくつもの困難があるものと思われる。移動を容易にし、これまでの一般的なツアーではなく、福村が見せたい北海道を、旅行者に見てもらうことが札幌観光バスの考え方なのである。

　福村は生まれも育ちも東京である。その福村が北海道に魅了され、北海道の美しさを多くの人に知ってもらいたい、との発想が根幹にある。つまり、バス

第1部　企業の全体戦略

で移動手段を観光客に提供することはもちろんのこと、北海道における経験や体験を売ることが、同社の真の提供価値である。北海道の観光資源を自社の経営資源として内包してしまう大胆さを持ち、演出までしてしまうことで、観光客に高い付加価値を提供することを実現している。

2）競争を避ける

　さらに観光地を周るだけにとどまらず、それぞれの場所で、飲食の体験や名産品を売ることで周辺の産業を取り込み、地域を一体とした演出の取り組みをしている。「北海道の観光地全域に"お金が落ちる"絵を描き、実行する」と福村が述べるように、顧客、自社だけでなく、周辺の関与者も巻き込んだ事業構成となる三位一体のビジネスモデルであるといえる。六次産業化法が施行されてから、六次産業化を達成した数少ないモデルの一つである。

　思い込みや先入観に捉われてしまうと、これまでの貸切バス事業や観光事業の枠から抜け出すことができず、新たなビジネスチャンスや市場を発見することは難しい。顧客への提供価値を深く思考することで、新たな成長機会を見出すことができたと考えられる。

　移動の不便さをこれまでと同様の移動方法にて提供するのではなく、既存の経営資源（バス、乗務員）を上手に利用しながら、知恵を出し、他社との差別化を鮮明に打ち出す。競争を避けることは、重要な戦略オプションの一つである。一般的に、競争しないで済む選択肢があるのであれば、それに越したことはない。競争がない、もしくは少ない状況であれば、さらに他社が参入することができないよう早期に手立てを打っておく（**エントリー・バリア**を高くする）ことにより、さらなる他社の参入を遅らせ、可能な限り長く競争を避け、苛烈な競争を避ける事業環境を維持しようとする考え方である。

3）選択すること

　M. E. ポーターは、『競争の戦略』（1980 年）の中で企業がとるべき 3 つの基本戦略として、①**コスト・リーダーシップ戦略**、②**差別化戦略**、③**集中戦略**の 3 つを挙げている。この 3 つのいずれかを選択し市場で勝ち抜かなければ利益を得ることはできない、としている。3 つの基本戦略のうち、いずれか一つを選択した方向性を示し、経営資源を配分するマネジメントを構築する必要があるとしている。

第4章　観光産業における差別化戦略

いずれの方向性をも選択しない、もしくは構築できない企業が競争に勝つことはできないとされる。また、差別化戦略とコスト・リーダーシップ戦略を同時に構築することは、理屈のうえでは可能であるが、現実的にはきわめて困難であるとされる。他方、集中戦略を選択、構築した後に、その中で集中の差別化戦略、または集中のコスト・リーダーシップ戦略に分類され、その選択の可能性がある。

同社の事例は、顧客が認める特異性を打ち出し、「差別化戦略」を選択していることが、読者にも分かってもらえるのではないだろうか。顧客のニーズがあるものの、商品として市場に提供されていなかった特定領域のターゲットにおいて、事業を展開することを選択した。さらに、特定の領域において「食と観光をつなぐ」ことにより、顧客に対し他社にはない差別化した提案を行っている。

4) 市場を定義し施策を定める

福村が開発した商品と選択した市場をI. アンゾフの**事業拡大マトリックス**（製品・市場マトリックス）で整理し、考えてみよう。事例企業は、既存の市場で競争ことを避け、差別化戦略を選択したことを先に述べた。この基本戦略をどのような商品を用いて、どのような市場で事業展開することを考えたのであろうか。

図表4-5をご覧いただきたい。図表の「A」にあるように、既存の市場で既存の商品を提供することで利益を確保することは、業界の構造から難しい。そのため、この領域への深入りはしない、またはあえて捨てる。本事例では、これまでの団体向けの貸切にとどめている。

一方で、ツアー企画機能を社内に構築することによって、新商品を作り出し、他社との差別化を図る。新たな価値を付加することにより新商品（図の「B」）を作り出す。本事例では、周遊バスを巡らせることで観光地をつないだ。

また、富裕層向けのように、これまで取りこぼしていた市場に新商品（豪華バス）を投入することにより新市場（図の「C」）をねらう。顧客のニーズを市場の現場から肌で感じ取った福村こその発想だ。顧客に、これまでの既存商品と異なった付加価値を既存商品（貸切バス、宿泊、観光案内）に与えることにより、新市場において新たな価値を提供した。既存市場、新市場、どちらにも残されていたビジネスチャンスを追求する意思を明確に示した事例である。

65

第 1 部　企業の全体戦略

図表 4-5　札幌観光バスが選択する製品・市場マトリクス

	既存商品	新商品
既存市場	**A（市場浸透・深耕）** 貸切バスで名勝地などの知られた観光地を巡る〈エントリー型〉	**B（商品開発）** 新たな価値をプラスする〈エクストラ型〉
新市場	**C（市場拡大・開発）** 人と違うより深い観光をゆったりお任せで体験〈アドバンス型〉	**D（多角化）** 個別ニーズに対応した北海道の楽しみ方を提案または個別対応〈カスタマイズ型〉

　図の「D」領域に対しても、決して果敢に攻める姿勢を福村は崩してはいない。同領域における新商品の一つとして、大型バスを改造して厨房施設を設けた出張レストランサービス、「クルーズキッチン」を 2017 年 8 月から開始している。結婚式や野外イベントなどで北海道産の食材を使い、北海道の魅力ある場所で料理などを振る舞い個別のニーズに対応した北海道の楽しみ方を提案している。

　また、インバウンド旅行者の観光ニーズにも対応する。北海道での自然を満喫しながら、体験活動とともに、北海道の食を楽しむ複合的サービスを提供している。これらのサービスも、順調な滑り出しだ。同社でしか得ることができない商品を企画し、需要を取り込むことに成功している。

　さらに、独自の商品開発により、観光地化されていない魅力的な地域を日帰りで体験する「SAPPORO Shot Tours」、札幌・知床でのネイチャーガイド、アウトドアガイドに取り組む「札幌アルパ」「知床アルパ」、星野リゾートの宿泊客向けの旅行業を受託する「家族旅コンシェルジュ」のサービスを開発し、顧客に提供している。創業からの貸切バス事業を基軸に、その周辺に付加価値のある事業を配置することによって、顧客の要望に応えられる体制を整えた。

2　今後の成長課題と経営者

　札幌観光バスグループの企画や演出によって北海道を知った顧客は、その体

験を忘れることができないであろう。その顧客はリピート客として再度、北海道を訪れ、札幌観光バスを選択する可能性が高い。観光に限らず多くの事業で、顧客のリピート率を高めることは重要な要素となる。同じ観光スポットをさらに深く味わいたいと感じる顧客もあれば、まだ知られていない新しい観光スポットを求める顧客も出てくる。これらの要望（**ニーズやウォンツ**）をどこまで捉えることができるかが、次の成長への鍵となりそうだ。

　本事例のように中堅企業において、経営者の役割は重要だ。特に社長が多くのことをこなし、意思決定しなければならない。ベンチャー企業も同様だ。一定以上の規模に成長するまでは、社長は何でもやらなければならない、とても過酷な役割である。本事例では企業の成長とともに、次の経営者を育成することも重要な経営課題となるだろう。

　また本事例から、経営者と従業員の想いの差異を埋めること、そして経営戦略を策定すること、の重要性を理解いただけたのではないだろうか。戦略理論の枠組みを用いて、分析（合理性・客観性）を行い、方向性（創造性・革新性）を定めることで、経営戦略を策定し実行をする。これらを成功裡に結実するためには、強いリーダーシップが必要である。経営者だけでなく、それぞれの業務領域で高い質と力強いリーダーの存在が欠かせない。

　もちろん経営戦略の策定と実行を成功に導く最大の責任者は経営者だ。その経営者は孤独だ。経営者になるということは、孤独に耐える生き方を選ぶことである。リスクへの恐怖に立ち向かい、孤独に、そして果敢に意思決定を下していくタフな精神力が求められる。しかも、誰も未来に対する解は教えてはくれない。戦略的思考力を養い、高め、誰にも分からない未来を常に考え続けなければならない。そのような苦しく厳しい環境に自身を置くことを自ら選択することが、経営者であり、リーダーなのである。

参 考 文 献

阪本善彦・松川大輔（2015）『KBS 委員長杯ケース』委員長杯実行委員会（慶應義塾大学大学院経営管理研究科　学外非公開文献）

『日本経済新聞』2017 年 7 月 26 日朝刊（北海道地域版）

日本商工会議所（2017）『月刊　石垣』

第 5 章

金融業における差別化戦略

　株式会社りそなホールディングス（以下、りそな HD）は、傘下に 3 つの銀行を持つ銀行持株会社である。メガバンク、地方銀行（以下、地銀）、信託銀行の機能と強みを活かした独自のビジネスモデルにより、国内で地域密着型のリテール業務に集中するリテール戦略で「リテール No. 1」を目指している。銀行存続の危機に直面した際、他業種から経営トップを迎え入れ、リテール戦略と他業種の経営手法を活用した改革を推進し、危機からの再生を果たした。この戦略に至った経緯をケースで取り上げ、戦略に沿った改革でいかに再生を果たしたか、りそなの強みと成果を探っていく。

ケース　りそな HD のリテール戦略

1　りそなグループの概要と戦略

1）りそなグループの概要

　金融機関のりそな HD は、100 ％子会社「株式会社りそな銀行」「株式会社埼玉りそな銀行」「株式会社関西みらいフィナンシャルグループ」（以下、関西みらい FG、銀行持株会社で株式会社近畿大阪銀行を傘下に持つ）を傘下に持ち、りそな銀行と埼玉りそな銀行を中核銀行とする。りそな HD は、このほか金融関連サービスを行う子会社や関連会社を持ち、一つの銀行グループを形成している。これを「りそなグループ」と称している。

　りそな HD の 2017 年 3 月期（2016 年度）連結総資産は 48 兆 4561 億円（りそな銀行 30 兆 9841 億円、埼玉りそな銀行 13 兆 9138 億円、近畿大阪銀行 3 兆 5457 億円）、りそな銀行が信託併営銀行として持つ信託財産は 26 兆 6089 億円で、個人稼働口座は約 1300 万、法人取引先は約 40 万に上る。本社を東京と大阪の 2 大都市

68

に置き、それぞれを拠点とする営業基盤を築いている。国内ネットワークのうち有人店舗（579店）の約96％が首都圏（289店）と関西圏（268店）に集中している。りそな運営のATMは約8000台、提携コンビニATMは約4万9000台ある。海外ネットワークは、アジアを中心として駐在員事務所等を有するが欧米に支店等はない。従業員数は1万6860人（連結ベース）、東京証券取引所市場第一部に上場しており、代表者は取締役兼代表執行役社長（りそな銀行取締役会長兼取締役社長）の東和浩である。

2) りそなグループの戦略

りそなHDは、事業目的を「銀行持株会社として、銀行その他銀行法により子会社とすることができる会社の経営管理と付帯する業務を営むこと」とし、りそなグループを統括する。その目的を果たすため、グループの戦略等は親会社のりそなHDが策定し、傘下銀行等が事業を遂行している。その戦略は「**メガバンク**、地銀、信託銀行の機能と強みをあわせ持つりそな独自のビジネスモデル」により、国内の地域に密着したリテール業務に集中するという「**リテール戦略**」で、顧客に最も支持される「リテールNo.1」を目指すというものである。りそなよりも規模が大きくグローバル戦略にも力を入れるメガバンクとは一線を画し、地銀のように国内での業務に力をいれるが、首都圏と関西圏にある強固なネットワークを活かした顧客サービスや信託機能の提供等で差別化を図る戦略である。

りそなHDの戦略の詳細は、ホームページ等で確認することができる。りそなHDはグループの経営戦略を「中期経営計画」「資本政策の方向性」「お客さま本位の業務運営」の3つに分け、中期経営計画をさらに「戦略の全体像」と「経営指標およびビジネス戦略」に分けて説明している。同ホームページでは、経営理念、行動宣言、コーポレートガバナンス、ブランド戦略等も確認できる。この戦略に至った経緯について、過去の2つの事象からたどっていく。

2　過去の2つの事象とその後の戦略

1) 大和銀行ニューヨーク支店巨額損失事件

最初は、りそな銀行の前身である大和銀行のニューヨーク支店で現地の嘱託行員が起こした不祥事である。1983年にこの行員は、変動金利債取引で5万

第1部　企業の全体戦略

ドルの損失を出してしまう。損失を取り戻そうと、独自の判断で支店の投資有価証券や、顧客から保護預りしている米国債を売却する等で損失の穴埋めをし隠ぺいする一方、米国債の簿外取引を繰り返し行い、最終的に損失が約11億ドルにまで膨らんだ。この不祥事は無断取引開始から12年後（1995年7月）、行員本人が頭取に送った告白の書状で初めて発覚、銀行幹部は監督官庁である大蔵省（現・財務省）と日銀に報告するが、そのタイミングが事件発覚の翌月となり、米国金融当局への報告はさらに遅れて事態が深刻化したとされる。1995年10月には米国子会社ダイワ・バンク・トラストで別の不正事件が発覚した。1984〜1987年に行った米国債の簿外取引で約9700万ドルの損失を出したが、ペーパー会社に損失を移し、海外のグループ会社による融資で穴埋めをするという、組織ぐるみの粉飾決算による事件である。

　これにより大和銀行が被った最大の痛手は、米国金融当局から国外退去の制裁を受けたことである。1996年2月大和銀行は米国から完全撤退し、その後のグローバル戦略に大きな影響を及ぼすこととなった。すなわち、米国に進出する道が閉ざされ、国内ビジネスに集中せざるを得ない状況となったのである。

　この事件後に大和銀行がとったのは、「**特化型戦略**」である。「強みのある分野を磨き上げ、非効率な分野からは撤退縮小」「関西金融界安定化への努力」「信託業務部門の強化」などを柱に、海外業務から撤退し事業の再構築を進めるというもので、営業基盤を国内に集中し「従来以上に地域に密着した営業」を行い「より充実した金融サービス」を提供していくという道筋がつけられた。

2) 公的資金注入による実質国有化

　上記事件への対応を進める中で、次にりそなHDを襲ったのは、1990年代に日本のバブル経済崩壊により生じた不良債権問題である。銀行各社はバブル期に、高騰する不動産評価額をベースに不動産を担保とした融資を増加させたが、バブルの崩壊で不動産価格が暴落、銀行は暴落した担保不動産を売却しても融資した資金が回収できず不良債権を抱えることとなった。不良債権処理のため、多くの銀行の経営が圧迫され、破綻や破綻の危機に直面した。政府は不良債権問題の処理を促進するため、1998年から銀行に対する公的資金の注入を開始、同年3月に大手行に対し約1兆8000億円を注入し、その後も注入を継続した。

りそな銀行の前身であるあさひ銀行と大和銀行は、1998年3月と1999年3月、近畿大阪銀行は2001年4月、りそな銀行（あさひ銀行と大和銀行合併直後）は2003年6月に公的資金を受けることとなる。総額は3兆1280億円に達したが、このうち、りそな銀行への注入額は巨額の1兆9600億円に上った。これは不良債権のオフバランス化等処理を進める中で、繰延税金資産の査定の厳格化を原因として自己資本比率が低下、健全性の指標である自己資本比率規制の4％を満たさなくなることが判明し、りそな銀行と親会社りそなHDが、業務改善命令（銀行法）と金融機関の自己資本充実の必要性の認定（預金保険法）を受け、資本が増強されたものである。これにより、りそなHDは「一時実質国有化」され、国の管理下に置かれる事態になったのである。

3　りそなHD改革と再生

1）りそなHD改革による公的資金の返済と再生

　一時実質国有化後、再生を目指すりそなHDは、他業種出身の新しい経営者を迎え入れた。JR東日本副社長の細谷英二が、2003年6月に会長に就任した。国鉄の改革に貢献し、JRでは顧客目線のサービスでビューカードや駅構内にユニクロや無印良品等流行店を入れる等新規事業も手掛けて鉄道業に変革をもたらしたとされる。細谷は、りそなでは、異業種の会社経営の経験と手法を活かしながら「メガバンクにも地銀にもできないことをやれる銀行」となって、リテールでトップを目指すという戦略をとることとした。その戦略に沿って、ガバナンス、顧客（サービス）、従業員（心）、お金（財務）の改革に着手、これまでの延長線上ではなく、顧客目線で考えていくことが重要であるとし、「りそなの常識は、世間の非常識」「自ら気付き、考え、行動する」を合言葉にして抜本的な改革を推進した。

　「ガバナンス改革」では、本邦金融機関初となる社外取締役を過半数置く委員会設置会社に移行させた（2003年）。社外取締役は一般企業等から招き、「世界で戦ってきた企業の品質管理、顧客管理のノウハウ」を活用して、「銀行は特別な業種ではない」「普通の会社」になるよう改革に取り組んだ。「顧客改革」では、「りそなブランドの再生」を目標とした。待ち時間ゼロ、営業時間の延長、地域の商店街の人たちとの酒造りプロジェクトの推進等、メガバンク

第1部　企業の全体戦略

にはできない個人顧客向けの改革を中心に進め、ブランドイメージの向上に努めた。「従業員改革」では、頭取、職員といった呼称を廃止、従業員とのコミュニケーションの推進、りそな銀行とりそな HD の兼務体制による一体運営等で組織をスリム化したりフラット化した。「お金の改革」では、米国会計基準に基づき厳しい資産の再査定を実施、リスク要因をすべて計上するバランスシート改革を行った。その結果、一時実質国有化後最初の決算期（2004 年 3 月期）に計上した 1 兆 6639 億円の最終赤字を、公的資金の活用と営業経費 3 割カットにより 2005 年 3 月期には 3655 億円の黒字に転換させた。

　2013 年に体調を崩した細谷を引き継いだのは、東和浩である。細谷の改革を踏襲し顧客目線の改革を推進した。「銀行の常識を変えよう」「破常識」を合言葉に新しいことにチャレンジする風土を築いてきたことをりそなの強みとする。

　「ガバナンス改革」では「企業風土を変えた、ガラス張りのまる見え経営」で細谷同様、「普通の会社」を目指し、頭取を社長、行員を社員と称する。役員室はガラス張りの仕切りのない大部屋で、役員同士の情報共有やスピーディな意思決定につなげ透明な経営を目指す。りそな HD と傘下行を兼務する役員を含む体制で情報共有を図る一方、委員会設置会社で社外取締役が過半数を占め、経営の監督機能の強化を図る。監督機能（取締役）と業務執行（執行役）を分離した体制で、経営の健全性と透明性、業務執行の迅速性、機動性の向上に努めている。傘下行では顧客、お金、従業員の改革を引き続き推進。「顧客改革」では、グループ内銀行間 24 時間 365 日振込みサービスで 2015 年日経優秀製品・サービス賞優秀賞を受賞した。待ち時間ゼロ運動では、書類の手続きが不要な特許取得済の端末「Quick Navi」や記入・捺印不要な生体認証を導入しスピーディなサービスを提供する。24 時間営業のコンビニ等を参考に、窓口業務が午後 3 時に閉まる常識を打ち破り、平日午後 5 時や金曜日午後 7 時までの営業等を一部店舗で実現している。「セブンデイズプラザ」では、原則年中無休や営業時間の延長、口座のない顧客相談やセミナーを実施、複合施設の一角の店舗では、書籍等を扱う「TSUTAYA」隣接の文化施設のような空間を実現し、銀行のイメージを一新するサービスを提供する。「従業員改革」では、若手社員を講師とする子供向けの金融経済教育を 2005 年から継続し 2 万 8000

人を超える卒業生を輩出、CSR活動では社員が「自ら気付き、考え、行動する」ボランティア活動等を行っている。顧客の約半数とりそな社員の約6割が女性であることから、女性向け商品を開発する「女性による、女性のための商品開発プロジェクト」を推進し「女性に支持される銀行 No. 1」を目指す。「お金の改革」では「10年連続で黒字達成」「持続的成長を維持する堅実経営」を維持しているとする。お金の改革により、不良債権比率（＝開示債権計〔不良債権〕／金融再生法基準開示債権総合計〔総与信〕）は2002年の10.84％から2017年の1.35％まで低下した。2008年の国際金融危機時には、国内大手行を含む世界の多くの金融機関が赤字を計上したが、りそなHDは2009年3月期の親会社株主に帰属する当期純利益で1239億円の黒字を確保した。公的資金注入後の、抜本的な財務改革と堅実経営を徹底した証とするが、公的資金の返済も2011年1月から開始し2015年6月に完済し、2017年からの新中期経営計画につなげている。

2）合併再編で築かれた国内の強固な営業基盤

　国の管理下に入ったりそなHDは、前述のようにその後の改革で公的資金を完済し再生を果たすが、その背景には合併再編を通して国内で築いてきた強固な営業基盤の存在がある。合併再編の変遷については、りそなHDのホームページや銀行図書館（「平成元年以降の提携・合併リスト」）のホームページで調べることができる。

　りそなHDの関西圏の営業基盤は大和銀行、首都圏は主にあさひ銀行で築かれた。両行の合併により、大都市を中心とする営業基盤が実現し、りそなの強みにつながっている。大きな合併再編の流れは次の通りである。

　りそなHDは、2001年12月に大和銀行が近畿大阪銀行と奈良銀行と株式会社大和銀行ホールディングスを設立、2002年あさひ銀行を完全子会社とし、現在の商号に変更されたことを創始とする。大和銀行は、1918年5月設立の大阪野村銀行に始まり、1927年に野村銀行に改称、その後野村信託株式会社との合併を経て1948年改称され関西地盤の大和銀行となった。一方、あさひ銀行は、協和銀行と埼玉銀行の合併により1991年に協和埼玉銀行を設立、1992年に改称されてあさひ銀行となった。もともと埼玉銀行は、埼玉県下4銀行が合併し1943年に設立、埼玉県下の3貯蓄銀行も埼玉銀行が合併し埼玉

第1部　企業の全体戦略

の営業基盤が強化された。協和銀行は、9 貯蓄銀行の合併から日本貯蓄銀行が設立され、1948 年の改称で協和銀行となった。協和銀行は店舗網の再編を行い首都圏に店舗網を集中させた結果、あさひ銀行の主な営業基盤は埼玉県を含む首都圏となった。2003 年大和銀行とあさひ銀行が合併し、りそな銀行の営業基盤が強化された。埼玉りそな銀行は、あさひ銀行の埼玉県内 108 店舗と東京都内 3 行を継承し、りそな HD の子会社として設立された。

　りそな HD は関西地域でさらなる営業基盤の強化を図っている。2017 年 11 月に関西みらい FG を設立、りそな HD の 100 ％子会社とし、2017 年 12 月にはりそな HD の 100 ％子会社近畿大阪銀行を関西みらい FG の 100 ％子会社とした。

　りそなグループ銀行合算のマーケットシェア（日本銀行都道府県別預金・貸出金〔国内銀行〕に占める割合、2017 年 3 月期）を見ると、貸出金では東京都 4.3 ％、大阪府 19.4 ％、神奈川県 9.2 ％で、埼玉県が 44.9 ％で最も高い。預金では東京都 4.2 ％、大阪府 19.0 ％、神奈川県 3.9 ％でこれも埼玉県が 42.9 ％で最も高い。埼玉県におけるシェアが突出して高く、りそなの強みが確認できる。

ケースを読み解く

1　金融業界におけるりそな HD の位置づけ

1)　金融機関の特殊性とりそな HD の役割

　金融機関が扱う「お金（資金）」は、経済活動に欠かせないものである。そのお金に余裕がある経済主体と、お金を必要としている経済主体との間で過不足を補い合うことを「金融」という。その経済主体の間に入り、金融を仲介することなどを主な業務とする機関が金融機関である。経済活動に欠かせないお金を主業務に扱うため金融機関の業務は公共性が強い。したがって金融機関には公共的責任を果たすための、健全かつ適切な運営が求められる。金融機関の設立には、特別な法律等による免許、認可、許可、登録等が必要で、設立後も様々な規制等があり、監督官庁（金融庁）等からは規制等遵守しているかどうかの厳しいチェックを受ける。りそな HD も金融機関として公共的責任を果た

74

すことが求められ、業務運営上、様々な規制を受けるという特殊性を持つ。

日本には様々な金融機関があるが、大きく中央銀行、民間金融機関、公的金融機関（政府系金融機関等）の３つに分類される。中央銀行とは日本銀行（日銀）を指す。民間金融機関は、さらに資金調達において預金を取り扱うことができる「預金取扱金融機関」と、取り扱うことができない「非預金取扱金融機関」に分類される。「預金取扱金融機関」には、普通銀行（都市銀行、地方銀行、第二地方銀行〔第二地方銀行協会加盟銀行〕、信託銀行、外国銀行支店、その他銀行）、信託銀行、銀行持株会社、信金中央金庫、信用金庫、全国信用協同組合連合会、信用組合、労働金庫連合会、労働金庫、農林中央金庫、信用農業協同組合連合会、農業協同組合、信用漁業協同組合連合会、漁業協同組合等が含まれ、「非預金取扱金融機関」には保険会社（生命保険、損害保険、各種共済制度、保険持株会社等）、金融商品取引業者（証券会社、投資信託委託会社、投資顧問業者、証券金融会社等）、貸金業者（消費者信用会社、住宅金融会社、事業社信用会社、リース会社、抵当証券会社、短資会社等）が含まれる。

りそな HD は金融機関の中で、持株会社という業態を持ち、傘下行は銀行という業態に属している。銀行は、会社法に基づき「株式会社」形態で設立されるが、銀行業を営むためには、「銀行法」（第４条）に基づき、厳しい審査を経て内閣総理大臣の「免許」を受ける必要がある。銀行法（第１条）の目的は「銀行の業務の公共性にかんがみ、信用を維持し、預金者等の保護を確保するとともに金融の円滑を図るため、銀行の業務の健全かつ適切な運営を期し、もつて国民経済の健全な発展に資すること」であり、免許取得後の規制も、業務の範囲、経理方法、監督など様々である。親会社の銀行持株会社は、銀行法（第52条の17）に基づき内閣総理大臣の「認可」を受けて設立されるが、その業務範囲も銀行持株会社グループの経営管理と附帯する業務に限定される（銀行法第52条の21）。金融庁は、子会社の経営管理にあたっては「銀行経営の健全性の確保や預金者保護といった銀行法の趣旨を十分に踏まえたうえで、銀行の業務の健全かつ適切な運営の確保に努めなければならない」とし、全国銀行協会は、金融機関や銀行に対しては多くの国でも同様の規制があり、「公共性、健全性、および収益性の調和を図り、維持することが金融機関経営の基本である」とする。またそのことが「新規参入の抑制、銀行相互間や業態相互間の競争の制限

第1部　企業の全体戦略

という形での保護の役割も果たしている」とする。銀行は、国から公共的責任を果たすことを求められ、銀行間や業態間の競争まで保護される立場にあるという点で、他業界とは違う特殊性を持つといえる。

　銀行が持つ基本的な機能にも、特殊性がある。基本的機能とは「金融仲介機能」「信用創造機能」「資金決済機能」である。「金融仲介機能」とは、経済主体間で預金を集めて貸出しを行うという金融を仲介する機能のことである。「信用創造機能」とは、預かった預金のうち、一定の資金を預ける義務のある日銀への預金（法定準備預金額）を除いた資金を顧客に貸し出す、という金融仲介機能を銀行が繰り返すことで、預かった預金額の何倍もの資金を市場に供給することができる機能のことである。「資金決済機能」とは、代金の決済等を行う業務であり、銀行間の決済システムを構築する機能であるが、決済機能の提供については、現在は異業種からの参入が見られるところである。

　こうした機能を持った銀行が本業とする固有業務は、①預金業務（預金または定期積金等の受入れ）、②貸出（貸付）業務（資金の貸付けまたは手形の割引）、③為替業務（決済業務、為替取引）である（銀行法第10条）。銀行は、預金業務を通して預金者から預金を受け入れ（銀行にとっては資金調達、預金者にとっては資金運用）、貸出（貸付）業務でお金を貸して利益を得るのを本業としている。また、為替業務では、送金や手形など現金を移動せずに決済し手数料を得ることで収益を上げることができる。このほかに付随業務等があるが、銀行法では銀行としてできない業務等についての規定もある。この中で、預金業務は銀行の強みである。銀行は、貸付けのための資金を、預金によってより多くの預金者から安いコストで安定的に集めることができるため、より高い利ざやを確保できるのである。銀行の機能を果たすためにも預金の確保が重要となる。

　実際に銀行が預金を安いコストで安定的に集めるためには、顧客から信用を得て預金をしてもらう必要がある。預金の確保においては、銀行間競争が存在するため、銀行は他行にない顧客サービスを提供したり、顧客の利便性を高める等の工夫により、他行との差別化を図っていく必要がある。営業基盤の確保も差別化のための重要な要素となる。例えば、預金からお金を引き出す際に、身近なところに ATM があれば、利便性が高い銀行ということになる。

　なお、銀行の資金調達方法には、金融機関の間でお金を融通し合うインター

第5章　金融業における差別化戦略

バンク市場からの資金調達や、株式や債券を発行して資金調達する方法もあるが、いずれの方法も預金同様にコストを安く調達するための工夫が必要であり、そのためには投資家等資金の出し手から高い信用評価を得る必要がある。

りそなHDについて見てみると、りそなHDの傘下行は銀行業を営んでいるので、預金による資金調達が可能である。この点で、非預金取扱金融機関や他業種に比べて優位性を持っていることになる。りそなHDは銀行持株会社として傘下行の持つ優位性を活かしつつ、銀行経営の基本となる公共性、健全性、収益性の調和を維持し、健全かつ適切な業務運営を確保できるよう管理に努めるとともに、信用の維持と預金者等の保護を図っていくことが求められるのである。しかし、その銀行経営の基本が十分に維持できなかったのが、ケースに取り上げたりそなの事象である。

大和銀行のニューヨークの事件では、行員による12年にわたる不正取引事態が問題であるが、それを見抜くことができず、金融当局への報告が遅れたことも問題であり、また組織ぐるみの隠ぺい工作も、健全かつ適切な運営や管理ができていなかったために生じた事象といえる。**ガバナンス**（企業統治）や**コンプライアンス**（法令遵守）に対する従業員や経営陣の意識の欠如やオペレーション上の問題も指摘されるところである。また、公的資金注入でも、外部環境に変化があったとはいえ、公共性・健全性・収益性の調和を維持できず、公共の資金である税金が銀行経営の再生に投入されたことで、国民の経済活動に影響を及ぼしたところに問題がある。しかし、バブル崩壊後の危機時に、りそなグループ各行が公的資金の注入を国から受けることができたのは、金融システムの安定と、多くの預金者から預金された資金を保護すること（預金者保護）を目的として公共的責務と役割を果たすことを、国から求められたということにほかならない。

りそなHDにとっては、こうした事象によってグループが抱える問題点が明らかになり、果たすべき責任と役割を再認識することとなったことは、その後の経営に大いに役立ったといえる。すなわち、米国からの完全撤退が国内業務への集中につながり、それまでに合併再編を通して積み上げてきた大都市圏に集中する国内の営業基盤というりそなの強みを活かしていく差別化の戦略につなげることができた。不祥事は、ガバナンスやお金の改革につながり、また、

77

第1部　企業の全体戦略

資産規模が大きいことも寄与して公的資金の注入にもつながった。国による保護のもと、他業種の会社の手法を取り入れた改革を推進し、問題点の改善につながったといえる。そして公共性・健全性・収益性の調和の確保に努め、公的資金を計画より前倒しで返済したことは、顧客からの信用を回復するための大きな要素になったといえる。

2)　銀行間におけるりそなの位置づけ

　次に、りそな HD の傘下行が置かれている銀行間における位置づけを見ていく。りそな HD は「5 大銀行グループ」に属し、資産や預金規模で優位性を持つ。5 大銀行グループとは、りそな HD と 3 メガバンクグループに、「三井住友トラスト・ホールディングス株式会社」(三井トラスト HD) を加えた銀行グループのことである。3 メガバンクとは、都市銀行の「株式会社みずほ銀行」「株式会社三菱東京 UFJ 銀行」「株式会社三井住友銀行」の 3 行のことで、巨大な資産や預金規模を持っていることからメガと呼ばれる。この 3 メガバンクを擁する銀行持株会社の「株式会社みずほフィナンシャルグループ」(MHFG)、「株式会社三菱 UFJ フィナンシャル・グループ」(MUFG)、「三井住友フィナンシャルグループ」(SMFG) を 3 メガバンクグループといい、連結総資産 (2017 年 3 月期) はそれぞれ 200 兆 5086 億円、303 兆 2974 億円、197 兆 7916 億円である。りそな HD の連結総資産額 48 兆 4561 億円は、3 メガバンクグループや三井住友トラスト HD (65 兆 4537 億円) には及ばないが、国内では規模において上位の銀行グループに属している。

　銀行の業態別分類には、「大都市に営業基盤を置き全国的な規模で営業を営む都市銀行、地方の県庁所在地等に本店を有し本店所在地の都道府県を主な営業基盤とする地銀、その多くは相互銀行であった第二地方銀行協会加盟銀行」(全国銀行協会金融調査部編 2013) とあるが、3 メガバンクにりそな銀行と埼玉りそな銀行を加えた 5 行が都市銀行である。りそな HD 傘下行は、中核銀行の 2 行が都市銀行、関西みらい FG の傘下行である近畿大阪銀行は地銀である。

　りそな銀行は、営業基盤が首都圏と関西圏にあり、普通銀行だが、遺言信託等財産管理を行う信託業務も併営し、不動産、年金等業務もあり強みとなっている。埼玉りそな銀行は、東京に隣接し経済規模が全国で上位にある埼玉県で、シェアトップを誇る。近畿大阪銀行は、地銀単体では規模の点で上位行には入

らないが、地銀を傘下に置く銀行持株会社間で比較すると、りそな HD 傘下にあることで資産や預金等規模、店舗数等で優位に立つ。

りそな HD の主な営業基盤は、国内の人口と県内総生産で、それぞれ日本全体の 3 割以上を占める地域にあり、そこに優位性がある。具体的には、都道府県の人口（2016 年 10 月 1 日付国勢調査）は、東京都（全体の 10.7 %、人口 1362 万人）、神奈川県（7.2 %、914 万人）、埼玉県（5.7 %、728 万人）、大阪府（7.0 %、883 万人）の合計は 30.6 %（3889 万人）であり、また、県内総生産（2014 年度内閣府「県民経済計算」）では、東京都（全体の 18.5 %、県内総生産 94 兆 9020 億円）、神奈川県（5.9 %、30 兆 3220 億円）、埼玉県（4.1 %、20 兆 9144 億円）、大阪府（7.4 %、37 兆 9339 億円）の合計は 35.7 %（184 兆 725 億円）である。有人店舗数（2017 年 3 月期）を他業態と比較すると、りそなグループ（傘下行合算）の 579 に対し、メガバンク 3G 平均（3 メガバンクグループ＋みずほ信託＋三菱 UFJ 信託＋SMBC 信託の平均、以下、メガ 3G）は 728、地銀上位 10G 平均（一部 2016 年 9 月末、連結総資産上位 10 地銀グループ：コンコルディア FG、ふくおか FG、めぶき FG、千葉、ほくほく FG、静岡、山口 FG、九州 FG、西日本シティ、北洋、以下、地銀 10G）は 255 である。りそな HD は、メガバンクグループには及ばないが、地銀グループより優位に立っていることが確認できる。

2　金融業におけるリテール戦略とりそなの成果

金融業における「リテール戦略」について見ておこう。一般に企業等で「リテール」とは、小口販売、小売、小売店、小売業者等を指し、「ホールセール」とは、大量販売、卸売、卸売店、卸売業者等を指すが、金融業で「リテール」とは、個人や中小企業等の顧客を指し、「リテール業務」「リテールバンキング」とは個人や中小企業の顧客を対象とした小口の業務と取引を指す。金融業の「ホールセール」は大企業等の顧客を指し、「ホールセール業務」「ホールセールバンキング」とは大企業の顧客を対象とした大口の業務と取引のことを指す。

メガバンクグループは、ホールセール業務や国際業務にも力を入れているが、地銀は国内でリテール業務を中心とした事業を展開している。りそな HD がとる戦略は、その中間である。営業基盤はメガバンクと同様に、人口が集積し経

第1部　企業の全体戦略

済活動も活発かつ多種多様な顧客の利用が期待できる首都圏と関西圏という大
都市に置くが、地銀と同様にターゲットをリテールに絞ることで、スケールメ
リットを活かした業務が展開できる。地域に密着したサービスで質の向上と効
率性を図り、収益性の向上につなげるという差別化を図る戦略である。

　りそなHDはこのリテール戦略に沿った改革の方向性と成果をディスクロー
ジャー誌（2017年3月期）等で開示している。連結実質業務純益（2182億円）に
占める傘下行の割合は約87％である。りそなHD傘下行の貸出金の貸出先は、
リテール向けが85.0％（個人向け48.1％、中小企業向け36.9％）と高く、メガ3G
（59.9％）と地銀10G（71.0％）と比べて、りそながリテールに軸足を置いている
ことが確認できる。預貸金利回り差は、りそな（傘下行合算）が1.13％で、メ
ガ3G（0.89％）と地銀10G（1.15％）の間に位置するが、貸出利回りが低い大企
業取引が少ないことでメガバンクより高い数値を確保しているとする。連結経
費率（＝営業経費÷業務粗利益）は、りそなが最も低い64.3％（メガ3G：66.1％、地
銀10G：75.3％）で、リテール特化による業務効率化の成果とする。連結ROAは、
国際金融危機直後（2009年3月期）もりそなは0.31％の黒字を確保（メガ3Gは
△0.28％）、2017年3月期はメガ3Gもりそなも0.33％であった。黒字体質が定
着したとし、リテール特化と政策保有株式の削減等財務改革推進の成果とする。
りそなHDの連結貸出金残高（28兆1867億円）と連結預金残高（40兆6753億円）
は経年比較で増加傾向にあり、不良債権比率も1.35％に低下、自己資本比率
（連結、国内基準）11.69％は4％の国内基準を満たすもので、リテール戦略に基
づいた改革の成果といえる。

3　格付けによるりそなの外部評価

　最後に、第三者からの評価を**格付け**という手法で確認する。格付けは、投資
家等債権者や外部格付け業者（格付け機関〔会社〕等）が、債権が回収されない
リスクや債務者の返済能力等信用力を評価・判断する際に使用する。調査や定
量的・定性的分析等を通して評価した信用力を段階別に分け、分かりやすいよ
うに高い順にAAA、AA、A、BBB、BB……等という記号（符号）を付すが、
AAA以外はさらに細かく3つの段階に分けて記号を付す（図表5-1）。BBB以
上が「投資適格格付け」、BB以下を「投機的格付け」という。投機的格付け

図表5-1　格付け推移（りそな銀行、長期格付け）

Moody's	S&P R&I JCR	2003	2004	2005	2006	2007	2011	2017
A1	A＋							
A2	A							
A3	A－							
Baa1	BBB＋							
Baa2	BBB							
Baa3	BBB－							
Ba1	BB＋							

凡例:
――― Moody's
－－－ S＆P
――― R＆I
……… JCR

出所）りそなHDホームページ「格付情報　格付推移（りそな銀行、長期格付）」をもとに
作成。
http://www.resona-gr.co.jp/holdings/investors/ir/kakuduke/index.html

の方が債務不履行の起きる可能性がより高いということを表す。投資家が格付
けを利用する際は、格付け記号とその根拠も確認したうえで自身で投資判断を
することが重要である一方、債務者（債券の発行体や資金の借り手）は、日ごろか
らより高い格付けが得られるよう運営していくことが重要である。より高い格
付けは、より安いコスト（金利）による資金調達につながるからである。

　図表5-1は、りそな銀行に対する外部格付け業者各社（Moody's〔米国〕、S＆P
〔米国〕、R＆I〔日本〕、JCR〔日本〕）による格付けの推移である。りそなが巨額の
公的資金の注入を受けた2003年はMoody'sとS＆Pが投機的格付けを付与し
ているが、2005年（返済開始）、2014年（巨額の資金返済）、2015年（完済）と業
務運営が改善するに従い、外部評価が相対的に上昇していくことが分かる。り
そなHDと傘下行の格付け状況を見ると、長期格付けはA＋（Moody'sのA1に
相当）からA（同A2に相当）の範囲にある（図表5-2）。最上位のAAAに比べA
は下位だが投資適格である。一般に国（この場合は日本）の格付けを基準（天井、
シーリング）に企業等格付けが付与されるため、国の格付けが低いと企業等の

第1部　企業の全体戦略

図表 5-2　りそな HD と傘下行の格付け状況

(2017 年 3 月末)

	Moody's		S＆P		R＆I		JCR
	長期	短期	長期	短期	長期	短期	長期
りそなホールディングス	－	－	－	－	A	－	－
りそな銀行	A2	P－1	A	A－1	A＋	a－1	A＋
埼玉りそな銀行	A2	P－1	－	－	A＋	a－1	A＋
近畿大阪銀行	A2	P－1	－	－	－	－	－

出所）りそな HD ホームページおよび各格付会社の公表データをもとに作成。

格付けも全体的に低くなる。日本の格付けは現時点で Moody's：A1、S＆P：A＋、R＆I：AA＋、JCR：AAA である。メガバンクとの比較では、S＆P がりそな銀行に対しメガバンクと同じ A を付与しているが、その他の格付け会社は、全体的にメガバンクより 1〜2 段階（1〜2 ノッチ）下の格付けをりそな各行に付与している。外部からの評価は、このように格付け記号によって他社との比較がしやすいようになっている。そして、りそなの格付けは、金融業界におけるりそなの優位性や、戦略、改革、業績、外部環境への対応等様々な要素を総合的に評価し付与されているものである。

　これまで見てきたように、りそな HD は、過去の経験を経て、営業基盤の強化とガバナンス、顧客、従業員、お金の各改革を通して、公共性・健全性・収益性を踏まえた経営環境を整えてきた。リテール業務に集中することで他行との差別化を図り、安定的な資金の確保を実現し、低コスト運営で資産の質を健全に保ちながら収益を確保する収益構造を構築してきた。公的資金完済により、改革等に向ける費用の捻出や、内部留保の積み上げができる状態となった。しかし各行同様に、りそな傘下行も日銀によるマイナス金利政策等の影響で国内業務の収益力が低下する傾向にあるが、りそな HD は「リテール No. 1」を目指し、新規参入等による環境変化等も見越した新しい「次世代リテール金融サービスモデル」の構築を進めている。その中で、IT 技術を駆使したデジタル化・ペーパーレス化で営業店から人手による事務プロセスを排除し生産性と営業力向上を図る改革等にも着手している。米国の銀行は、スマートフォンによる取引等金融サービスのデジタル化を推進する一方で、人員や店舗網の整理

を進めて効率化を図り、収益率の改善につなげている。よりいっそうの効率化による収益性の改善がりそな HD にとっての今後の課題となる。

参 考 文 献

川本裕子（2015）『金融機関マネジメント―バンカーのための経営戦略論―』東洋経済新報社

島村髙嘉・中島真志（2017）『金融読本（第 30 版）』東洋経済新報社

全国銀行協会金融調査部編（2013）『図説　わが国の銀行（2013 年版）』財経詳報社

日本証券業協会編（2017）『外務員必携　平成 29 年版　1 巻〜4 巻』日本証券業協会

前田裕之（2015）『ドキュメント銀行　金融再編の 20 年史―1995-2015―』ディスカヴァー・トゥエンティワン

金融庁ホームページ「主要行等向けの総合的な監督指針　IV 銀行持株会社」
　http://www.fsa.go.jp/common/law/guide/city/04.html（2018 年 1 月 2 日アクセス）

全国銀行協会ホームページ　https://www.zenginkyo.or.jp/（2018 年 1 月 2 日アクセス）

「日経ビジネス」2009 年 7 月 1 日号
　http://business.nikkeibp.co.jp/article/person/20090624/198440/?P=2（2018 年 1 月 2 日アクセス）

りそなホールディングスホームページ「有価証券報告書」等

第 6 章

家電産業における集中戦略

　企業が生み出した画期的な新製品が、人々の暮らしを一変させることがある。しかしどんなに世界を驚かせた製品も、たくさんのメーカーが似た製品を次々に作るようになり、いつしか「当たり前のモノ」に見えてくる。「当たり前のモノ」になった製品分野で利益を上げていくためには、どのような戦略を立て、実行する必要があるだろうか。この問いに答えるために、この章では小規模な家電メーカーであるバルミューダ株式会社（以下、バルミューダ）を取り上げる。

ケース　バルミューダの競争戦略

1　成熟した家電製品市場

　これから一人暮らしを始める場面を想像して欲しい。新生活に向けて何が必要だろうか。今日、人並みに暮らしていくためには、実にたくさんの家電製品を手に入れなければならないことに気がつくだろう。冷蔵庫、炊飯器、電子レンジ、洗濯機、掃除機……と、家になければ困る家電製品は数え上げてもきりがない。

　必要な家電製品を買おうと、近所の大型家電店に訪れたとしよう。広い店内一面に、たくさんの家電製品が展示されている。まず、洗濯機を見てみよう。なるほど、どの製品も白い。縦型のものとドラム式のものは違いが分かるが、縦型のデザインはどれも似ていて、ドラム式のデザインも同じに見えるだろう。「似ている」というより、ブランドのロゴがなければ区別できないほどではないだろうか。

　では炊飯器はどうか。特に炊飯器に詳しくなければ、値段が高いモノほど性能がよいと考えるだろう。予算を決めれば、値段で買う候補を絞り込む。し

かし同じような価格の炊飯器もまた、たくさん販売されているのである。どの炊飯器にもいろいろなボタンがついており、たくさんの機能を備えていそうだ。しかしこの多機能を、使いこなせるだろうか。正直、タイマー機能があればそれでいい気がする。

　一通り見て、あなたは次のような感想を抱くのではないだろうか。どの製品も、見過ごせない短所があるわけでもなければ、他から抜きん出た長所があるわけでもない、と。そして困ったあなたは製品そのものの評価を諦めて、「店員に薦められたもの」「割引率が一番高いもの」「一番新しいもの」を買って、買い物を済ませたくなるのではないだろうか。

　情報技術や製造技術が発達した今日、あるメーカーが優れた製品を開発して世に送り出しても、他のメーカーは短期間のうちに、性能にほとんど差がない製品を売り出すことができる。高性能な製品があふれて私たちの生活が豊かになる反面、メーカーは競争相手の製品との違いをアピールしにくくなった。すると「最も値段が安い」といった、製品以外の要因が売れ行きを左右するようになるので、メーカーはぎりぎりまで安売りしなければならなくなる。この状況は、メーカー同士が互いの体力を削り合う格好になっていて、各メーカーは新しい製品の開発に十分な投資ができなくなる。すると結果的に、世の中に優れた新製品が生まれにくくなるので、企業にとっても社会にとっても望ましい状況とはいいがたい。

　パソコンやスマートフォンのブランドにはこだわるのに、冷蔵庫、炊飯器、電子レンジ……そのほか多くの家電製品は「どれでもいい、どれを選んでも大差ない」と思っていないだろうか。本章では、「どれでもいい」と思われがちな製品分野の中で、「これがいい」と思わせることに成功した家電メーカーであるバルミューダを例に、すでに世の中に深く浸透している製品の市場で生き残るための競争戦略を説明する。

2　企業概要

　日本の家電メーカーの名前を思い浮かべた時、バルミューダという会社が真っ先に浮かぶ人は少ないだろう。まず浮かぶのは有名な大手家電メーカー、例えばパナソニック株式会社やシャープ株式会社ではないだろうか。両社はと

もに戦前に創業しており、いわゆる百年企業と呼ばれている。これに対してバルミューダの創業は2003年3月であり、企業としては若い（創業当時は有限会社バルミューダデザイン）。

　バルミューダの創業者である寺尾玄氏は個性的な経歴の人物である。高校を中退した彼は海外を放浪し、10年近く音楽活動に打ち込んでいた。しかし音楽活動はうまくいかず、その失敗から自分を貫くことの大切さを学んだ彼は、それまで経験がなかった「モノ作り」に興味を持ち、その知識を独学で身につけていった。アルバイトが終わってから、町のお店の売り場に通って専門用語を学んだり、電話帳で小さな町工場を探して工場見学をお願いしたりと、体当たりの勉強を重ねた。そして、素人の彼に加工機械を使わせてくれた春日井製作所の人々との出会いによって、後に第一弾の製品となるノートパソコン冷却台「X-Base」の試作品が生まれたのである。

　その後、バルミューダはごく少人数の社員で、パソコン周辺機器を中心とする専門性が高い製品を生産・販売した。専門性が高い製品はたくさん売ることが難しいため、製品一つあたりの販売価格は高くなりがちである。そして2007年に起きた世界的不況の影響でお金に余裕のある人が減り、高額な製品を扱うバルミューダは窮地に立たされることになった。

　しかしここで寺尾氏は、価格が高いこと以上に、人に必要とされていないから売れていないのだ、と思い至った。寺尾氏は「黙っていても、どうせ会社はつぶれる。どうせ倒れるなら、前に倒れよう」と、多くの人が必要としてくれる製品を開発することにしたのである。創業時から思い描いていた製品の中から彼が選んだのは、先端テクノロジーを集積させた新世代のガジェットではなく、扇風機「The GreenFan」（図表6-1）であった。2010年に発表されたこの扇風機は、その年の販売目標台数の2倍を売り上げるヒット商品となった。

　それからのバルミューダは、空気清浄機、ヒーター、電気ポットなど、それを知らない人はいないくらい普及した家電製品分野で、ヒットを量産している。とりわけバルミューダが世に広く知られるきっかけとなった製品は、2015年に発売したスチームオーブントースター「BALMUDA The Toaster」（図表6-2）だろう。雨の日に偶然焼いたトーストがおいしかったことをヒントに開発した、「おいしいパン」のためのトースターである。発売から1年で、年間販

第 6 章　家電産業における集中戦略

図表 6-1　The GreenFan

出所）バルミューダホームページ。

図表 6-2　BALMUDA The Toaster

出所）バルミューダホームページ。

売目標（6〜7万台）の2倍を売り上げた。多機能なハイテク製品がひしめく21世紀に、「パンを焼くための道具」がこれほど売れることを予想した人はいないだろう。

　倒産寸前だった2009年に4500万円だったバルミューダの年商は、2016年には50億円を超えた。ただ自分が作りたいだけではなく、多くの人が必要とする製品を販売するようになってから7年間で、売上高は約百倍に成長したのである。ここで注目すべきポイントは、窮地にあったバルミューダを救い、成長を支えた製品が、扇風機やオーブントースターであったという点である。

87

第1部　企業の全体戦略

3　扇風機とオーブントースターが日本で普及するまで

　日本の一般家庭に扇風機が広く普及したのは、戦後の高度経済成長期、つまり1950年代の中ごろから、1970年代にかけての時期である。東京芝浦電気（現・株式会社東芝）や日立製作所といった家電メーカーが家庭雑誌に広告を掲載し始めたのが、1950年代前後のことである。その後1965年までに一般家庭の半分以上が、1970年には9割以上が扇風機を持つまでに至った。

　扇風機は基本的に、暑い夏場に涼むための道具である。しかし今日、その目的のために使う道具として真っ先に浮かぶのはエアコンではないだろうか。今日、ルームエアコンの一般家庭における普及率はかつての扇風機並みである。扇風機は、暑さを凌ぐ家電製品の筆頭の座を下りたといえる。ただし、全く必要とされていないわけではない。サーキュレーターのように室内の空気を循環させる効果が期待できるため、エアコンと併用する人もいる。また、エアコンの風を苦手とする人にはいまだに重宝されている。

　オーブントースターは、それまで食パンしか焼けなかったポップアップ式トースターが進化する形で登場した。日本での本格的な商品化がスタートしたのは、扇風機よりも遅れて1960年代のことである。1971年には、一般家庭の約3分の2にトースターが置かれるようになった。保有世帯の数はその後も伸び続け、1990年には9割以上の一般家庭が持つようになった。しかしそれ以降、トースターがある家庭の数は減少に転じている。

　オーブントースターは基本的に、食べ物を加熱調理するための道具である。今日、温める調理家電製品の代名詞的な存在は、電子レンジではないだろうか。オーブントースターが家庭から消えつつある原因の一つは、オーブン機能を備えた電子レンジが増えたことにある。一般家庭のキッチンスペースでは、設置できる家電の数に限界がある。食器洗浄機といった新しい家電製品が増える中で、オーブントースターを置くのは難しくなっているのかもしれない。

　扇風機もオーブントースターも過去に一世を風靡した家電製品である。そしてどちらも、エアコンや高機能電子レンジといった次世代家電製品の登場によって、人気が下火になった家電製品である。では、あまり必要とされなくなりつつある製品分野で新製品を売り出すのは、無謀な取り組みなのだろうか。

88

第6章　家電産業における集中戦略

この問いに関連する理論を、次の節で確認しよう。

> ## ケースを読み解く

1　成熟した市場でチャンスを作る

1）製品ライフサイクル

　今、レコードで音楽鑑賞する人はほとんどいない。ではカセットテープはどうだろうか。CD はどうだろうか。多くの人が音楽をデータとして購入し、好きな端末にインストールして聴いている。

　レコードもカセットテープも CD も、音楽を聴くための手段として世の中に生み出された製品である。いずれの製品も誕生した時には目新しく、その便利さゆえに世界中に広まった。しかし、同じ製品が永久に売れ続けることはあり得ない。いずれ、より高性能な代替品が開発され、手に入りやすい価格で販売されるからである。音楽鑑賞の方法が移り変わってきた歴史を振り返るとよく分かるだろう。

　人間は赤ちゃんとして誕生し、幼児期、青年期を経て成人となり、やがて老年になる。この人生の経過をライフサイクルと呼ぶ。人間と同じように製品も、世の中のニーズに応えて生み出されてから、世の中での役目を終えて第一線から退くまでの経過がある。この経過を、人間のライフサイクルになぞらえて**製品ライフサイクル**と呼ぶ。企業は、自社の扱う製品が製品ライフサイクルのうちどのステージにあるのかを把握して、適切な戦略をとらなければならない。

　製品ライフサイクルの理論では、製品が売り出されてから必要性が希薄になるまでの期間を、時間の経過に応じて4つのステージ（**導入期**、**成長期**、**成熟期**、**衰退期**）に分けて考える。もちろん、寿命が短い製品もあれば、寿命が長い製品もあるため、このステージを通過するスピードはまちまちである。この理論は製品カテゴリー（CD プレーヤー、携帯電話など）にあてはめて考えるのが基本であるが、特定製品やブランド（ウォークマン、iPhone6 など）にも適応可能である。

　導入期から衰退期まで、製品の売上と利益は増減する。その典型的な推移を

89

描くと、図表6-3のようになる。自社の製品が4つのステージのいずれに位置しているのかを考慮すると、顧客対応や競争対応の戦略を効率的・効果的に検討できる。

① 導入期　新製品が市場に導入されるステージ。新規顧客の獲得を目標としており、製品の利点や使い方を知らせるための広告や、試用を促すプロモーションに費用がかかる。多くの人は新製品の購入に慎重であるため、売上はゆっくりと低調に上昇する。購入する顧客は一部なので利益は大きくならず、赤字になる場合が多い。この時期には、ライバルとなる競合企業はほとんどいない。

② 成長期　製品が世の中に広く支持され、売上が急激に伸びるステージ。他の顧客に影響力を持つ人物（**オピニオンリーダー**）を惹きつけるなどの方法で、市場に浸透させることが目標となる。製品を大量に生産するための設備投資や、小売店に並べてもらうためのプロモーションに費用がかかるため、売れ行きが伸びる勢いほど利益は伸びない。この時期には様々な競合企業が市場に参入してくるため、競争は激しくなる。

③ 成熟期　必要とする人の手に製品が渡って売上が頭打ちとなり、徐々に低下していくステージ。競合他社が出揃う時期であり、固まりつつある市場シェアを守りながら、拡大していくことが目標となる。この時期にはすでに多

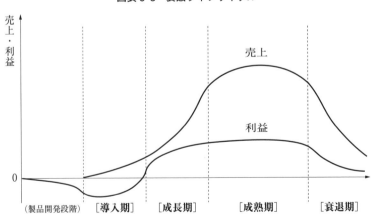

図表6-3　製品ライフサイクル

くの顧客が製品の価値を理解し、購入・使用している。したがって、改めて認知させるための費用はかからなくなるものの、製品改良のための開発費用といった、競争を生き抜くための予算を積み立てる必要がある。競合製品との違いを打ち出すべく、細かい顧客ニーズに合わせた製品やブランドを投入したり、買い替えを促進するために、製品の新しい使用方法を提案したりする。

　通常、成熟期は4つのステージの中で最も長く続く。今日、私たちが目にする製品のほとんどが、この成熟期にある製品である。

　④　衰退期　　革新的な代替品が登場したり、顧客のニーズや好みが変化したりすることで、売上も利益も減少するステージ。性能の優れた代替品が登場すると、それまでの製品の機能が陳腐化して見えることがある。かさばらず、画質もきれいなDVDの登場によって、VHSがかすんで見える場合などが該当する。そのほかにも流行が去ったり、顧客の経済状況が悪くなったりすることで衰退期を迎える場合もある。この時期には市場から撤退する企業が増える。引き続き販売を続ける企業は販売価格を引き下げるために、製品ラインナップを絞ったり、プロモーション費用を削減したりする。

2) コモディティ化

　先述の通り、私たちの日常生活を取り囲む製品の多くは成熟期にあるといえるだろう。一般的な家庭にはすでにエアコン、掃除機、電子レンジ、冷蔵庫が揃っている。それらの製品を生産・販売している家電メーカーは枚挙に暇がない。それらの家電メーカーは互いに競争関係にあり、自社の製品やブランドを選んでもらうための戦略を練っているのである。

　生産技術や製品企画力などで、各メーカーの力にはっきりとした差があれば、競争の決着は簡単に着くだろう。しかし今日、一流の製品を作れる設備を整えているメーカーは山ほど存在する。そして、たとえ独自のアイデアを活かした機能を製品に追加しても、他のメーカーがすぐに同じ機能を持った製品を販売できる。つまり、メーカーの間の技術水準が同質化しつつあるといえる。

　また製品に組み込む部品は、ゼロから企画するよりも、すでに世の中にあるものを応用した方が安上がりである。そこで、各メーカーは出回っている部品を使って新製品を企画することが多くなり、結果として似たり寄ったりの性能を持った製品ができあがることになる。

第1部　企業の全体戦略

　以上のような背景から、お店に並んだ製品を見ても、AブランドではなくBブランドを選ぶ根拠があいまいに思え、両者の違いがはっきりしないように感じるのである。このように、私たち顧客が、製品やブランドの違いをほとんど見出せなくなる状況を**市場のコモディティ化**と呼ぶ。コモディティ（commodity）とは「日用品」や「生活必需品」を意味する英語である。私たちが日用品、すなわち砂糖や塩、ティッシュや鍋といった品物を見て、その違いを指摘することは困難である。成熟市場にある多くの製品が、私たち顧客の目にはこれら日用品のように映っている。

　製品間の違いが分からないと、顧客は何を決め手に選ぶだろうか。買いやすさや値段の安さが決め手になるだろう。そうした場合、どのメーカーも競って多額の販売促進費を支出することになり、産業全体の収益性が下がってしまう。したがって、成熟市場に対応する企業はコモディティ化から脱するための戦略を立案し、実践しなければならない。

3）　コモディティ化市場における競争戦略

　世の中にとって全く新しい製品を開発できれば、競合企業がいない市場の導入期から、先発企業として事業活動を進めることができる。もし、すぐに競合企業が似た製品を売り出しても、その分野の製品を最初に世に送り出した名声が強力に作用して、顧客の支持を集めやすい。月に最初に立った人物は有名だが、2番目に立った人物の知名度は低いことが好個の例である。これは、従来とは違うゲームを一番乗りで始め、そのゲームにいち早く精通し、後から始めるプレーヤーを迎え撃つ考え方である。これを**独自価値（先発）戦略**と呼ぶ。

　コモディティ化した成熟市場にとどまる場合でも、製品の品質を磨くことで競合製品との違いをはっきりさせることも可能である。その場合、顧客のニーズを前提として、モノ作りへの強いこだわりが求められる。

　先述の通り、機能性（例：省エネ効果の高さや冷却力の強さなど）を向上させて品質を高めても、企業の間の技術水準が同質化していることを考えると、生き残るのは難しい。しかし、機能性を高める過程で特許技術を生み出すことができれば、模倣を先送りさせ、遠ざけることはできるかもしれない。この考え方は、これまでと同じゲームの中で、身につけてきた技にさらなる磨きをかけて競争に挑む考え方である。これを**品質価値戦略**と呼ぶ。

第6章　家電産業における集中戦略

　一方で、サイズや形状といったデザインを工夫し、感性に訴えかける品質を高めれば、独自性を維持しやすいだろう。今日、顧客は単なる「モノ」として製品を買っているわけではない。モノがあふれている時代において、顧客は製品を買ったり、使用したり、身につけたりすることを通じて「体験」を買っていると捉えることができる。そこで、例えば製品の本質に差がなくても、製品やブランドに付随するストーリーや歴史が顧客を惹きつけるポイントになり得る。この考え方は、これまでと同じゲームの中で、競争に勝つための新しい技を身につける考え方である。これを**経験価値戦略**と呼ぶ。

　コモディティ化市場の中に、もっと狭い市場を想定する戦略も有効である。コモディティ化市場全体の中で、他社製品よりも優れていることをアピールするのは難しい。そこで、自社の強みをアピールできるサブ・カテゴリーを積極的に構築していくのである。例えば、かつての歯磨き市場は歯を磨きたい人全般が買い手として想定されていた。しかしその幅広い買い手の中には、歯周病を予防したい人、口臭を予防したい人、歯をより白くしたい人などが含まれていた。「狭い市場を想定する」ということは、こうした状況において、「美白歯磨き」をいう新たなサブ・カテゴリーを作り出すことを意味する。これはゲーム全体の競争を諦め、そのゲームの中に、自社の技が有利に働く小さい土俵を見つける考え方といえよう。これを**カテゴリー価値戦略**と呼ぶ。

　これまで説明してきたコモディティ化市場における競争戦略の特徴は、図表6-4のように整理される。

　コモディティ化市場で新製品を売り出すのは、無謀な取り組みなのだろうか。確かに、コモディティ化市場において一際輝く製品やブランドを開発するのは

図表6-4　コモディティ化市場における競争戦略の特徴

顧客価値	競争の土俵	競争に対する考え方
独自価値	従来とは別	新しいゲームに乗り出し競争を迎え撃つ
品質価値	従来と同じ	既存の技を磨き競争に挑む
経験価値	従来と同じ	新しい技を見つけ競争に挑む
カテゴリー価値	従来より狭い	自社に有利な技を見つけ競争を避ける

出所）恩蔵直人（2007）『コモディティ化市場のマーケティング論理』有斐閣、p.54、表2-2をもとに筆者作成。

第1部　企業の全体戦略

難しい。しかし本節で説明した考え方に則って、市場にうまく対応した例は数
多く存在する。バルミューダもその一つに数えられるだろう。

2 「ほかとは違う」バルミューダ

　バルミューダは若い企業であるにもかかわらず、顧客から大きな支持を集め
ており、コモディティ化市場での競争を見事に切り抜けている。この成功要因
は、バルミューダの製品が他社の作っている製品とは「別モノ」として認識さ
れている点にある。バルミューダはどのようにして「別モノ」を作り出したの
か、本章で説明した理論に照らして考察してみよう。

　まず、「The GreenFan」にはどのような特徴があるだろうか。会社が倒産
の危機に直面した時、寺尾氏は創業時から販売してきたパソコン周辺機器分野
から、別の製品分野への針路変更を決意した。彼は、かねてより作ってみたい
と夢見ていた製品の中から、扇風機を選んだ。「新しくて、よい扇風機を開発
すれば、それは絶対売れるだろう」と思っていたそうである。彼は従来の扇風
機に不満を感じていたのである。

　夏、坂道を下る時の自転車の風は気持ちよく涼しいのに、扇風機の風はそれ
とは違う。その自転車の風を起こす扇風機を作りたい、と考えたそうである。
そして流体力学を独学で学び、自転車の風を再現する羽根、すなわち遅い風と
速い風を同時に送り出す二重構造の羽根を開発したのである。

　彼の視点は「扇風機の性能に大きな差はないため、他社よりも安く生産する
ことが重要である」といった、コモディティ化市場にありがちな視点ではない。
100 年近く前から存在する扇風機にも、改良の余地があると考えたのである。
モノづくりへのこだわりを、扇風機の**品質価値**の向上に反映させることによっ
て、「The GreenFan」でしか生み出せない風を作り出すことに成功している。

　またバルミューダのマーケティングの特徴は、「モノ」としての家電製品で
はなく、家電製品を使う暮らし、つまりモノを使用する「体験」そのものを見
据えている点にある。創業者である寺尾氏は「人が買うのはモノではなく、
"体験"だ」という強い確信を持っているそうである。

　感動的な体験を創り出す源泉の一つは、製品のデザインである。例えば
「The GreenFan」の場合、「どこから見ても扇風機に見えること、そして、ど

94

こから見ても新しいと感じること」をデザインコンセプトとして開発を進めた。「BALMUDA The Toaster」の場合は、これまでのオーブントースターが見過ごしてきた**経験価値**を高めることによって成功したと考えられる。人の体験を構成する要素は五感（味覚・嗅覚・視覚・触覚・聴覚）であり、特に食は味（味覚）、料理の香り（嗅覚）、彩（視覚）、食べ応え（触覚）、咀嚼音（聴覚）など、五感を動員する行為である。そこでキッチン家電であるオーブントースターは、使用者の五感を重要な判断基準にしてデザインしたという。焼き上がったパンがいい香りでおいしいことは当然として、タイマーが回る音や焼き上がりを知らせる音も「おいしいパン」とシンクロするものを検討した。操作ボタンは、あえて回して操作するつまみのスイッチにしている。単なるスタイリッシュでおしゃれな形状ではなく、おいしいものができるように見えるデザインを追及し、食べる体験を丸ごと再現する製品にたどり着いたといえよう。

　自然の風を生み出す扇風機、人生を豊かにするトースター。これらは、扇風機が欲しいすべての人や、トースターが欲しいすべての人に向けられた製品ではない。高品質の涼体験、感動的な食体験を実現するために、作り手が納得いくまで作り込んだバルミューダの製品は、一般的な製品よりも販売価格が高めである。例えば一般的なトースターは 2000 円程度で買えるところ、「BALMUDA The Toaster」の価格は 2 万円以上である。市場の相場より 10 倍近く高い価格のトースターは、おいしいパンを自宅で味わうことに強いこだわりを持つ人に向けられている。バルミューダは、ブランド間の違いが見えにくくなっていたトースター市場の中で「高級トースター市場」という**サブ・カテゴリー**を積極的に構築し、そのサブ・カテゴリー内の**先発ブランド**という地位を獲得しているといえよう。「The GreenFan」も同様といえる。

　この戦略の背景には、バルミューダ独自の強みがある。バルミューダには、扇風機や空気清浄機の開発で育んだ制御系（機械の動作を精密に制御する）技術の蓄積があり、それが強みであった。ただのオーブントースターに機械の精密制御は必要ないが、温度や湿度を精密に管理できれば、よりおいしいパンを焼くことができる。バルミューダは独自の強み（高い制御系技術）を活かせるサブ・カテゴリーとして、高級トースター市場を構築したといえる。このプロセスは、自社の強みが最大限有利に働くように、従来よりも市場を狭くする**カテゴリー**

第1部　企業の全体戦略

価値戦略と合致している。

　バルミューダは扇風機やオーブントースターといったコモディティ化市場において、類まれな成功を収めている。この成功要因は品質価値、経験価値、カテゴリー価値をうまく高めることができた点にある。

　なおコモディティ化市場では、これまでになかった変化を起こすことが肝要である。バルミューダは寺尾氏が一人で創業し、少人数体制で事業活動を続けている会社である。したがって慣例に捉われず、納得がいくまでマーケティング戦略を作り込むことができ、今までにない「必要とされるモノ」を生み出すことができているのではないだろうか。

3　成熟市場における競争優位

　日々、たくさんの新製品が生み出されている。そのうち、ある製品は多くの人に受け入れられ、世の中に広く浸透する。今日、私たちの身の周りにある製品のほとんどは当たり前にあるモノである。そして定着した定番品も、その多くはいずれ姿を消すだろう。

　世の中に普及した製品市場で、際立った特徴を持つ新製品を生み出すのは困難である。この状況を企業の課題に置き換えると、コモディティ化が進んだ成熟市場において、競争優位をどのように獲得すればよいのか、ということになるだろう。

　コモディティ化が進んだ製品分野で成功することは難しいが、不可能ではない。他社と一線を画した高品質を実現する、顧客の経験全体を視野に入れて独自の製品デザインを追及する、自社が有利に立ち回ることができるサブ・カテゴリーを創造するといった方法が残されている。

参 考 文 献
恩蔵直人（2007）『コモディティ化市場のマーケティング論理』有斐閣
家庭電気文化会（2008）『家電月報 ALLE』2008 年 9 月号、家庭電気文化会
菅谷淳夫著、日経トレンディ編集部編「ヒットの軌跡　バルミューダ　ザ・トースター」
　　『日経 TRENDY』2016 年 6 月号、日経 BP 社、pp. 70–73
寺尾玄（2017）『行こう、どこにもなかった方法で』新潮社
平野聖（2007）「我が国における家庭用電気扇風機のデザインの変遷に関する研究」（博士
　　学位論文、九州大学）

中央調査社（2017）「台所・厨房機器の保有率の推移」
　http://www.crs.or.jp/backno/old/No607/6071.htm（2017 年 9 月 1 日アクセス）
バルミューダホームページ　https://www.balmuda.com/jp/（2017 年 9 月 1 日アクセス）

第 7 章

物流業の経営戦略とイノベーション

　本章では、名古屋に本拠を置く総合物流企業、トランコムを取り上げる。

　日本全体の物流量が低迷し物流業界全体が低成長にあえぐ中、後に述べる通り同社の成長率の高さは群を抜いている。トラック運送業に代表される物流業は、一般にはイノベーションと無縁な労働集約的なサービス業だと考えられている。また、土地・倉庫などに左右される装置産業的な性質も持つため、業界内の序列は通常、大きく変動しない。しかしそのような中からも経営戦略の選択によってイノベーションが生じることを同社の事例から明らかにしていく。

ケース　トランコムによる物流業のイノベーション

1　トランコムの事業展開

1) 企業概要

　はじめに、トランコムの企業概要を紹介する。

　同社は 1959 年に名古屋の区域トラック運送業として創業した、比較的後発の物流業である。同社の連結売上高は 1333 億円（2016 年度）であり、物流業界内では 20 位前後の位置にある。

　事業内容は、「物流情報サービス事業」「ロジスティクスマネジメント事業」「インダストリアルサポート事業」を三本柱として事業展開を行っている。図表 7-1 に示す売上構成を見ると、このうち「物流情報サービス事業」が 54 ％、「ロジスティクスマネジメント事業」が 35 ％を占め、両事業で収益の 9 割を上げている。事業の詳しい中身については次項で改めて紹介するが、いずれも主たる事業領域は国内であり、海外事業の展開も進めているが、今のところ大きな収益源には育っていない。

98

第 7 章 物流業の経営戦略とイノベーション

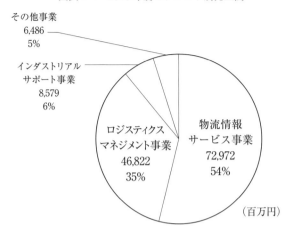

図表 7-1 2016 年度セグメント別売上高

注）セグメント間の調整のため会社全体の売上と一致しない。
出所）トランコム決算短信より作成。

このように国内物流が同社の主戦場であるが、事業環境として見ると、前述の通り国内の物流マーケットは長期的な縮小傾向にある。国内物流量の推移を見ると、2015 年度の物流量は 47 億トンだが、これは 1991 年度のピークの 7 割程度で、1970 年前後と同程度の水準である。

このような物流量の減少に加えて規制緩和等による運賃料金の低下もあって、多くの物流企業は苦戦を強いられているが、その中にあってトランコムは売上、利益ともに成長を続けている。図表 7-2 に示す通り、同社の連結売上高は過去 10 年間（2007～2016 年度）で 142 %（年率 9 %）という高い成長を実現している。これは例えばヤマトホールディングスが同期間に 20 % 程度の売上成長にとどまることと比較すれば、同社の成長性の高さを確認できるだろう。

加えて、同社は収益性の安定傾向も顕著であり、営業利益率自体は 4～5 % 程度と決して高いとはいえないものの、リーマンショックを契機とした世界同時不況期に他の物流業が厳しい経営を強いられたのに対し、安定的な利益を上げることができている（図表 7-3）。このように経営の健全性を犠牲にすることなく事業の成長を維持できている点も同社の特徴といえる。

第1部　企業の全体戦略

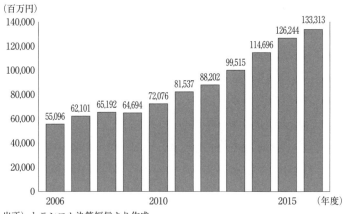

図表 7-2　連結売上高の推移

出所）トランコム決算短信より作成。

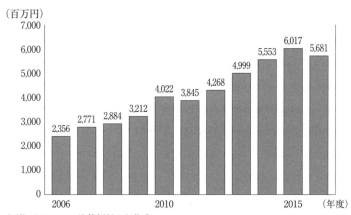

図表 7-3　連結営業利益の推移

出所）トランコム決算短信より作成。

2）収益の過半を占める「物流情報サービス事業」

ここからはトランコムの主要な2事業について紹介する。まずは同社の収益の過半を占める「物流情報サービス事業」（図表7-4）である。

同社がいう物流情報サービスとは、具体的には「トラックを必要とする荷主」と「貨物を求めるトラック」とをマッチングするという「求貨求車サービ

図表7-4 物流情報サービス事業のイメージ

出所）トランコムホームページ。

ス」である。

　トラック運送には各種の需給のミスマッチが生じるが、これを埋めるのが求貨求車サービスである。具体的には「行きの荷物はあるが帰りの荷物がない」「閑散期にトラックが遊んでいる」「トラックに空きスペースが生じている」といった場面である。現代のトラック運送において求貨求車は不可欠のサービスといえる。

　トランコムは自社保有車両に加えて多数の協力トラック会社をネットワーク化しており、支配下にある多数の車両と、製造業や流通業といった荷主企業から寄せられる輸送ニーズとをマッチングする。マッチングは件数ベースで年間120万件にも及んでおり、その手数料が同社の収益となる。

　ところで、求貨求車サービスを提供する企業・団体は少なからず存在する。求貨求車は輸送効率を高めるための社会インフラといった意義もあるため、国・業界団体が主導して開始されたシステムも存在する。代表的な求貨求車システムとしては、日本貨物運送共同組合連合会が提供する「WebKIT」、日本ローカルネットワークシステム共同組合連合会が提供する「ローカルネット」が挙げられる。いずれもトラック運送事業者の団体が主導して設立されたものである。これに対しトランコムは自社単独で開始したサービスながら、取り扱い金額ベースで首位を維持している。

3）業界内での地歩を固める「ロジスティクスマネジメント事業」

　同社の二つ目の柱が「ロジスティクスマネジメント事業」である。

第1部　企業の全体戦略

荷主の立場に立って、輸送・保管等の物流業務を包括的に管理・運営する事業形態を「**サードパーティ・ロジスティクス（3PL）**」と呼ぶ。同社のロジスティクスマネジメント事業は、一般的には3PLだと理解してよい。

荷主は物流業務を包括的にアウトソースすることで変動費化することができる一方、物流事業者にとっても元請けとして包括的に業務受注するメリットがあるため、3PLの事業形態は近年急速に広がっている。

これに呼応して物流事業者も3PL事業の育成に力を入れており、財閥系の倉庫会社やメーカー資本の物流会社等が3PL市場のシェア確保を巡って凌ぎを削っている状況である。

このような中でトランコムは比較的早い時期に3PL事業に進出し、日用品メーカー等の大手企業からの受託に成功するなどして、3PL事業において地歩を固めている。3PL事業の中核は、物流センターの構築・運営と、輸送ネットワークの構築・運営だが、同社は前項で述べた物流情報サービス事業を通じて、トラック運送に強固なネットワークを構築している。これによって、効率的な輸送ネットワークを提供できることが、同社の3PL事業の強みとなっている。

2　事業発展の経緯

1）創業から家電共配事業の成立まで

以上が現在の事業のアウトラインであるが、ここからはトランコムの歴史を振り返り、現在の事業が形成された経緯を紹介する。

同社の母体は1952年に設立された「愛知小型運輸」である。この会社はもともと、砺波運輸（現・トナミ運輸）が同社の愛知方面での地域配送を担う子会社として設立した会社だが、1955年に、当時砺波の名古屋支店長であった武部純三氏が、今でいう**MBO**（経営陣による買収）により株式を譲り受け、経営権を取得した。後年、分社化、合併を経ているため、現在のトランコムに法人格が継承されているわけではないが、このMBOが同社の実質的な創業となる。

旧来、物流業は免許制の色彩が濃く、参入障壁が高かったことに加え、海運や倉庫業などでは財閥系企業が上位を占めていたことから、現在でも物流大手には社歴が古い企業が多い。それと比べるとトランコムは佐川急便（1957年創

第7章　物流業の経営戦略とイノベーション

業）等と並んで後発の企業といえる。

　さて、創業当時は制度上、長距離の積合せ輸送は免許制であるなど営業区域の制限があり、同社は地域集配送会社として事業展開を行っていた。当時の社名からも分かるように、創業期にはオート三輪などの小型車両を利用した小ロット配送を得意としていたという。

　事業拡大のきっかけとなる出来事が起きたのは1959年のことである。

　取引関係のあった三洋電機から、東海地区で三洋の商品を運ぶ専属の運送会社を設立するという提案が寄せられる。同社はこの提案に乗って新たに運送会社を設立するが、これが現在のトランコムのもとになる「ナゴヤトランスポート」である。荷主からの要請に基づく輸送の包括受託は、いわば現在の3PL事業の萌芽ともいえ、単なるトラック会社から、提案型物流会社へと発展するきっかけとなる。

　三洋電機との関係は、同社にもう一つの大きな転機をもたらす。当時、家電メーカーから小売店への商品配送は、メーカーがバラバラに行っていた。これを効率化するため、東海地区でメーカー共同配送の構想が浮上し、その担い手として同社に相談が舞い込んだのである。これが1980年のことだが、トランコムは構想を事業化することに成功し、家電の主要メーカーすべての合意を取りつけ、「家電共配事業」をスタートする。この事業は、事業の柱としてその後しばらく同社の発展を牽引することになる。

2) 物流情報サービス事業の事業化

　現在の収益の柱である求貨求車サービス事業（物流情報サービス事業）の事業化に着手したのは、家電共配事業と同時期となる1982年のことである。この経緯は次の通りである。

　トラック会社は荷主から受託した貨物を自社車両で運送するのが通常だが、自社で受託しつつ実際の運送は他社に委託する場合もある。このような形態を「利用運送」という。トラック運送は、復路の貨物がない、繁閑差がある等の理由から、運送を自社車両のみで行うことは現実的でない。そのため、利用運送の仕組みによる「貨物と車両のマッチング」は古くから利用されており、当時から大手トラック運送会社では社内に利用運送の部門を併設していた。また、自社でトラックを持たず、車両の手配のみを行うブローカーも活躍していた。

103

第1部　企業の全体戦略

　ただしこの当時の「**マッチング**」は、担当者個人のツテに頼った初歩的なものにとどまっており、マッチングにより輸送を効率化するというプラスの側面よりも、「マージンをとって運賃をダンピングする」というマイナスの面で見られる傾向が強かったようである。

　このような利用運送業への業界の支配的な見方に対し、当時のトランコム社長・武部芳宣氏は、利用運送によってマッチングを高度化すれば輸送効率を向上できること、よって、事業としても成長性があることに着目し、本格的に事業化に取り組むことになる。利用運送を営んでいた個人事業者をリクルートし、「10年後に100億円」という大きな目標を掲げて事業に着手したのが1982年のことである。

　武部芳宣氏は著書の中で以下のように述べている。

　「水屋（引用注：利用運送事業者の俗称である）への輸送業界の見方は冷たかった。運賃をダンピングする温床のように思われ、『水屋は業界の敵』……と言われていた」。しかし利用運送には物流効率を高める潜在力がある。「帰り荷がなく空車で長距離を走るのは大きな無駄がある。運賃を安くしても往復運賃が得られれば、一台あたりの生産性は大幅に上がる」（武部 2012：110）。

　当初はナゴヤトランスポート社の一部門としてスタートした物流情報サービス事業だが、1984年には東京トランスポート社を**M & A**して東京に進出、1992年には物流情報サービス専門の子会社を設立するに至るなど、順調に成長を続けることになる。

3) 家電共配の頓挫と事業転換

　一方でかつて同社の主要事業であった家電共配事業は、1990年代末に岐路に立たされることになる。

　同社の家電共配事業は、東海地区におけるメーカーから小売店への納品を共同・一括で行うものとしてスタートした。ところが当初は個人経営の中小店舗が中心であった家電小売業は、大型量販店中心へと業態の変化が進む。さらに、大型量販店は物流へのコントロールを強め、自社の専用物流センターを構築し、専用物流センターから店舗へは量販店が配送するようになる。このような変化によって、メーカー共配は意義が失われていく。なぜならメーカーから小規模店舗への納品は**小ロット**であり、共同化する意味があるが、量販店の大規模物

104

流センターへの納品は**大ロット**であり共同化の必要性が薄いからである。

　このような変化によって、かつて事業の柱の一つであった家電共配事業からは徐々に撤退を余儀なくされ、2002年度には売上が「ほぼゼロ」の水準まで低下してしまう。

　主要事業の一つを失い、同社にとっては危機的ともいえる状況に置かれたわけだが、実は同社はこれに先立つ2000年1月、経営政策の大転換を行っている。具体的には、事業の軸足を「共配」から、「物流情報サービスとロジスティクスマネジメント事業」へと移すという決断を下していたのである。この方針転換によって、同社は事業の柱を失うというダメージを回避することに成功するのである。もちろん、その時点で物流情報サービス事業が一定の事業規模に達するなど環境が整っていたことは無視できないが、とはいえ「共配」に固執せずに新たな事業にリソースを振り向けたのは、結果的に同社のその後の成長を決定づけた分岐点であるといえるだろう。

　なおこの事業転換について、当時社長だった武部芳宣氏は以下のように振り返っている。

　「もし、そうして（経営方針を転換して）いなかったらと思うと背筋が寒くなります。少なくとも現在のような業績や株価ではあり得ませんでした。倒産をしていても不思議ではなかった」（『月刊 LOGIBIZ』2003年9月号、p. 26)。

　さて、以上のような経緯をたどり、現在同社は物流情報サービス事業とロジスティクスマネジメント事業を主たる事業の柱として安定的な成長を維持している。特に物流情報サービス事業は名実ともに同社の収益を支える事業といえる。前述のように利用運送や求貨求車のマッチング事業を展開している企業・団体は少なからず存在するが、業界ではむしろ後発といえるトランコムの優位は揺らいでいない。

105

第1部　企業の全体戦略

ケースを読み解く

1　ツールとしての IT の活用

1）早期の IT 活用で成長の基盤が生まれる

　なぜ同社が優位性を獲得したのか、その背景を探るために、ここでは物流情報サービス事業に絞って、改めて事業展開の特徴的なポイントを確認してみよう。

　一点目は早期の IT 活用である。

　同社が物流情報サービス事業に着手した当時はインターネットもない時代である。利用運送業者の行うマッチングは主に担当者個人のツテに頼り、連絡手段は電話というローテクなものだった。

　これに対し同社は、比較的早くから IT 化に積極的であったこともあって、マッチング業務の情報化を進めていった。また、担当者個人のスキルに依存しないよう、業務標準化の取り組みも進めていった。以上の点について少し具体的に述べることにしよう。

　同社のマッチングは現在では一日でトラック数千台の規模に達しているが、事業の生産性を高めるには一人あたりのマッチング処理件数を増やすことが必須で、そのためには情報化が欠かせない。マンパワーのみに頼ったマッチングには限界がある。

　同社がマッチング専用のシステム「COMPASS」を開発するのは少し遅れて2003 年のことだが、それ以前から IT 活用が進められている。例えば 1993 年に社員一人一台のパソコン導入を決定しているが、これは同業では異例の早さである。

　同社の IT 活用のキーマンは、後に武部氏をついで社長となる清水正久氏である。清水氏は自らオフコンを使いこなすなど IT に強く、パソコンの全社導入も清水氏の発案によるものである。初代電算室長として社内の情報化を推進した清水氏は、後に 1998 年からは物流情報サービス事業を管掌することになる。

106

第 7 章 物流業の経営戦略とイノベーション

　清水氏は業務改善にも手腕を振るうことになる。清水氏が所管する以前の
マッチング業務は、ベテラン担当者が情報を囲い込むなど、個人のノウハウ頼
りであった。そのため業務の効率化にも限界が生じていたが、清水氏は「組織
として業務を行う体制へ」と改革を進めていく。具体的には、従来担当者ごと
にバラバラだった情報をデータベースで共有化し、業務体制も個人別ではなく
方面別にチーム制を敷き、組織で業務を遂行するスタイルに変革していく。こ
の過程で業務の見直しが進められ、業務生産性の向上も図られて行くことにな
る。

　このように、「IT」と「業務改善」の効果によって、物流情報サービス事業
の生産性が向上し、その後の事業の成長の基盤が形作られることになる。

2) IT バブルに踊らされずに着実に歩みを進める

　その後、1990 年代半ばからインターネットの普及が始まる。これに伴って
IT ベンチャーが勃興し、いわゆる「**IT バブル**」が始まる。

　この波は、トランコムの事業にも微妙な影響を与える。マッチングは IT の
得意分野であることから、民間では「IT を活用した自動マッチング」を標榜
するベンチャーが出現し、他方では、IT 革命を標榜する国が主導し、マッチ
ングシステムを開発するプロジェクトも複数、動き始める。

　トランコムはこのような動きを大きな脅威と捉える。同社のマッチングは、
コンピュータ上で求貨求車情報をデータベース化し、社内で共有するといった
方法で IT を活用していたものの、最終的な「顧客同士のマッチング」は担当
者が電話等の相対交渉で、人手を介して行う仕組みをとっていた。

　これは、荷主とトラック会社という両顧客のニーズを拾い上げ、成約に結び
つけるためにはコンピュータによる機械的なマッチングでは不十分と考えてい
たためだが、逆にいえば、これを IT で完全に自動化できるなら、同社の優位
性は失われてしまう。

　そのため同社は改めて事業を分析し、マッチングの自動化の可能性を検討す
る。しかし分析の結果、ネットでは求貨求車ビジネスは成り立たないと判断し、
従来の業務のやり方を踏襲する決断をする。当時の状況を知る取締役専務執行
役員の大澤隆氏は自動化の難しさを次のように説明する。「情報を IT で共有し、
候補を示すことはできますが、最終的なマッチングの自動化は難しい。車両の

107

第1部　企業の全体戦略

種類、荷卸しの方法、ドライバーの経験など、様々な要素を加味する必要があるからです」。

そしてこれは結果的に正しい判断であった。雨後の竹の子のように現れた自動マッチングシステムの大半は数年で消滅してしまう。億単位の開発費が投じられた国のプロジェクトも頓挫してしまった。

社会の変化には敏感であるべきだが、現場ニーズを無視して一時の流行に流されるのは誤りである。同社は現場の実態を踏まえた事業方針を堅持したことで次の成長へと歩みを進めることができたのである。

3) マンパワーの強化と IT の融合を進める

同社は逆に人的マッチングの優位性を高めることにさらに注力する。同社ではマッチングを担当する営業マンを「アジャスター」と呼んでいるが、アジャスターは顧客と接する「顔」でもあり、サービスの質・効率を左右する存在である。そのためアジャスターの育成に力を注いでいく。清水氏はこれについて次のように答えている。

「(アジャスターは) 顧客との会話のやりとりが仕事の中心になりますから、みんなから好かれて、トラブルがあっても上手に処理できるコミュニケーション能力が必要です。……そうした人材をどれだけ育て、確保できるかによって、求車求貨事業の成長スピードが決まります」(『月刊 LOGIBIZ』2008 年 2 月号、p. 25)。

これと平行して、アジャスターの業務を支援する情報システムの開発、ユーザーとなるアジャスターに対する IT 研修等も行われる。情報システムの開発については、求貨求車専用のシステム「COMPASS」を 2002 年に開発し導入する。このシステムでは、データベースの検索、事務処理の簡素化、品質データの可視化等の機能を提供し、アジャスターの業務を支援している。特に品質の管理は同社の強みである。旧来の利用運送ではダンピングが横行し、「安かろう、悪かろう」のイメージを持たれがちだった。前出の大澤氏によると、同社はそのようなイメージを払拭するため、COMPASS 導入の数年後には品質可視化の機能を追加し、品質改善に注力していたという。「品質」もトランコムのマッチングがユーザーの支持を受けたポイントの一つである。

なおシステムは順次改良されており、現在では、AI を活用した次世代のシ

ステムも導入段階に入っているところである。

トランコムは社内のIT化に加えて、子会社に独自のソフトハウスである「トランコムITS」を擁している。これらの体制によって〈ITを駆使した提案型物流企業〉を標榜しており、ITを事業の拡大の原動力としている。一方、ITを盲信せず、顧客ニーズに応えるために、コンピュータによる効率性とマンパワーのメリットとをうまく組み合わせてきたことが、求貨求車サービスで優位性を保ってきたポイントと考えられる。

2　物流業の様々な戦略とブルーオーシャン戦略

続いてもう少しマクロな視点から、同社の経営戦略を分析して行くこととする。

トランコムは産業分類としてはトラック運送業に属するが、この業界には大小合わせると全国に6万ほどの企業がひしめいている。そしてその経営方針・戦略も様々である。その中でトランコムのとった戦略にはどのような特徴があるか、全体の中での位置づけを見てみよう。

多くのトラック会社が採用する経営戦略は、他社との価格競争に打ち勝つことであり、そのため、業務効率を高めるというものである（図表7-5の①）。例えば「車両の積載率を高める」「従業員の生産性を高める」などの効率化によって安い運賃で競争することは、トラック会社の基本といえるほど、多くの会社が重視するポイントである。

しかしながら、トラック運送自体はサービスの差別化が難しく、競争がきわめて厳しい市場（**レッドオーシャン**）である。持続的に価格競争に競り勝つような競争優位を獲得するのは難しいため、多くの企業は消耗戦を強いられることになる。

同社の特徴は、このような競争には加わらず、他の戦略的ポジションを模索したことにある。

その一つは「水平マッチング」（同③）であり、もう一つは「上位での最適化」（同④）である。以下これを説明する。

トラック会社単体での業務効率化には限界があるが、会社の垣根を越えたマッチングは有望である。トラック運送のマクロデータから、空車での回送、

109

第1部　企業の全体戦略

図表 7-5　多様な戦略的方向性

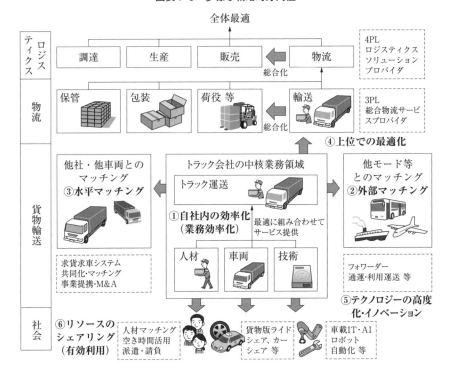

　低積載率での輸送が多く、有効に活用されている輸送能力は全体の4〜5割程度にとどまっていることが知られており、それだけ効率化の余地が残されているといえる。

　トランコムの求貨求車システムは、このようなマッチングを事業化したものであるが、前述の通りこの分野は未開拓で競争相手が少なく、潜在的な成長の余地が残された未開拓の市場（**ブルーオーシャン**）であった。ここに資源を投入したことが、同社の戦略の第一のポイントである。

　このように、競争の少ない未開拓市場を切り開く戦略を「**ブルーオーシャン戦略**」というが、同社の選択はまさにこの戦略である。

　同社が力を入れるもう一つの事業である3PL事業も、同様に競争の少ない、高付加価値の市場領域である。

第 7 章　物流業の経営戦略とイノベーション

　トラック会社にとって輸送効率を向上させることはもちろん重要だが、本質的に付加価値を生むポイントは、「必要のない輸送や在庫をなくす」といった、真の顧客ニーズを満たす上位の最適化を実現することである。

　物流とは、輸送、保管、包装、荷役、流通加工といったモノの流れ全体を統合的に管理する機能のことをいう。そして顧客である荷主にとっては、輸送単体よりも、物流全体が効率化されるかどうかが重要である。したがって、物流全体を包括的に担う 3PL や、あるいは調達・生産を含むロジスティクス全体の効率化を担う 4PL の方が有益である。トランコムが早くから力を入れた 3PL 事業は、このような意味で他社と差別化を図る高付加価値なサービスであったといえる。

3　後発企業ならではのイノベーション

　トランコムは従来からある利用運送事業を求貨求車のマッチングサービスとして事業として成立させることに成功したことは繰り返し述べた通りだが、ここで疑問を生じるのは、トラック運送あるいは利用運送の大手企業ではなく、この分野で後発といえるトランコムがこのようなイノベーションを実現できた理由である。

　ここで想起されるのは、**C. M. クリステンセン**が提唱した「**イノベーションのジレンマ**」である。一度は市場を支配したリーディングカンパニーが、後発企業が起こしたイノベーションに対処できず、取って代わられるケースが知られる（例えば IT 分野におけるヒューレット・パッカード、デル等）。このような現象は、以下のように説明される。

　ある市場における優良企業は、顧客のニーズを聞いて製品・サービスの改良に努める。一方、過去の価値観を根底から覆すような「**破壊的イノベーション**」は、このような顧客志向からは生まれない。また、破壊的イノベーションの推進は、自社がこれまで事業基盤としてきた製品・サービスの価値を毀損するというジレンマを抱える。これに加えて、ある分野で成功した企業は、企業内の活動が当該製品・サービスの改良に最適化されているおり、破壊的イノベーションを軽視する傾向が生じる。

　トランコムによる求貨求車サービスの事業化についても、この説明があては

111

第1部　企業の全体戦略

まる。求貨求車サービスの高度化は、輸送効率を向上する効果が期待されるが、効率を高めるということは、短期的には運賃を引き下げ、市場を縮小させるリスクを伴う。また、大手事業者は自社で多数の車両を保有して（あるいは支配下に置いて）おり、社内でネットワークを形成しているが、求貨求車サービスの高度化は、自社の競争優位を奪う諸刃の剣ともなる。

　トランコムは後発であることに加えて、いわゆる「地場」のトラック会社であり、日本通運、ヤマト運輸、西濃運輸のように、全国にネットワークを構築して混載輸送を行う「路線便」の事業者ではない。このような点からも既存の顧客基盤、事業基盤に捉われることなく、いわばアウトサイダーとしてイノベーションを実現できたのである。

4　多角化によるリスク分散とシナジー効果

　冒頭述べた通り、現在トランコムは3つの事業を経営の三本柱に据えているが、収益で見る限りは物流情報サービス事業の比重が高く、過半を占めている。そのため、投資効率の観点から、物流情報サービス事業に特化して事業展開するという提案が寄せられることもあるというが、同社はその方向性を否定している。

　その理由として挙げられているのは、経営の安定性と、事業相互のシナジー効果である。

　トランコムはかつて事業の柱であった家電共配事業を失った経験を持つ。このため、一つの事業に過度に依存するリスクに敏感であり、経営リスク回避の観点から、**事業ポートフォリオ**を構築し、多角化戦略をとっていると見ることができる。

　ところで多角化戦略には、**相補効果（コンプリメント効果）**と**相乗効果（シナジー効果）**があるとされる。前者は工場が稼働していない時期に別の製品を作る、といった遊休資産の活用が典型で、後者は言葉の通りかけ算的な組み合わせ効果である。トランコムでは、単にリスク分散のみで複数の事業を並立させているのではなく、事業間のシナジー効果に着目している。この点は清水氏が次のように説明している。

　「求車求貨は3PLや通常の貨物運送事業を展開する上でも武器になる。求車

112

求貨機能を持っているために、当社は効率の良い元請けとして荷主の配送を一手に引き受けることができる。次のステップで、さらにそれを3PL事業に拡大する」（『月刊LOGIBIZ』2008年1月号、p. 25）。

このように、経営リスクを下げるために事業の多角化を図りつつ、同時にシナジー効果を明確に意識して事業を構成しており、これは同社の経営戦略の特徴といえるだろう。

以上で見てきたように、事業領域の選択といったマクロな経営戦略から、IT活用といったオペレーション改善のレベルに至るまで、様々な観点から同社の戦略の優位性を確認することができよう。

物流業は生産性の低さと低賃金が問題となっているが、生産性を高めるうえでのポイントとなるのが積載率の向上であり、そのために活用されるのが同社が取り組む求貨求車のマッチングサービスである。このような社会的意義の高いサービスイノベーションが、（国のプロジェクト等でなく）身近な地域のトラック会社から生まれるという点が、まさに企業経営のダイナミズムであり、その一端を本章から感じ取っていただければ幸いである。

参 考 文 献

クリステンセン, C. M. 著、玉田俊平太監修（2001）『イノベーションのジレンマ（増補改訂版）』翔泳社

武部芳宣（2012）『情けは人のためならず』中部経済新聞社

ライノスパブリケーションズ『月刊ロジスティクス・ビジネス（LOGIBIZ）』各号

トランコム株式会社ホームページ
　https://www.trancom.co.jp/（2017年11月1日アクセス）

第 8 章

IT産業における再生戦略

　本章では、IT業界におけるグローバルな企業間競争を、日本のソフトウエア企業の代表といえるジャストシステムの行動を中心に読み解いていく。ここで日本のソフトウエア産業に注目するのは、日本企業が世界市場で直面する漢字文化が大きな要因となった点である。しかし、日本人にとってパーソナルコンピュータ（以下、PC）の中でも強いポジションを確保している日本語を武器とした戦略的な特徴を学ぶことは意義深い。そこで、本章では、株式会社ジャストシステム（以下、ジャストシステム）が1981年6月に徳島県で創立されてから現在に至る35年間の経緯とともに、**焦点絞り込み（集中）**と**コアコンピタンス**（中核となる強み）の活用による教育分野への新規事業参入へ至るまでの戦略を考察していく。

ケース　ジャストシステム―おもてなしの一太郎―

1　PCの発展

　1節では、われわれの生活にPCが定着してきた動向をPCの歴史とともに整理する。IT業界には2つの技術革新が存在する。ハードウエアとソフトウエアである。この2つがPCの価値そのものを決定するのである。さらに、日本においては日本語処理の開発も大きな問題となっていた。このような背景が急激な速度でわれわれの生活に密着してきた過程を振り返りながら、産業革命を繰り返す中で、現代の第四次産業革命へと変化してきた経過を解説する。

1）IT革命

　1970年代に8ビットCPUが開発され、これを用い最初のPCであるApple Ⅱがアップルコンピュータ社から発表された。ビットとは、情報の最小単位で、

第 8 章　IT 産業における再生戦略

8 ビットを 1 バイトとして大量の情報を管理している。つまり、ビットは PC にとって最も基本となる単位なのである。また、**CPU** は「中央処理装置」と呼ばれ、アプリケーションの処理、周辺機器を使ったデータやプログラムの処理を行う役割を持っており、PC の頭脳とも表現されている。Intel（インテル）AMD（エー・エム・ディー）等のメーカーがあるが、いずれのメーカーであっても性能を確認するのに分かりやすいのがクロック周波数の数値である。表示は、GHz ＝ギガヘルツの表記で、この数字が大きいほど高性能ということになる。しかし CPU の性能はこれだけではなくその他、CPU のコア数、CPU のキャッシュメモリなど多くの部品と組み合わされ快適な動作を行っている。

　当初 8 ビットからスタートした PC は、その後 IBM から 16 ビットの IBM PC が発売され、既製のソフトウエアを用いて、業務用に広く PC が使用されるきっかけとなった。しかし、現在のようなアイコンを使った操作の Graphical User Interface（以下、**GUI**）ではなく、キーボードから命令を与える Character User Interface（以下、CUI）だったため、ユーザーは専門的な知識を必要とした。このころはまだ広く一般的に使えるような操作性のよい PC とはいえなかった。

　1984 年に GUI を開発したのが、アップルコンピュータ社の Macintosh である。これは、ユーザーにとってなじみやすく、現在も PC の基本操作の一助となっている。ひたすらコマンドを叩いて PC に命令を送っていた CUI の時代にアイコンをクリックして PC が動作する GUI 環境は画期的であり、世界中の多くの人々が興味を持った瞬間であった。

　わが国でも 1970 年代後半から PC の開発が各社で始まった。しかし、ひらがなやカタカナや漢字など多くの文字を使えるという条件とともに、タイプライター文化を持たない日本では、入力方法をどうするかという大前提が立ち塞がっており、PC を国民的な道具にするにはまだまだ時間を必要とした。

　1980 年になると、16 ビット CPU を搭載した NEC の PC-9801 が、漢字処理用メモリなどを搭載し、高速の日本語処理を実現した。これが日本でコンピュータを普及させる重要な場面となっている。また、このころハードウエアの進展に伴い、同時に日本語ワードプロセッサ（以下、ワープロ）のソフトウエア開発も盛んに行われるようになっていった。そしてこれこそが、ジャストシ

115

第1部　企業の全体戦略

ステムの経営に大きく影響した。この部分に関しては、2項で詳しく解説する。

　1980年代後半には32ビットCPUが登場し、1995年にマイクロソフト社（以下、MS）から、GUI環境を実現しインターネットをサポートした**OS**（Operating System）のWindows95がリリースされ、現在のWindows市場がスタートしたのである。Windows95ではMS–DOSのコマンドを入力しなくても起動できるようになったが、内部的にはMS–DOS上でWindowsを稼働させていた。また、Windows95ではウィンドウの一つとしてコマンドプロンプト以外に、MS–DOSそのものを稼働させることも可能であり、PC管理者にとっては慣れ親しんだ操作が含まれていることから、相性のいいものであった。Windows95はその後、Windows98、Windows98 SE（Second Edition）、Windows Me（Millennium Edition）と改良されていったが、これらはWindows95と同様にMS–DOSベースのWindowsで、Windows9X系と呼ばれており、長い期間利用されていた。そして、2018年現在、Microsoftは、Windows10までバージョンアップを重ね、10へのアップグレードを無料にし、クライアント用WindowsをWindows10への一本化を進めている。

　このようにPCがオフィスや家庭などにめざましい勢いで浸透し始めたころ、本体は大型のものが主流であった。このことは特に日本の住宅事情を考えると問題点となっており、小型化への改善は日本にPCを定着させる大きな要因と考えた各社は、様々な機種を開発し提供した。1989年に東芝から発売されたDynabookは世界初のノート型PCであり、大きな反響を得た。これを機に、次々と新機能を加えたノート型パソコンが発売された。米国ではデスクトップ型に続いてポータブルコンピュータが登場したが、米国に限らず、海外では小型化への対策は重要視されず、大きく重いのが現状だった。日本は、小型化を優先したノート型、サブノート型へと発展し1995年には現在のノートパソコンの標準的な形を作り上げていった。

　1995年におけるPCの国内出荷台数は570万台、出荷金額は1兆円を超え、2000年度には出荷台数1210万台、出荷金額2兆円を超え、世帯普及率は50％を超え、高度情報化社会と変化していった。

2) 日本語ワープロの登場

　上記の通り、PCの開発が目まぐるしく進む中、日本においては、同時並行

第 8 章　IT 産業における再生戦略

図表 8-1　日本語処理の実現までの道のり

漢字入力方式の模索（多段シフト式など） 1950年代		かな漢字変換方式の研究 1960年代		日本語ワープロ専用機の商品化 1970年代後半		PCによる日本語処理環境の実現 1980年代前半

的に、日本語処理の開発も盛んに進められていた。わが国で PC を普及させるうえで大きな壁となったのが、仮名漢字混じり文の表記技術であった。

　日本語をアルファベットと比較した場合、最大の違いは文字種が多いことである。最低でも 2000 種、一般には数千種、さらに人名、地名などを扱うことを可能とする場合さらに多くの文字が必要となる。ワープロソフトでは一般的に使われる、明朝体、ゴシック体に加え、比較的需要の多い、毛筆体など多くの書体が要求される。また、音読み、訓読みなどの読み方、同音異義語や同音異字等、日本語処理の開発を含めると、実用化までには、多様な技術と多くの時間を要していた。

　長年「コンピュータの字」と表現されていた 1 バイト文字から、1970 年代半ばになると高速漢字プリンタが開発され、民間企業で住所や品名などに漢字表記が使われるようになり、日本人になじみやすい 2 バイト文字の利用が可能となった。また、地方自治体の一部で住民サービスの向上のため漢字の利用が始まったことから、1978 年には漢字コードを JIS（日本工業規格）として制定した。1980 年ごろになると、日本語ワープロが販売されオフィスのみならず、家庭にコンピュータが入ったきっかけとなった。

　これまで和文タイプライターや写植が主流だった印刷業界に 1978 年、日本で最初のワープロが発売され、大きな影響を与えている。しかし、1978 年 9 月に東芝から発表された JW-10 は 630 万円で高価であったため一部の消費者しか購入できなかった。初期の購入者の中には、当時ヒット作を多く出していた SF 作家、小松左京氏がいる。文章を生み出すことを生業とする者にとっては、それ自体が高価であったとしても、画期的な道具であったに違いない。

　その後、1980 年にキヤノン、1981 年にリコー、松下電器、カシオ計算機、1982 年に、三洋電機、富士ゼロックス、横河電機が参入し、ほぼすべての電

117

第1部　企業の全体戦略

機メーカー、事務機器メーカーから、ワープロが発表された。さらにユーザビリティの観点から小型化軽量化へ開発は進み、1980年代中ごろに小型キーボードで入力できる低価格の製品が発売された。1984年に、富士通のOASYS Liteが22万円で、1985年に東芝のRupo JW-R10が9万9800円で発売され、低価格化競争に突入したこともあり、1986年には生産台数は200万台を超え、1989年には271万台を記録し、累計出荷台数は1000万台を突破していった。

　しかし、タイプライターとしての役割しか持たないワープロは、PCの普及に伴い1990年をピークに販売台数が激減していった。2000年に累積販売台数は3000万台を突破していたが、販売台数は26万台と、ピーク時の1割に満たなかった。

　2000年末には、多くの機器メーカーはワープロから撤退を始め、2001年のシャープの生産停止を最後に、ワープロが果たした文書処理の役割はPCの一部となり概ね20年で、ワープロの市場はPC市場へと移行した。

　ワープロ市場の特徴をまとめると、①日本の電子機器メーカーがほぼすべて参入したこと、②概ね20年間の単純な山形の勃興から衰退の経緯をたどったこと、③市場を世界規模とせず日本に集中していたこと、④外国メーカーの影響を受けない閉じた市場であったことの4点が挙げられる。

　日本語の文章を生み出すだけのワープロが終息していったのは、ワープロという最高の先端的道具が、日本語のみに終始した結果であり、翻訳ソフトの組み込みや、多言語化を図る戦略に着目し積極的に市場を世界へ向ける必要があったからともいえる。

2　ジャストシステム

　正式社名は「株式会社ジャストシステム」、英文社名は「JUSTSYSTEMS CORPORATION」、情報・通信業で、本社は東京都新宿区西新宿にあり、文書作成ソフトの大手企業である。1981年6月に、社長の浮川和宣氏と妻の初子氏により徳島県に創立された。社長の浮川氏は、1973年愛媛大学工学部を卒業後、西芝電機に入社したが、1979年に退社し、同年ジャストシステムを創業した。2009年には同社の経営から退き、株式会社MetaMoJi（メタモジ）を創業した。ジャストシステム創立と同じく、現在も夫婦の二人三脚で経営の

一線にある。ジャストシステムからメタモジに至っても、常に「ことば」や「ドキュメント」をコンピュータで扱うための技術やノウハウの研究を中核としている。

ジャストシステムには、主要な商品にniPC、スマートフォン、タブレットPC向けの辞書「ATOK」がある。1985年に発売したNEC PC-9800シリーズ対応ワープロソフト「一太郎」および総合グラフィックソフト「花子」は当時ほとんどの日本人が利用した大ヒット商品である。1997年に株式店頭を公開し、2009年に、株式会社キーエンスと資本および業務提携契約を締結した。現在は、通信教育「スマイルゼミ」をスタートさせ、大きく収益を上げている。

1）ジャストシステムの誕生

ジャストシステムは徳島で、1979年、東芝系の「JBC」というオフコン・メーカーの販売代理店としてスタートした。カタカナ処理がほとんどだった当時において、JBCのオフコンは、最新の漢字処理ができる画期的な機種だった。第一号の経営管理システムの発注先は徳島市内の吉成種苗店で、種の名前に漢字表記が必須だったからだ。

ジャストシステムは、1982年、8ビットマイコンで標準のOS、CP／M用のシステムに最初のパソコン用の日本語処理システムKTIS（ケイティス）を完成させ、大きな反響を得ている。この開発こそが、ジャストシステムの名を広く知らしめることになったといわれている。1980年当初は1節でも述べたように、ワープロ専用機が注目を浴び、出荷台数も上昇していた時代であったが、ジャストシステムのATOKの前身であるKTISは、「パソコンで日本語」の時代を具現化させ、さらに、1983年にワープロソフト「光」を完成させた。これがNECのパソコン「PC-100」に標準装備するワープロソフトとなった。

1983年には、PC-100用に開発したジャストシステム初のワープロソフト「ジャストシステム-WORD」が完成した。NECのPC-100は、同社がPC-9801と平行して開発したパソコンで、PC-9801以上の先進性を持つものだった。マルチウィンドウ上のアイコンをマウスで操作する、いわゆる現在のウィンドウズPCのような特性を持っていた。PC-100用に開発したジャストシステム-WORDも、マウス操作用の設計になっていたが、GUIを搭載したPC-100の販売台数は伸びず、むしろCUIで動作するPC-9801の方がユーザー数を伸ば

第1部　企業の全体戦略

していた。

　1984年、IBMが新型パソコン「JX」用にジャストシステムのワープロソフト「jX-WORD」を搭載し発売、さらに、1985年、PC-9801対応のワープロソフト「jX-WORD太郎」を発売した。「太郎」の文字は、浮川社長自身が書いた「太郎」の字で、温かみのある毛筆体でありVer.4まで、パッケージデザインとして採用され続けた。

　jX-WORD太郎は、発売と同時に大きく売り上げを伸ばし、ベストセラーの1位になり、発売からわずか5カ月で9700本を出荷し、ジャストシステムの名は一躍業界のトップに躍り出た。このころ商標関係で「太郎」の名前が使えなくなったことから、「日本一になれ」という思いを込めて、「一太郎」と名づけている。現在日本語処理に「Word」、データ処理に「Excel」が一般的であるが、1985年当時は、日本語処理に「一太郎」、データ処理に「Lotus123」が一般的であり、広く使われていた。

2) 日本語を戦略の柱へ

　一太郎への主な改良点は、世界標準のオペレーティングシステム（OS）のMS-DOSを、内蔵していたため、PCユーザーは一太郎を買うと、OSもついてくることになっていた。つまり、文書ファイルとして、MS-DOSのテキストファイルをそのまま使うことも可能なのである。また、日本語変換システム「ATOK4」を、本体のワープロから切り離せるようにしたFEP（FrontEndProcessor）技術も大きな利点だった。つまり、一太郎以外のアプリケーション（表計算ソフト、通信ソフトなど）を使用する場合にも、一太郎の日本語変換システムを利用できるもので、画期的なことだった。さらに、一太郎の日本語変換機能の優れている点として複合連文節変換方式を採用した点であり「日本語のジャストシステム」という高い評判へとつながっていった。

　また、ジャストシステムの開発の中心であった、日本語入力を意識し、使いやすさを考慮した機能に、入力した文字を漢字に変換するキーをスペースキーに割り当てたものがある。これは、キーボードに変換キーが準備してあるにも関わらず、プログラムでスペースキーを使えるようにしている点である。英文入力時に、単語間にスペースを入れる発想と同じで、日本語入力時の文節ごとの変換を同じと捉えた画期的な発想といえる。指の配置から考えても、最も多

用する変換機能をスペースキーに割り当てる発想は、現在の PC ユーザーには当然のように使われている「やさしい」だけでなく、「機能的」な操作となっているといえる。

また、一太郎にはコマンド入力時に、ファンクションキー（キーボード上段のキー）は使わないという方針があった。これは、「タイプ入力のベテランは、遠くにあるファンクションキーを 1 タッチする間に、近くのキーは 4 タッチできる」という分析からだった。

エスケープキーを押すとコマンドメニューが出るスタイルは、こうした発想から確立されている。また、メニューが画面の下に表示されるのは、文書作成時、ほとんど画面の最下部を見ているユーザーに視線を移動させないメリットもあった。人間工学に基づいたキーボード上の入力時の指運びや画面上での目の動きに配慮した操作性のよさは、当時の PC ユーザーの大きな賛美を得た。

このように、あらゆる部分で一太郎は開発当初から、ハードウエアに依存せず、細かい操作性にまで気を配っていた。例えば、現在では一般化されているが、文書名を決めず、即座に書き始められ、文書を保存するとき文書名を決める手順は、一太郎が最初に導入した方法であり、他のワープロソフトでは実現していなかった。プログラマーにとっては、文書名を書いてから作業を進めることが一般的であるが、一般ユーザーの使いやすさを考えると、画面が出てすぐに内容を書き始めることが自然である。このような一般ユーザーの思考に沿った小さな気配りこそがジャストシステムの経営戦略の根本となっており、「思いやり」の発想といえる。

3）温かいネーミング

さらに、ヒットの要因となったのは、ソフト名の「一太郎」である。二つ目のヒット商品である、描画ソフト「花子」も、無機質なコンピュータに似つかわしくない、温かみのある名前で、日本人にはなじみ深く、やさしいソフト名である。

地方の小さなメーカーが発売した一太郎が、「PC98 ユーザー」の心を摑んだのは、一つひとつの操作や画面設計に思いを込めたジャストシステムの開発者がユーザーを思いやる基本ポリシーだったからといえそうだ。一太郎は 1985 年度「日経・年間優秀製品賞」を受賞している。日経年間優秀製品賞とは、

第1部　企業の全体戦略

「日経優秀製品・サービス賞」は毎年1回、特に優れた新製品・新サービスを表彰するものである。選考対象は日本経済新聞社が独自に選定している。審査は6点の審査基準（技術開発性、価格対効果性、業績寄与度、成長性、独自性、産業・社会へのインパクト）をもとに審査委員会で実施されている。

4) 日本語変換へのさらなる挑戦

1992年1月に、ジャストシステムは仮名漢字システム全般、特に変換用辞書に対するユーザーからの不満と要求から、ATOK監視委員会を設置した。

成果として、1993年のATOK8に、前後の語彙との関係で同音異義語の判別処理を行うための共起情報が取り入れられた。

PCによる日本語文書処理の拡大に伴った仮名漢字変換システムの普及により、社会全体が仮名漢字変換システムを提供する側に対し、そのシステムが変換表記する日本語の規範性について、ある種の社会的責任を求める状況であったといえる。また、OSやハードウエアの対応については、1993年以降、Macintosh、Windows、Solaris、などに対応し、さらにPDAのOSや、携帯電話、ゲーム機などにもATOKの利用を実現している。

5) マイクロソフト社の Word の出現

1995年の一太郎全盛期に米国のMSの文書処理ソフト「Word」が販売された。この年は「Windows95」が世に出たインターネット元年といわれた年であった。MSが開発したOSが世界標準になったのがWindowsであり、このころ世界中のパソコンの9割以上がOSにWindowsを採用していた。さらに、WindowsのOSを世界標準にしたMSは、WindowsとWordとExcelの3セットを販売するという戦略に打って出た。PCがマルチメディアを実現していない当時は、一般ユーザーにとっても、ビジネスユースにおいても、文書処理機能の需要は大きな市場であった。MS-WordはWindows用として、Word95、97、98、2000、2002、2003、2007、2010、2013とバージョンアップを繰り返し、2018年現在「Word 2016」が最新版となっている。

このような変化の中において、1998年当時、日本の市場を独占していた一太郎に対抗する必要性を感じたMSはWord98を販売している。このバージョンは欧米では発売されておらず、日本市場上への販売戦略により投入された商品となっている。

第8章 IT産業における再生戦略

このように MS が日本における Word ユーザーを拡大させつつあるころ、一太郎は縦書き機能など、日本語ワープロとしての機能を充実させるなど日本語機能を強化させていたことから、横書き文化の世界規格から離れてしまうという逆行した開発へと進んでいった。結果的には、世界標準の Word に対して、シェアを日本に置いていた一太郎は一挙にシェアを落とすことになった。

2006 年 3 月期から 4 期連続で最終赤字を計上したジャストシステムは 2009 年 4 月にキーエンスから約 44 ％の出資を受け入れ、キーエンスの傘下に入り、創業者の浮川社長は経営から退き、常務の福良伴昭氏が社長に昇格する人事を発表した。福良社長は、徳島大学歯学部在学中にジャストシステムでアルバイトとしてスタートした人物であり、浮川夫妻とともにジャストシステムを作り上げた人物といっても過言ではない。着実にジャストシステムが飛躍していった時の JS-WORD の開発ではメインプログラマとして活躍した人物でもある。

2009 年 10 月に、浮川夫妻はジャストシステムより「XBRL (Extensible Business Reporting Language)」技術の譲渡を受け、新しいアプリの開発等、研究者が活躍できる「株式会社メタモジ」を設立した。現在、タブレット端末用の手書き文字入力システム等を中心に開発している。

ケースを読み解く

1 新規事業への進出

1) コアコンピタンスを活用し教育市場へ

日本語ワープロソフト「一太郎」と ATOK を開発し、PC を日本人のための日本語ワープロに進化させたジャストシステムのコアコンピタンスは、「日本語をユーザーが使いやすいようにいかにコンピュータで取り扱うか」という外国企業には難しい部分にある。コアコンピタンスは、G. ハメルと C. K. プラハラードによって提唱された戦略論であり、属している産業や外部環境は考慮に入れず、自社の強みをベースに事情を拡大していくという考えがある。

2009 年、浮川夫妻はジャストシステムの研究部門とともに「株式会社メタモジ」を設立した。主な開発として、コアコンピタンスを最大限に活用した手

123

書き日本語入力システム「mazec（マゼック）」がある。キーボードからの漢字変換ではなく、タッチペンを使ったひらがなの手書き文字を漢字に変えることで、思い出さない漢字や不明確な漢字などを導くことが可能となることから、小学生でも利用できるのである。2017年現在、タブレット端末ユーザーには必須の機能となっており、ビジネスユースとして、銀行の窓口や官公庁で用いられている。さらに、「ATOK」と「一太郎」の関係性と同様の、マゼックと「iPad用ソフト」の関係性へ向けiPad用のソフトを開発している。

また、ジャストシステムは、すべての学習がタブレットで完結する、クラウド型通信教育事業へ参入していった。通信教育事業の企画・開発に取り組み、長い通信教育の歴史を持っている他社に先駆けて新商品を開発し、2012年11月、タブレットを使った小学生向け通信教育「スマイルゼミ」を始めた。図表8-2は動画による英語と算数の学修画面である。

現在の児童生徒たちはインターネットネイティブの年代であるため、紙と鉛筆とタブレットは紛れもなく勉強をするうえで必要な道具となっている。2013年に日経優秀製品・サービス賞で最優秀賞を受賞し、第10回日本eLearning大賞では初等教育クラウド部門賞を受賞するなど、その使いやすさなどから多くの賞を受賞している。5年足らずの短期間に、タブレットを使用した教育システムの開発は時代の波に乗り、ユーザーは徐々に増加している。2015年、

図表8-2　小学生向け通信教育スマイルゼミ

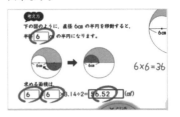

出所）スマイルゼミ公式ホームページ。

第8章　IT産業における再生戦略

全国の公立小学校の約8割である、1万7000校で小学生向け学習支援ソフト「ジャストスマイル」が導入されている。2017年には小学生向け学習ソフトを発売している。これらの成功要因として、日本語ユーザーの使い勝手のよさを追及した一太郎を生み出したジャストシステムのコアコンピタンスを活用できる分野に進出したことが大きいといえよう。

2）集中戦略による新規事業参入

　新規事業を立ち上げる企業は多いが、必ずしも成功するとは限らない。どの分野にも、強敵といえるライバル企業が数社あり、また圧倒的なシェアを持ち健全な経営を行っている優良企業に新規企業が勝てることはたやすいことではない。しかし、このような困難な状況を踏まえ、新規事業へと踏み出したジャストシステムはタブレット通信教育システムにより通信教育業界の勢力図を塗り替えた。短期間で、新規事業が成功したわけは参入する際の鉄則を忠実に実行したことにある。

　通信教育市場は、2つの大手企業株式会社ベネッセホールディングスの「進研ゼミ」と株式会社増進会出版社の「Ｚ会」がある。いずれも、学習者を対象とした講座を多く持っている。

　このような中、ジャストシステムは教育部門でも、さらに、小学生にそのターゲットを絞る**集中戦略**を採用した。さらに、既存企業が取り入れていなかったタブレット学習に着目し、通信添削の赤ペンによる指導をタブレットとネットワークによる指導へと大きく塗り替えていった。

　ベネッセはタブレット時代に切り替えるタイミングが遅れたことにより、進研ゼミの会員を大きく減少してしまった。既存企業が着手しなかったPCの分野で確実にシェアを確保し、流通チャネルを変化させ、大手企業の顧客の乗り換えをねらった構図となり、ジャストシステムはこの新規事業を成功させた。

　2016年12月13日付の『日経産業新聞』に、「2016年冬のボーナスは167万円で首位『復活の恩恵167万円　ジャストシステム首位』」とあり、日本経済新聞社がまとめた2016年冬のボーナス調査で、支給額トップはジャストシステムだったという記事がある。

　「ジャストシステムの2016年冬のボーナス支給額は、2015年冬に比べて17.6％増え167万円。『同社は営業利益の一定割合を賞与に上乗せし、社員に

125

還元する制度を導入。(中略)1997年に株式上場して以来の最高益を達成した。社員のやる気を刺激し、大手企業を上回る額を支払うまでに復活を遂げた』」と報じられている。

　ジャストシステムの2016年4〜9月期の連結決算では、売上高は前年同期比7.7％増の96億3900万円、営業利益は同14.2％増の32億9100万円、純利益は同9.7％増の22億7200万円であった。ワープロソフト「一太郎」や、かな漢字変換ソフト「ATOK」が堅調だったほか、タブレット端末を使った小中学生向け通信教育「スマイルゼミ」など新規事業の伸びが引き金となっている。倒産寸前に陥っていた2008年10月8日の安値93円から13.7倍の上昇となっている。

　2017年に一太郎に搭載するATOK 2017では、人工知能(AI)技術を取り入れ変換エンジンを搭載するなど、コアコンピタンスをさらに磨き上げる努力を継続している。また、「インプットアシスト」機能は、日本語入力をオフの状態で入力を始めると、ATOKがそれを検知して「直前の入力を日本語にする」というガイダンスを表示する。さらに「Shift＋変換」で、日本語に変換ができ、同時にATOKもオン状態になる。また、「ATOKタイプコレクト」機能は、指の位置がホームポジションからずれていて、意味不明なアルファベットをタイピングしてしまった時、ATOKが正しい変換候補を提示してくれる。「インプットアシスト」や「ATOKタイプコレクト」は人的な単純ミスを救ってくれる機能であり、思わず微笑んでしまいそうなコンピュータらしからぬ機能といえる。マウスやペン、さらには音声による入力機能が増えた今日だからこそ、うっかりミスにうれしい機能といえそうだ。ジャストシステムのこのようなポリシーは、いつでもどこでも誰でもコンピュータを使える環境作りへと進化していくといえる。1972年に米

図表8-3　A. ケイのパーソナルコンピュータ　Dynabook

出所）Kay, A. C. (1972) *A Personal Computer for Children of All Ages.*

国のコンピュータ科学者である **A. ケイ** は、「*A Personal Computer for Children of All Ages*」とし、ダイナブック構想を打ち立てている。理想のコンピュータとは、「対話型インターフェース（GUI）を搭載し、子供でも扱え、片手でも持ち運びが可能であり、低価格なパーソナルコンピュータ」と想定され、ダイナミック（dynamic）なパーソナルメディアであり、本のようなものであるということから、ダイナブック（Dynabook）と名づけている（図表8-3）。

2 ジャストシステムの戦略評価

1）IT 業界の特徴

　これまで見てきた通り、IT 業界は変化の動向が数十年あるいは数年の波動で大きく上下変動しながら成長していくという特徴を持っている。この短い波動は、ジャストシステムのような小規模企業が大きく成長するチャンスであると同時に大規模企業が小規模企業になり得る変革の波でもある。

　これが大きくまた小さく繰り返されることにより、成長する可能性を持つことが、コンピュータ業界の特徴といえる。市場に潜在している需要を読み取り早いタイミングで技術を積極的に投資し市場シェアを高めることは必要となる。しかし、IT 業界は長い波の先には全く異なる波が押し寄せてくることが過去50 年の波を見ても分かるように、比較的長く続く成長フェーズとなる技術開発と停滞期をどのように戦っていくかというマネジメントが重要となる業界である。この両者のバランスをいかにダイナミックに読み込むかという点が重要と考える。

　コンピュータシステムやソフトウエアの運用に関して、情報処理の大きな波に乗った、多くのコアコンピタンス事例は多いが、特にソフトウエアの運用面で大きな飛躍を遂げた「セブン–イレブン」の POS の販売管理システムや、「キヤノン」の光学技術、デジタル画像処理、マイクロプロセッサー制御の運用もコアコンピタンスであるといえ、IT 化への社会の変貌をいち早くキャッチした成功事例である。一部の狭い市場のみならず、様々な市場へアクセスする可能性を生み出す展開力を持ち、顧客の利益に重要な貢献をしているといえる。

2）ジャストシステムの果たした役割

　本章で述べたコアコンピタンスは、属する産業や外部環境を考慮に入れるこ

第1部　企業の全体戦略

とは少ない。つまり、自社の強みをベースに事業を拡大していくのである。これは企業の「内」のリソース（資源）にこそ、競争優位の源泉があると考える**RBV**（Resource Based View）の視点であるともいえる。

　例えばソフトウエア業界を「モノ作り企業」として分析すると、まず「擦り合わせ」ともいえる「要求定義と要因分析」がある。これは高い品質の量産を行おうとする時、大きな価値を持っている。また、この擦り合わせは、いくつもの小さな部品（プログラム）を調整、動作実験を繰り返しながら作り上げていくが、この点はチームや組織にしかできないことであるため、希少性がある。また、プログラムはどれも同じと思いがちだが、多くの小さなプログラムを組み合わせることによって全く異なるシステムが誕生することから、模倣は不可能といえる。結果的に新しい強みを学習し獲得することで、次々と自社の強みをベースに拡張していくことになる。

　ジャストシステムをはじめ、日本のIT企業は品質のよいソフトウエアを製品として送り出してきた。日本のソフトウエア企業が今後さらに発展するためには、自社の開発に特化した技術開発が重要となる。しかし、ソフトウエアは主に新しい価値を生み出すことに終始するのであるが、**ナレッジマネジメント**（知識経営）による経験や勘に基づく暗黙知をソフトウエアという明示的な形式知に表出することは苦慮するところである。現代の産業の7割以上を占めるサービス業や社会システムにおいて生産性を向上させることにソフトウエアの導入は不可欠である。ジャストシステムが参入したサービス産業の一つである教育業界への新規参入は経営の立て直しを行った成功例といえる。

　PCで日本語を効率よく紡ぐための工夫を考え続けてきた、いわゆる**ニッチ市場**の経営戦略は、浮川社長が「こんなものがあったらいいな」と考え、妻の初子専務がそれを作り上げる。経営者としても、エンジニアとしても、うらやましいまでの二人三脚である。

参 考 文 献

伊貝武臣（2017）「第4次産業革命のIT技術に基づくAI時代の企業戦略」日本メディア・コーポレーション

キドウェル, P.・セルージ, P. 著、渡邉了介訳（1995）『目で見るデジタル計算の道具史』ジャストシステム

國領二郎・三谷慶一郎・価値創造フォーラム 21（2017）『トップ企業が明かす　デジタル時代の経営戦略』日経 BP 社

小林龍生（2002）「漢字・日本語処理技術の発展―仮名漢字変換技術―」『情報処理』Vol. 43 No. 10、情報処理学会、pp. 1099-1103

トフラー, A. 著、徳岡孝夫監訳（1982）『第三の波』中央公論新社

中島聡（2008）『おもてなしの経済学―アップルがソニーを超えた理由―』アスキー

西垣通編著訳（1997）『思想としてのパソコン』NTT 出版

ハメル, G.・プラハラード, C. K. 著、一條和生訳（2001）『コア・コンピタンス経営』日本経済新聞社

山田昭彦（2014）「PC 技術の系統化調査」『国立科学博物館技術の系統化調査報告』Vol. 21

一太郎情報ポータル　http://www.ichitaro.com/history/（2017 年 9 月 1 日アクセス）

情報処理学会ホームページ「コンピュータ博物館」
　http://museum.ipsj.or.jp/computer/personal/index.html（2017 年 9 月 1 日アクセス）

総務省（2017）『平成 26 年版　情報通信白書』
　http://www.soumu.go.jp/johotsusintokei/whitepaper/ja/h26/html/nc252150.html
　（2017 年 9 月 1 日アクセス）

Kay, A. C.（1972）*A Personal Computer for Children of All Ages*
　https://www.mprove.de/diplom/gui/kay72.html（2017 年 9 月 1 日アクセス）

第 9 章

地域産業における中小企業戦略

　今治タオル工業の場合、産地戦略と経営戦略の2側面から考える必要がある。今治タオル工業をはじめとする地域産業では、同種の産業に携わる中小企業群が**分業・協業体制**のもとでモノを生産し、その大部分の企業が同業者団体の結成を通して、一企業ではカバーできない問題や課題に取り組んだり、同業者間の協調や競争のバランスを調整したりしている。そして、同業者団体は産地戦略を主導し、各企業は個々に経営戦略を遂行する。本章では、3つのケースを取り上げ、各戦略の特徴と共通点を明らかにすることで日本の地域産業における中小企業戦略について考える。

ケース 今治タオル工業における産地戦略と経営戦略

1　四国タオル工業組合

　最初に、今治のタオルメーカーから構成される四国タオル工業組合（現・今治タオル工業組合）による産地戦略について見ていく。

　愛媛県の北東部に位置する今治市周辺地域は、温暖な気候を生かして江戸時代から綿花を栽培していたことから綿織物業が発達した。小幅木綿から始まり、時代や市場ニーズの変化に伴って綿ネル、広幅木綿、タオルといった具合に生産する綿織物を柔軟に変え、綿織物業の歴史を紡いできた。今治でのタオル生産は、1894年に綿ネル生産者の阿部平助が余った綿糸を使って織機をタオル用に改造してタオルを作ったのが嚆矢である。その後、1912年に中村忠左衛門が先晒タオルを開発し、それまで泉州や紀州の模造品に過ぎなかったが、「先晒し先染め」の今治独自のタオルが誕生した。さらに、菅原利鎌によって1922年にドビー機による幾何学模様の紋織タオル、1924年にはジャカード機

による広幅の複雑な模様の紋織タオルの生産が可能となり、タオルのデザイン
とサイズにバリエーションが加わった。このように戦前の今治タオルの歴史を
振り返ると、何人ものイノベーターの存在があって戦後の今治タオル工業が発
展する土台作りがなされた。

　第二次世界大戦末期に起こった今治空襲はタオルを含む綿織物業に壊滅的な
被害を与えたが、1947年に有志30余名が愛媛県復興連盟を組織し復元に向け
て運動を開始した。1947年には宮崎研一の統率のもとで「今治タオル輸出協
同組合」が設立され、輸出向タオル生産を復興の足がかりとした。1951年ご
ろからは今治で開発されたタオルケットがジャカード機を利用して製造される
ようになり、徐々に国内の需要を伸ばしていき、先晒の紋織タオルは今治タオ
ルの代名詞として全国に普及した。そして、1960年、生産規模において先陣
を切っていた後晒タオルで有名な泉州を抜いて日本一のタオル産地となり、こ
れ以後、泉州と並んで日本の二大タオル産地を形成し、高度成長期、安定成長
期、バブル経済期を通して生産量、売上ともに右肩上がりの成長を遂げた。

　今治タオル工業に転機が訪れたのは1990年代に入ってからである。中国を
筆頭に海外で生産された輸入タオルが日本に流入し、内需のほとんどを独占し
ていた日本製タオルが外国製タオルに浸食されていった。1999年にタオルの
輸入浸透率がほぼ50％に達した後も上昇を続け、2009年に81.7％を記録した。
その後漸減し始めたが、2016年においても78.6％を輸入タオルが占めている。
今治タオルの生産量は、1991年の5万456トンをピークにその後は坂道を転
がり落ちるかのように減少し、2009年の9381トンを底にようやく歯止めがか
かった。そして2016年現在、微増ではあるが1万2036トンまで回復した。

　ではなぜ今治タオル工業が1990年代以降に斜陽化したのか。外部要因とし
ては、やはり主に中国製タオルの輸入・浸透が挙げられる。今治が得意とした
ジャカード機による広幅紋織タオルと同じような製品が中国でも生産されるよ
うになり、従来今治タオルが独占していた市場を安価な中国製が代替していっ
た。その他、バブル経済崩壊による需要の減退や1990年代以降のグローバル
経済の加速化なども考えられる。また内部要因としては、戦後に形成されたタ
オル業界の体質があり、問屋との取引の中で流通機能や自社開発機能を徐々に
失っていったこと、それによって問屋依存型に傾斜していったことである。加

第1部　企業の全体戦略

えて、1990年代から斜陽化していく状況に対してタオル業界が早期の段階で危機感を共有できなかったことも指摘できる。こうして、今治タオル工業は戦後初めて産地の危機に直面したが、これに追い打ちをかけるかのように2004年に**セーフガード**（緊急輸入制限）が見送られた。タオル業界は、99％の確率でセーフガードが発動されるだろうと期待していただけにショックは大きく、セーフガードという最後の頼みの綱が切れていよいよ正念場を迎えることになる。

　今治のタオル業界は、この正念場をどのように乗り切ったのか。言い換えれば、どのような問題解決に向けた目標を立て、いかなる産地戦略でもって建て直しを図ったのだろうか。産地戦略を主導したのは、四国タオル工業組合である。今治のタオルメーカーによる組合設立は戦後であり、1947年に今治タオル工業連合会が創設され、1952年に中・四国タオル調整組合に改組された後、1958年に四国タオル工業組合となり、2017年に現在の今治タオル工業組合に改称された。組合は、1950年代前半から国の需給調整政策のもとで業界を指揮する重要な役割を担ってきたが、セーフガードの見送りによってその信用を大きく失墜させ、組合の団結力は失われていった。

　1990年代以降の変化を組合の誰もが指をくわえて見ていたわけではない。最初に危機感を抱いたのは、1993年4月から1996年5月に組合理事長に就任した吉井久（吉井タオル株式会社創設者）である。この時組合内に「産地ビジョン策定委員会」を設置し、現状を把握するために若手メンバーを中心に情報の収集・分析をしてもらい、組合内部における危機感と情報の共有に努めた。しかし、大きな石が動くにはもう少し時間を要した。2004年のセーフガード見送りによって崖っぷちに立たされた組合は、2006年4月から組合理事長に就任した藤高豊文（株式会社藤高代表取締役社長）の指揮のもとで組合挙げての一大プロジェクトが動き出した。藤高は先の「産地ビジョン策定委員会」の委員長を務め、1990年代以降のタオル業界の変化を真摯に受け止めてきた人物の一人である。

　藤高は、「問題は何か」をとことん考えた。そして、①問屋依存の体質、②産地内の危機意識の低さ、③組合の団結力の欠如の3つの問題を析出した。そして、これらの問題を解決するために藤高が立てた目標は、「今治という産地

ブランドでタオルを売る」という「今治タオル」のブランド構築であった。今治タオルの長い歴史において、今治でタオルを作るが、今治という地域名を前面に出してタオルを売ってこなかった。そのため藤高のブランド化構想に対して組合内部から反対意見も出たが、藤高の決意は揺るがなかった。しかし、目標を達成するためには資金が必要だった。この時絶妙のタイミングで「JAPAN ブランド育成支援事業」の認可を受け、資金面での問題は解決できる目処がついた。

　JAPAN ブランド育成支援事業での活動は 2009 年度にいったん終了するが、その後も組合のもとで「今治タオル」の**ブランディング**活動は継続している。藤高理事長のもとで進められた一大プロジェクトの成果は、2009 年以降生産量の増加や売上の上昇などの数値に現れ始め、今治タオルの生産量は 2009 年を底にして増加に転じた。

　以下では、上記の産地戦略のもとで各企業はどのような経営戦略によって 1990 年以降の危機を乗り越えたのかについて、渡辺パイル織物と大和染工の 2 つのケースを取り上げる。

2　渡辺パイル織物

　タオルは、準備工程・製織工程・仕上工程の大きく分けて 3 つの工程から成っており、地域内の分業体制によって生産されている。渡辺パイル織物は、製織工程を担うタオルメーカーであり、現在の代表取締役社長を務める渡邊利雄の父・信雄によって 1963 年に創業され、その 2 年後の 1965 年に株式会社に改組された。本社は今治市南宝来町にあり、工場は西条市内の河原津と新町の 2 カ所にある。会社が設立された 1960 年代は日本の高度成長期にあたり、今治のタオル業界も渡辺パイル織物も好景気に後押しされて生産規模を拡大していった。しかし、先述したように、1990 年代に入り業界全体に転機が訪れ、会社も大きな曲がり角に立った。

　図表 9-1 は、渡辺パイル織物の 1982 年から 2013 年における売上高と問屋比率、手形比率の推移である。渡邊が入社した 1982 年の売上高は 2 億円であり、バブル経済の好調によって 1990 年には 8 億 8000 万円の売上高を記録した。当時の主力商品は、ニナリッチやジャックニクラウスなどのブランドタオルであ

第 1 部　企業の全体戦略

図表 9-1　渡辺パイル織物の業績推移

年	売上高(億円)	問屋比率(%)	手形比率(%)
1982	2.0	100	100
1990	8.8	100	100
2007	2.0	90	80
2008	1.6	60	46
2009	1.8	35	30
2010	2.7	20	10
2011	2.5	23	25
2012	3.0	15	25
2013	4.0	5	15

出所) 渡邊利雄氏提供資料より作成。

り、タオル専業問屋を介した OEM (Original Equipment Manufacturing：契約先のブランド名製造) 中心のモノ作りであった。だが、バブル経済の崩壊と輸入タオルの侵入によって売上高はじわじわと減少した。会社にとって致命的な打撃となったのは、2007 年の主要取引先のタオル専業問屋の倒産であり、この影響を受けて売上高は 2 億円まで落ち込んだ。渡辺パイル織物は、以前から問屋を通したタオル製造をほぼ 100 ％の割合で行い、手形比率も 100 ％だったため、会社の命運は問屋の動向に左右された。

　今治では、渡辺パイル織物のように製造はタオルメーカー、商品開発・販売は問屋という棲み分けをしていたタオルメーカーがほとんどであり、しかも支払いはタオル業界の慣例に倣って手形払いが主流だったため、どうしてもタオルメーカーが不利な立場に立たされた。しかし、1950 年代半ば以降の生産量の増加に伴い問屋との分業体制が合理的に機能した結果、1990 年代に入るまでに問屋依存型体質がタオルメーカーの間で定着していた。

　バブル経済崩壊後、日本のタオル業界を取り巻く環境が大きく変わると、タオル専業問屋の中には日本製タオルから安価な輸入タオルへ取引をシフトしたり、人件費の安い中国に進出してタオルメーカーと組んでタオル製造をスタートさせたり、問屋も生き残るために新たな戦略に出た。その他、倒産した問屋も少なくなかった。この影響を受けて、今治のタオルメーカーの企業数が減少し、1990 年に 390 社あったタオルメーカーは 5 年後の 1995 年には 284 社になった。こうした状況下で、渡辺パイル織物も何らアクションを起こさなければその中の一社になっていたかもしれないが、渡邊は問題解決に向けた戦略を立て、起死回生に向けた活動に取り組んでいく。

　渡辺パイル織物の売上高は 2008 年に 1 億 6000 万円まで下落したが、渡邊は

このころより問屋比率を 60 ％に下げ、手形比率も 46 ％に抑え、従来の問屋依
存型経営からの脱却を図って百貨店との直接取引を開始した。伊勢丹を皮切り
に三越、高島屋、松屋と続き、東京を中心に流通ネットワークの輪を広げて
いった。2009 年は売上高 1 億 8000 万円で微増だったが、問屋比率 35 ％、手
形比率 30 ％に減少した。2010 年には売上高が 2 億 7000 万円にまで回復し、
問屋比率は 20 ％となった。そして 2013 年の数値では、売上高 4 億円、問屋比
率 5 ％となり、渡辺パイル織物は「問屋依存のタオルメーカー」から「タオル
の企画・製造・販売を一貫して行うタオルメーカー」へ変貌を遂げた。

　二代目の渡邊が父親の創業したタオル工場を蘇生させ、産みの苦しみに歯を
食いしばりながらタオル一本で勝負できているのは、渡邊が経営者のみならず
技術者でもあるからだ。小さいころから父親のモノ作りを近くで見てきた渡邊
が本格的にタオルにのめり込んでいくのは、一橋大学商学部を卒業後、渡辺パ
イル織物に入社してからである。入社直後に渡邊のタオルの素材・加工への探
求は始まり、「究極のモノ作り、世界で最高のタオルを作りたい」という素朴
な思いから「タオルとは何か」を真剣に考え続けてきた。作り手側の「作りや
すいタオル」ではなく、使い手側の「使って気持ちよいタオル」を目指して勉
強を積み重ねてきた。その間に「綿・糸の神様」と呼ばれた大正紡績の近藤健
一との出会いもあった。今から十数年前になるが、渡邊が四国タオル工業組合
の青年部副会長をしていた時、組合主催で講演会を近藤に依頼したのが 2 人の
最初の出会いである。渡邊は近藤の話に感銘を受け、これ以来しばらく大正紡
績に入り浸って近藤からモノ作りの真髄を学んだ。こうして、渡邊の中で醸成
されたモノ作りへの信念が以下である（渡邊のメモ書きをそのまま引用）。
　◎素材の多様性や素晴らしさ
　◎世のため人のため
　◎先義後利
　◎自分より仕事をしている人がいない程努力する
　渡邊はこれらの信念のもとで、つぎの視点に立ってタオルを作る。
　○新商品を作り続ける
　○自己満足ではなく、お客様が喜ぶ物を作る
　○買っていただけるお客様に喜んでいただける商品が売場で喜ばれる

第1部　企業の全体戦略

○売り場に立ってお客様の欲する商品をお聴きする、又、商品の良さを理解
　していただく
○最終的に売れない商品は、どこかに弱点がある
○しかし、あきらめない！
○バイヤーの顔を見て仕事をしない！
○身の丈にあった商売をする
○商品を進化させる

　綿からこだわってタオルを生産できるのは渡邊が技術者だからであり、一朝
一夕に渡辺パイル織物のタオルができているわけではない。そして、上述のモ
ノ作りの信念とタオル製造の視点を支えているのが渡邊の経営者としての哲学
である。

●現場主義
●織、加工、物流、全てまかせるが、把握はする
●売場の現場に立ち、正しいタオルの使用方法等をお教えする
●できるかできないかではなく、やるかやらないか！
●人は見ていると思う程見ていないが、見ていないと思う程見ていないこと
　は無い
●努力すれば、平凡は非凡になる
●してあげるではなく、させていただく！
●全てを詰めていく。後出しジャンケンが無いように！
●1人では何もできない！皆様の援助がなければ何もできない！
●何事もポジティブに考える
●最後に、間違っていることは改めるが、ブレない！

　渡邊の明確な哲学・思想は、渡邊自身と渡辺パイル織物を育ててくれた周囲
の人々への感謝の念から来ており、根っこはそこにある。両親を早くに亡くし
た渡邊を大学卒業までずっと応援してくれた人たち、渡辺パイル織物を守って
くれた人たちが経営者・技術者として今の渡邊を育て上げたといっても過言で
はない。経営戦略は、こうした企業家の哲学・思想なくして成り立たない。

3 大 和 染 工

　タオルの準備工程と仕上工程における染晒加工を担う大和染工は、1956年に現在の代表者である青野茂則の父・茂信によって設立された染色加工業の会社である。図表9-2の大和染工の沿革で見るように、1972年に本社が現在の衣干町に移転し、チーズ加工が開始された。1980年代になると第二、第三工場の増設と各工場における新型機械の導入によって生産性が向上し、今治タオルの生産量増加に対応できる設備を整えた。第二工場では1981年のビームサイジング（ビームの経糸をまとめて糊づけすること）の開始、1987年のスラッシャーサイジングマシン（整経済みの経糸をまとめて糊づけする大型の機械）の導入、1988年のワーパー（整経機）の増設があり、第三工場では1986年にテンター（生地の幅を整える幅出しの機械）が設置された。

　会社としてのターニングポイントは1990年代初頭に到来し、タオル不況に陥る中で大和染工も打撃を受けた。中国製タオルの流入がタオル不況の主な要因であるが、中国製タオルの強みは安価な人件費に支えられた価格の安さにあ

図表9-2　大和染工の沿革

年	内容
1956	大和染工株式会社設立
1972	会社を現在の今治市衣干町に移転し、チーズ染色開始
1981	第二工場（今治市東鳥生町）を新設し、ビームサイジング開始
1986	第三工場（今治市衣干町）を新設し、本社より生地加工設備を移転
	第三工場にテンター導入
1987	第二工場にスラッシャーサイジングマシン導入
1988	第二工場にワーパー増設
1989	本社にチーズ無人化プラントが完成し、チーズ染色設備一新
1990	第二工場にスラッシャーサイジングマシン増設
1993	中国南通太和漂染有限公司設立
	第三工場に連続タンブラー乾燥機導入
1994	中国南通青野服飾有限公司設立
1996	第三工場にエアージェットフローを導入し、布帛の加工開始
1998	第三工場に連続染色機を導入し、不織布の染色を開始
2000	第三工場にニット用テンターを導入し、ニット加工を開始
2001	第三工場にジッカー導入
	ISO90001認証取得

出所）大和染工ホームページ「会社沿革」。

第1部　企業の全体戦略

る。一般的に、繊維製品における売上高人件費率は 15 ％〜20 ％であり、染色
加工の段階で中国はかなりのコスト優位にあった。青野は、「このままではい
けない」と早い段階から危機感を募らせていた。

　青野は、大学を卒業して 1969 年にタオル業界に入って以来、「染色業界の生
きる道は、晒し場のエネルギー効率をいかに高いレベルに持っていけるかにか
かっている」という信念を持ち続けてきた。契機となったのは、青野が 1972
年に今治地域の染色加工業者が組織する愛媛県繊維染色工業組合（以下、染色工
業組合）の技術委員長に就任した時の経験にあった。1970 年代はブランドタオ
ルが流行し始めてタオルメーカーよりも問屋が主導権を握る時代に入っていた。
当時、今治の 24 社の染色加工業者は、タオルメーカーを支えるために加工料
金をなるべく押さえてやり繰りしていたが、設備投資や燃料にかなりのコスト
を要したため、染色加工業が生き残る道は加工プロセスにおける合理化・効率
化しかなかった。青野は、染色加工業者の置かれている厳しい現状に鑑み、エ
ネルギー効率の高い技術を自ら率先して研究開発し、その成果をオープンにし
た。

　青野は数多くの技術を発明し、特に特許関連技術については、染色工業組合
の技術委員長の時に最も多く取得している。愛媛県染織試験場（現・愛媛県産業
技術研究所繊維産業技術センター）が発刊していた「染織試ニュース」によれば、
1979 年から 1985 年の間に 8 つの特許と 1 つの実用新案が青野と大和染工の名
前で記録されている。特許では 1979 年の「糸のシルケット加工法」を端緒に、
その後は主に綿糸加工や整経ビームに関する技術、実用新案では 1985 年の「整
経ビームを用いる糸条の処理方法」など整経ビームの技術において権利化され
た。

　ここで染色工業組合について少し言及すると、今治地域の染色加工業者はタ
オルメーカーとは別の同業社団体を組織している。染色工業組合は、戦時中に
結成された今治糸染晒工業小組合を前身とし、戦後の 1950 年に組合員 17 名に
よる今治糸染協同組合として再スタートを切った。1960 年代のタオルケット
のブームによるタオル工業の発展を受けて、組合の名前に「タオル」の名称を
つけた愛媛県タオル染色工業組合が組合員 24 名で設立された。そして 1975 年
に愛媛県繊維染色工業組合に改称され、現在に至っている。

染色工業組合の特記すべき活動は、水源の確保と共同施設の設置である。染色加工業者にとって何より大事なのが水資源であり、今治地域が織物産地として発展できた理由の一つは、高縄山系から湧き出る軟水や近くを流れる蒼社川など染晒に適した水資源の豊かさにある。しかし、タオル生産量の増加に伴い染晒の加工量も増えて水不足問題が深刻化したため、1960年に組合主導で蒼社川を水源とする工業用水道を完成させた。続いて1971年に玉川ダムの竣工による県営工業用水道が完了し、日量5万5800トンの給水が可能となった。それでも1994年の大渇水のように、その後も水問題で深刻な状況に陥った年もある。共同施設の設置では、1968年にサイジングの共同施設を設け、1986年にはサイジング2機を更新した。最近では2013年に環境問題に配慮して太陽光発電を導入し、2014年にボイラーの切替に伴って燃料を重油から天然ガスに移行させた。いずれの設備も高額であり一社では負担が大き過ぎるが、組合でカバーすることで環境問題やコスト問題を解決している。

　「染色業界の生きる道は、晒し場のエネルギー効率をいかに高いレベルにもっていけるかにかかっている」という信念を持ち数々の技術を開発してきた青野は、高校は普通科、大学は経済学部に所属し、学生時代は工学に関する勉強はしてこなかった。青野の染晒技術の修得は染色加工業界に入ってからであり、独学で基本的な知識や技術を覚え、1972年に染色工業組合の技術委員長を任された時に、新しい技術を生み出す応用力と独創力を身につけた。青野の父・茂信も染色工業組合の技術委員長を長い間務め、染色加工のみならず製織に関する技術も学び、業界のために貢献した人物だった。ところが、青野は、その父親が倒れてからタオル業界に入ったため父親からは直接何も教わっていない。青野は、父親に倣うように、綿糸から製織に至るタオルの製造工程すべてを射程範囲に知識と技術を身につけ、そして生み出した技術の数々によって多分の功績を業界に残した。

　新しい技術開発への意欲は、青野のチャレンジ精神から湧いてきたものである。幼少のころ、製塩技術で特許を取得し何でも手作りでモノを製作していた祖父をずっと見てきて、誇りに感じていた。「そんなおじいちゃんの血を引いて、自分も何かやりたい」という気持ちを幼少のころから温めてきた。青野の新しい技術やアイディアのヒントは毎日の仕事の中で繰り返される試行錯誤にある。

第1部　企業の全体戦略

そこには同業者や取引先とのやり取りも重要な役割を果たしており、青野の頭の中では「どうすればより利便性が高まるか、どうすればより合理的に作業が行えるか、どうすれば皆が助かるか」が繰り返されている。この絶え間ない地道な作業が、タオル業界全般に役立つ技術の開発につながっている。

　青野の好きな言葉は「全力前進」であり、それに付随する「チャレンジ精神」である。染色加工業界が傾いて自社も窮地に陥った時、チャレンジ精神を忘れず技術に固執しながら全力前進で乗り切ってきた。タオルメーカーとは違った環境のもとで抱える問題も異なるが、青野の選択した戦略は青野の思想に寄り添っており、青野のモノ作りの信念や姿勢は地元の若い世代に引き継がれている。

ケースを読み解く

1　四国タオル工業組合の産地戦略

　四国タオル工業組合が主導した産地戦略のケースは、今治タオルのブランド構築によって市場における差別化をねらった「**産地ブランド戦略**」である。産地ブランド戦略の明確な定義はないが、特定の地域で生産された商品やその商品を生産している企業の価値を高めることによって売上の増加を図り、地域産業の活性化を目的とする戦略である。単に短期的なタオルの売上増加を目指すのではなく、商標権による商品特性の保護、市場ポジショニングの明確化、他産地に対する優位性の確保、認知度のアップなどを通して、長期的視野に立った今治タオルのブランディングがねらいである。

　図表9-3は、今治タオル工業の産地戦略を整理したものである。最初に着手したのは、組合内部における組織の再編である。2006年5月、藤高は、彼の意図を理解してもらえる副理事長を4名選出し、5つの委員会（①今治タオルブランド推進委員会、②人材育成委員会、③新商品開発委員会、④輸出促進委員会、⑤産地構造改革委員会）を設置することで30名の理事すべてが戦略を積極的に実行できる枠組みを作った。次に、「今治タオル」を正式のブランドとして訴求していくためには、ほかの誰もが「今治タオル」の名前を勝手に使用できないように

140

商標を登録する必要があった。タイミングよく、2004年4月1日の商標法の一部改正で地域団体商標登録が可能となり、同年8月に「今治タオル」の商標登録を特許庁へ申請し、2007年7月に「今治タオル」の地域団体商標登録が完了した。

2006年6月からは**JAPANブランド育成支援事業**の補助期間がスタートし、「今治タオル」のブランド構築という目標達成に向けて着々と具体的な方策が実行された。2006年度は国内外の他産地と差別化を図るために、①ブランド・ロゴの作成、②新商品開発、③今治見本帳の作成、④メディアプロモーションの4つの活動が遂行された。2007年度は知名度の向上を目指して、①国内展示会への出展、②新商品開発、③タオルソムリエ資格試験制度の設置、④メディアプロモーション活動にフォーカスされた。2008年度はブランド確立の最終段階として国内市場の醸成を目標に掲げ、①国内展示会への出展、②新商品開発、③タオルマイスター制度の整備、④メディアプロモーションに焦点が絞られた。2009年度は支援内容が先進的ブランド展開に昇華し、JAPANブランドの確立のために、①海外展示会への出展、②国内展示会の開催（海外展示会との連動）、③新商品開発、④メディアプロモーションにさらなる力が注がれた。

図表9-3　産地戦略の概略図

四国タオル工業組合が産地ブランド戦略のもとで策定した各活動そのものが的を射た内容であったと評価できるが、藤高のリーダーシップと組合の団結力がなかったら実現できなかっただろう。また、今治タオルが一つの産地ブランドとして市場に受容されたのは、各企業に確かな技術と自立の精神があり、産地戦略を成功させる実力が地元にあったからである。今治には、高い技術力と商品開発力によって売上を伸ばしている元気な企業がたくさんある。独自の販路ルートを開拓し自社ブランドに力を入れている七福タオル、旧式の力織機を使って高級タオルマフラーを製造している工房織座、高い技術で品質に定評の

ある吉井タオル、自社ブランド力で海外展開も行っているコンテックスなど個性あふれるタオルメーカーがいくつもあり、今治タオル工業に多様性を生み出している。この多様性こそが今治タオルの層の厚さの証であり、強みでもある。

2　渡辺パイル織物の差別化戦略

　渡辺パイル織物の経営戦略の概略図は図表9-4に示す。これを参照しながら、具体的な戦略を見ていこう。

　「タオルの企画・製造・販売を一貫して行うタオルメーカー」への変貌を可能にしたのは、渡辺パイル織物が作るタオルのクオリティにある。高いクオリティは、綿糸の原料となる綿選びから始まり、使用する綿糸の加工法、製織技術、染晒加工に至るまで考え抜かれたモノ作りによって生み出されている。例えば、渡辺パイル織物で使う綿糸の原料は4種類（トルファン綿、スーピマ綿、ウズベキスタン綿、タージマハール綿）ある。渡邊は、それぞれの特徴を研究したうえでどんなタオルにどの綿を使うかを決め、紡績会社に綿糸生産を依頼している。また、綿糸は主に大正紡績とKBツヅキのものを使っている。大正紡績は、環境負荷の少ないオゾン漂白によって綿糸を生産しており、独自の綿糸を開発している。KBツヅキは、環境にも綿糸にもやさしいTZ酸性酵素法というオリジナルの加工技術を使って綿糸を加工している。いずれの紡績会社も、われわれ消費者が最終消費材として商品となったタオルをいかに安全に快適に使えるかというところまで考えて綿糸を製造している。

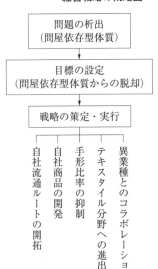

図表9-4　渡辺パイル織物の経営戦略の概略図

　問屋依存型体質からの変革を目指した渡邊の戦略は、自社流通ルートの開拓やタオルの自社製品開発、手形比率の抑制にとどまらず、テキスタイル（布地・織物）分野という新たな市場開拓へと広がっている。それに一役買っているのが積極的な異業種とのコラボレーションである。渡邊は、知り合いの薦めで2002年にテキスタ

イルの展示会で有名なTN展（Textile Network Japan）へ初出展した。これがきっかけとなり、2002年からTN展へ毎年2回、2004年からCBF（Creation Business Forum）へ毎年2回、さらに2011年からはJC（Japan Creation Business Forum）の上位団体であるPTJ（Premium Textile Japan）へ毎年2回、タオル織機で製造したタオル生地をテキスタイルとして出展している。2014年時点の渡辺パイル織物の製品割合は、タオル95％、テキスタイル5％であるが、今後テキスタイルの割合は増加しつつある。

　テキスタイルは、前述の大和染工が開発したウズベキスタン産の長繊維綿花を原料とした綿糸を使用し、地元の村秀鉄工所が製作した年季の入ったシャトル織機で製織している。以前、渡辺パイル織物の工場が火事に遭って20台のシャトル織機が燃えたことがあった。周りから破棄を薦められたが、渡邊は父親が長年使っていたシャトル織機を捨てることができず、そのうちの8台を残して復元した。シャトル織機での製織は職人的技術を必要とし、また手間もかかるが、革新織機では生み出せない風合いをタオルに表現できるため市場では高い評価を受けている。事実、日本のI社やC社、フランスのC社など世界有数のメゾンの生地に採用されたり、mintdesigns, writtenafterwards, The FRANKLIN TAILOREDなどに所属する若手デザイナーと協同で服地を作ったり、伊勢丹三越や高島屋、松屋、バーニーズニューヨークなどの百貨店やユナイテッドアローズなどのセレクトショップに直接販売したり、テキスタイル市場において渡辺パイル織物の生地は多方面で脚光を浴びており、従来の「拭く」タオルのイメージを完全に払拭している。

　タオルメーカー以外の異業種とのコラボレーションでは、エイガールズや小林メリヤスなどのニット製造業とTシャツやポロシャツ、部屋着など海外市場向けの商品を創作したり、東海染工や久山染工など他産地の染色加工業者と海外市場向けタオルやテキスタイルを開発したり、伊藤忠商事などの商社とヨーロッパのメゾン向けの商品を生産したりしている。こうした地域や業界の垣根をなくしたコラボレーションは、渡邊の研究開発の場にもなっている。「メイド・イン・ジャパン」にこだわってモノ作りに情熱を傾ける人たちと交流を深めることで、たくさんのアイディアが生まれる。渡邊は、そのアイディアを持ち帰り、不可能を可能にするための研究を重ね、小さな技術的向上のう

第1部　企業の全体戦略

えに小さな革新を生み出す。この革命がまた新しい市場を切り拓く要因となっている。

　渡辺パイル織物のケースは、**M. E. ポーター**の「**基本的競争戦略**」に照らしていえば、「差別化戦略」によって産業内の競争優位を獲得しているといえよう。ポーターは、競争優位を生む戦略を**コスト・リーダーシップ戦略**、**差別化戦略**、**集中戦略**の3つに類型化している。そのうちの差別化戦略は、商品やサービスにおいて他社との差別化を図り、その結果顧客の認知する価値が向上していることが絶対条件である。

　渡辺パイル織物は、この差別化戦略によって従来の問屋依存型体質から脱却することができた。また、産業内の機会と脅威を作り出している5つの力（サプライヤーとの関係、買い手との関係、新規参入者、代替製品、既存企業間の競争状況）においても高い技術力と開発力が渡辺パイル織物の交渉力を高めている。異業種とのコラボレーションは6つ目の力といわれる「補完的生産者」の役目を果たしており、渡辺パイル織物のイノベーション創出の手段となっている。他のタオルメーカーとは一線を画すテキスタイル分野への市場開拓によってより高い技術の向上と「今治タオル」ブランドを超えた海外市場・小売店向けの自社ブランドの確立を目指しているが、テキスタイルの開発は手間のかかる割に儲けが少ない。流行に敏感な市場なので毎年安定した需要の確保は難しく、ある年度は500万円の売上を出しても次年度は0円の時もある。これを理由にタオルメーカーのみならず他の繊維業界でも、テキスタイル分野に踏み込まない企業はたくさんある。このような参入障壁の高い市場で、渡辺パイル織物の渡邊は、会社の将来を見据えてテキスタイル分野への市場開拓という選択を行い、挑戦し続けている。

3　大和染工のグローバル戦略・技術戦略

　図表9-5は、大和染工の経営戦略の概略図である。大和染工の抱える問題は、1990年代以降の売上の減少だけではなかった。それ以前から染色加工業ゆえの水質汚染や水不足、燃料消費などの環境問題と設備の巨大化によるコスト増大の問題にも直面していた。そこでこれらの問題を解決するために青野は技術移転と技術開発を目標に掲げ、いくつかの方策を考えた。

144

まずは、生産拠点の中国への拡大である。1993 年、中国の江蘇省南通市に南通太和漂染有限公司を設立して染色加工を開始し、翌年には南通青野服飾有限公司を設立して縫製加工を始めた。大和染工の中国への進出は売上の減少が引金であるが、実のところ、そのほかにも環境問題への対応策として青野流技術の移転という使命も負っていた。青野は、1980 年代から中国から技術指導の要請を受けており、しばしば訪中の機会を得ていた。中国のみならず、台湾、タイ、ベトナム、パキスタンなど各国を訪問し、染晒加工に関する技術を指導した。青野は今治のタオル業界において一目置かれる存在であるが、その理由は技術者としての確かな腕前と開発した技術を惜しみなく伝授する姿勢にある。染色加工業者が共通に抱える問題を中国の人たちも解決できるのであれば大和染工の中国進出は自然の流れであり、青野にとって理にかなった判断であった。

図表 9-5　大和染工の経営戦略の概略図

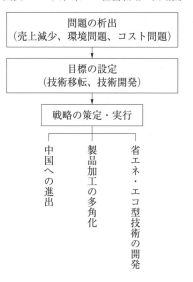

　中国進出に加えて、地元今治の工場では 1998 年に連続染色機を導入して不織布の染晒加工を開始したり、2000 年にはニット用テンターを設置してニットの染晒加工に乗り出したり、タオルに代わる製品の加工も行うようになった。同時に、より効率を上げるための省エネ型技術の開発にも力を入れ、環境問題を考えたエネルギー消費の少ない技術を世に輩出した。例えば、青野が開発した糊抜の精練機はエネルギー効率の高い機械であり、今治と中国の工場で稼働している。

　また、2007 年に開発された「オゾン漂白」は、オゾンを使って綿糸を晒すという省エネ・エコ型の環境にやさしい精練漂白の技術であり、繊維業界では世界で初めて実用化された。天然の物質であるオゾンは、空気中の酸素にプラズマ放電を与えて人工的に作り出され、酸化漂白力が強く自己分解が速いという特性がある。そのため、低温で繊維と反応させることができ、薬品使用量を

第1部　企業の全体戦略

軽減できる。この技術は大和染工、アベチカ、中央繊維の3社と愛媛大学が産官協同で完成させたものであるが、開発の中心人物は青野であった。今ではオゾン漂白を使ってタオルを製造しているタオルメーカーはいくつもあり、渡辺パイル織物もその一つである。青野の「オゾン漂白」のアイデアは、2004年から2005年における重油価格の値上がりによる染色加工業者の経営悪化から出発している。染色加工業者にとって燃料価格は経営効率に影響を与える。オゾン漂白が実現すれば、ボイラーを稼働するための労働力と設備やエネルギーの節約にもなり、もちろん環境にもよい。

　大和染工のケースは、事業活動の海外移転による「グローバル戦略」と独自技術の開発による「技術戦略」の2つにあてはまる。**グローバル戦略**は、成長機会を求めて海外で事業を展開することで競争優位を獲得する戦略であり、安価な生産要素のアクセスを可能にし、海外市場の開拓をスムーズに行うことができる。**技術戦略**は、技術の開発・利用によって競争優位を得る戦略であり、開発すべき技術は何か、技術的にリーダーシップをとるべきか否か、技術を独占すべきか否か、といった視点から具体的な施策を行う。

　大和染工がこれらの戦略を遂行する契機となったのは、1990年代以降の今治タオル工業全体を襲った危機による売上の減少にあるが、タオルメーカーとは異なる状況のもとでそれ以前から環境問題や設備コストの増大などによって経営が圧迫されていた。この深刻な問題に対して大和染工は、自社のみならず染色加工業界の将来を見通しながら海外進出と技術開発・移転・伝授に解決の糸口を求めた。四国タオル工業組合主導の産地戦略が成功裏に推移することによって、分業・協業関係にある染色加工業にもプラスの影響をもたらし、「オゾン漂白」のケースのように大和染工の技術開発を助け、売上減少にもブレーキがかかった。染晒加工におけるモノ作りの特質ゆえに業界と企業は運命をともにしており、青野が常に企業の枠を超えて業界のために技術を開発してきた理由はここにある。そして現在、青野を見て育った人々が青野の信念を受け継ぎ、染色加工業界の体質改善を目標に「IMABARI Color Show」と銘打ったイベントを企画し、染色工業組合でも2017年から産地戦略に乗り出している。

4 戦略は人なり

本章の議論で留意すべきは、どの戦略もその中核に人がいるということである。つまり、「戦略は人なり」である。今治タオル工業のケースに則していえば、特に企業の経営戦略は経営者の信念や思想・哲学を反映しており、中小企業の場合はそれがよりいっそう色濃く出る。

経営戦略論に関する種々の議論において理論的考察（演繹法）とケース的考察（帰納法）があるが、いずれのアプローチも経営戦略に実践的な示唆を与えるものである。しかしながら、本章で最も強調したい点は、戦略の本質を見抜くためには人に着目する視点を忘れてはならないということである。戦略そのものを分析する前に、目の前にある問題を解決するための目標を立て、それを実現するために戦略を策定して実行する企業家はどのような人物なのかを考える視座を持つことである。この意味では、経営戦略論の中の企業家学派の考え方に近い。**企業家学派**は、**J. シュンペーター**や **A. H. コール**などの経済学者の理論をベースに形成された学派であり、経営戦略において企業家の果たす役割を強調する（ミンツバーグ 1997, 1999）。

経営戦略は、外部環境が目まぐるしく変化する時代を生きるためのツールであるが、産業や企業が直面する問題は絶えず変化しているため、戦略も繰り返し見直されなければならない。激しい競争を勝ち抜くために必要なのは、時宜を得た正しい戦略の策定・実行にあるが、それ以上にブレない企業家の哲学や思想である。

参 考 文 献

関田理恵編（2008）『ヒット商品のデザイン戦略を解剖する』ピエ・ブックス

バーニー, J. B. 著、岡田正大訳（2003）『企業戦略論―競争優位の構築と持続―』ダイヤモンド社（Barney, J. B., *Gaining and Sustaining Competitive Advantage*, Prentice-Hall, 2002）

ピーターズ, T. 著、大前研一訳（2003）『エクセレント・カンパニー』英治出版（Peters, T. J. and Waterman, R. H., *In Search of Excellence*, NY: Harper & Row, 1982）

ポーター, M. E. 著、竹内弘高訳（1999）『競争戦略論Ⅰ・Ⅱ』ダイヤモンド社（Porter, M. E., *On Competition*, Harvard Business School Press, 1998）

ミンツバーグ, H. 著、中村元一監訳（1997）『「戦略計画」創造的破壊の時代』産能大学出版部（Mintzberg, H., *The Rise and Fall of Strategic Planning: Reconceiving Roles for*

第1部　企業の全体戦略

Planning, Plans, Planners, NY: Free Press, 1994)

ミンツバーグ，H. 著、斉藤嘉則監訳（1999）『戦略サファリ―戦略マネジメント・ガイドブック―』東洋経済新報社（Mintzberg, H., Ashlstrand, B. and Lampel, J., *Strategy Safari: A Guide Tour through the Wilds of Strategic Management*, NY: Free Press, 1998)

タオルびと制作プロジェクト「タオルびと」2013年4月号～7月号（藤高豊文編）、2016年4月号～7月号（渡邊利雄編）、2017年4月号～7月号（青野茂則編）、今治市立図書館ホームページ　http://www.library.imabari.ehime.jp/towelbito/index.html

第 2 部

企業の機能別・事業別戦略

第 10 章

グローバル経営戦略における地域統合の意味

　2015 年 12 月、ASEAN では **ASEAN 経済共同体**(ASEAN Economic Community： AEC) が発足した。AEC の発足により、政治も経済もその枠組みが変化する と期待される。そのため、ASEAN において活動をする企業にとっても重大な 関心事となっている。本章では、日系企業が 8 割を占める ASEAN 自動車市 場の中でも、トップシェアを持つトヨタ自動車の事例を取り上げ、AEC とい う新たな段階の市場統合にどのように対応しようとしているのか、自動車企業 の新たな国際戦略を考察する。

ケース　ASEAN におけるトヨタの展開

1　ASEAN の経済概況と自動車市場

　ASEAN の特徴は、経済発展の段階、社会・政治システム、宗教などその多 様性にある。タイやインドネシアなどの資本主義国と、ベトナムやラオスのよ うな移行経済国から構成されている。図表 10-1 のように、人口規模、経済発 展の段階も異なり、言語、文化を包含する多様性を持つ。一つの経済圏という 求心力と多様性の維持と遠心力をどう両立していくのか、ASEAN 各国の大き な挑戦となる。

　ASEAN はかつての中国と同じように「世界の工場」から「世界の市場」へ と移りつつあり、市場としての魅力が高まっている。これを支えるのが、中間 所得層の台頭である。インドネシア、タイ、マレーシア、ベトナム、シンガ ポールでは中間層は膨らみ続け、2020 年には 2 億 9680 万人と 2011 年に比べ 38 ％増える見通しである。

　ASEAN の 2015 年の自動車販売台数は、インドネシアがトップで 101 万

150

第 10 章 グローバル経営戦略における地域統合の意味

図表 10-1 ASEAN 各国の経済と自動車市場の概要

	人口 (千人)	一人あたり GDP（ドル）	自動車生産 台数（千台）	新車販売台数 （千台）	自動車普及率 （台/千人）
タイ	67,939	5,815	1,913	800	232.2
インドネシア	257,564	3,346	1,099	1,013	82.5
マレーシア	30,331	9,768	650	667	404.9
ベトナム	93,448	2,111	132	232	22.3
フィリピン	100,699	2,904	99	289	35.3
シンガポール	5,604	52,889	0	79	150.4
ブルネイ	423	30,555	0	14	482.3
ラオス	6,802	1,818	na	15	41.7
ミャンマー	53,897	1,161	na	2	12.5
カンボジア	15,578	1,159	na	6	32.9

出所）「ASEAN 概要」みずほ銀行産業調査部、2015 年、p. 104、その他資料より作成。

3000 台、2 位のタイが 80 万台、3 位がマレーシアの 66 万 7000 台、4 位がフィリピンで 28 万 9000 台、5 位がベトナムの 23 万 2000 台となっている。これら 5 カ国が自動車市場においては、主要 5 カ国と呼ばれる。その他の国々は、現在のところまだ自動車市場としては育っていないといえる。

　一方、各国の生産台数を見てみると、タイが 190 万台強で 1 位、インドネシアが約 100 万台で 2 位、3 位がマレーシアで 65 万台、4 位がベトナムで 13 万台強、そして 5 位のフィリピンが 10 万台弱となっている（図表 10-1 参照）。

2　ASEAN におけるトヨタ

　2016 年、トヨタは ASEAN 主要 5 カ国で 110 万台を生産している。同社は、マレーシアを除く、タイ、インドネシア、フィリピン、ベトナムと ASEAN 主要国のうち 4 カ国でトップのシェアを占めている。同社は現在、主要 5 カ国に完成車生産のための 9 工場を構えているほか、エンジンやトランスミッションなどの基幹部品工場もいくつか有している。同社のサプライチェーンはカンボジア、ラオスなどの後発国にも伸びている。

　ASEAN 諸国は経済発展の段階、人口規模、自動車市場規模、自動車産業の集積度から、大きく 3 つのタイプに分けることができる。それぞれの国のタイプ別に、トヨタの経営活動を見ることができる。

　第一のタイプは、自動車の生産台数も多く、自動車・部品産業が発展したタ

151

第2部　企業の機能別・事業別戦略

イ、インドネシア、マレーシアである。

ASEAN の国の中で、最も自動車産業が集積しているのがタイである。政府が特別な税制などの支援を行ってきたため、タイは 1 トン・ピックアップトラックのウエイトがきわめて高く、生産台数の半分以上を輸出しているのも大きな特徴である。こうしたタイの自動車産業の発展は、同国政府が日本の自動車企業からの要望を徴収し、それを実現したことが背景にある（川辺 2007）。

トヨタは 1962 年にタイトヨタ（TMT）を設立し、バンコク郊外のサムロン工場で生産を開始した。1975 年建設のサムロン第二工場、1996 年稼働のゲートウエイ工場、2007 年稼働のバンポー工場、2013 年稼働のゲートウエイ第二工場を有している。1987 年にはサイアムセメントグループと共同で、サイアムトヨタマニュファクチャリングを設立して、エンジンの生産を開始した。もともと架装会社として 1988 年 5 月に設立されていたタイオートワークス（TAW）でも、現在はハイラックスを生産している。

タイでは、2004 年からは革新的国際戦略車（IMV）を生産し始め、タイがこの車種の世界の親工場となっている。タイでは、そのほか乗用車のプリウス、カムリ HV、カムリ、カローラ、ヴィオス、ヤリス、ハイエースなどを生産している（川邉 2011、西村・小林 2016：87-89）。

タイでは自動車メーカーに主要部品を納める一次部品メーカーの数は日系企業を中心に 600 社を超え、素材などの二次、三次サプライヤーの数は 1700 社に上っているといわれる。日本と同様の産業ピラミッドが確立され、原材料の調達から完成車組立まで日系企業の間でほぼ完結できるようになっているが、現地のサプライヤーの育成にも積極的に取り組んでいる。

トヨタは、2006 年にはアジアの製造拠点を統括するトヨタ・モーター・アジア・パシフィック（TMAP）をサムプラカーンに設置した。同社は、東アジア、オセアニアを除くアジアの各国工場の開発、生産技術、調達などを支援している。一方、アジア全体のマーケティングの統括機能はシンガポールに置いている。

インドネシアは、2011 年に販売台数が 89 万 4000 台と過去最高を記録し、洪水で影響を受けたタイを抜き、ASEAN 最大の自動車市場となった。2015 年におけるインドネシアの新車市場のシェアは、第 1 位がトヨタで 35 ％、ト

第 10 章　グローバル経営戦略における地域統合の意味

ヨタの完全子会社となっているダイハツは 16 ％で第 2 位であり、トヨタはインドネシアでグループとして約 6 割の販売シェアを握る。トヨタのインドネシアでの展開は、ダイハツと共同で行われている。

　1971 年にトヨタは PT. トヨタ＝アストラ・モーター（TAM）を設立し、1977 年に最初の「キジャン」を生産した。その後設立された車体やエンジンの製造会社を、1987 年に TAM に合併した。2000 年にはカラワン第一工場が稼働し、2011 年にはカラワン第二工場を建設している。その間、2003 年には TAM は生産と輸出の PT. トヨタ・モーター・マニュファクチャリング・インドネシア（TMMIN）と国内販売の TAM に再編された。

　インドネシアでは 7 人乗りミニバンが、市場全体の 6 割強を占める量販車種である。トヨタとダイハツはこの分野が主力で、生産協力もしている。家族が運転手やベビーシッターと一緒に乗れ、道路に水たまりができても安全に走れるよう、ミニバンや多目的スポーツ車（SUV）など収容力と車高のある車が人気である。最近都市部を中心に、若者や女性の運転が増え、燃費性能への意識の高まりを受けて、小回りの利く小型車への関心を高めている。2013 年 9 月に、小型車を割安に製造できるダイハツのノウハウを活用した「Ayla（アイラ）」が、新制度適合車「ロー・コスト・グリーン・カー（LCGC）」第一号車となった。アイラはトヨタ自動車に OEM（相手先ブランドによる生産）供給し、トヨタは「Agya（アギア）」の名称で販売している。

　ASEAN で第 3 位の自動車生産量を誇るマレーシアは、「国民車」の育成を図っていることから他の国々とは異なる。当時の首相であった M. マハティール首相の強力なリーダーシップのもと、1983 年に三菱自工と三菱商事との合弁で第一国民車メーカー、プロトンが設立された。1993 年に第二国民車メーカーであるプルドゥアがダイハツとの間で設立され、翌 1994 年から生産を開始している。政府の手厚い保護のもと、この両社がマレーシアの自動車市場を席巻していた。また、マレーシアの自動車市場では、乗用車が圧倒的なシェアを持つことが特徴である。

　トヨタは 1982 年に現地の UMW との合弁で、UMW トヨタを資本金 5900 万リンギ、出資比率は UMW 51 ％、トヨタ 39 ％、豊田通商 10 ％で設立している。傘下には製造を担当する 2 社と部品を生産する 1 社を有している。トヨ

153

第2部　企業の機能別・事業別戦略

タの関連企業は3社あり、日系の部品メーカーもこの中に含まれ、部品を生産する子会社は国内販売のみならず輸出も行っている。

　現在、トヨタの販売は10万台を超え、市場シェアは国民車のプロトン、プロドゥアに次ぐ3位で、15％のシェアを有している。販売が生産を上回っており、タイやインドネシア、さらには日本からの輸入車の販売が伸びているようである。また、域内の部品補完にも部品子会社が貢献している。2016年5月には、トヨタはインドネシアやタイに続いてマレーシアでも、小型車の生産設備を増強するとしている（穴沢2010、西村・小林2016：157-158）。

　第二のタイプは、フィリピンとベトナムのように、人口規模が大きくすでにかなりの規模の自動車市場が形成されているが、生産のためのインフラや部品産業などが十分集積していない国である。トヨタはこうした国々では域内関税の撤廃による輸入車の急増に対抗するために、生産基盤を確立しようとしている。

　フィリピンでは、1988年メトロバンク51％、トヨタ34％、三井物産15％でフィリピン・トヨタ（TMP）が、マニラ南部のラグナ州サンタロサに設立された。翌1989年夏から「クラウン」「カローラ」の乗用車2車種と、商用車の「ハイエース」を生産し、1991年からは「コロナ」「タマラオ」の生産を始めた。

　1989年10月には、ASEANの相互補完計画を受けてTMPの敷地内にトヨタ・オートパーツ・フィリピン（TAP）が、資本金10億ペソ（約57億円）で、トヨタ90％、TMP10％の出資比率で設立された。TAPではトランスミッション関連製品を製造している。製品は一部TMPへの国内販売を除き、そのほとんど全量を海外向けに輸出している（川辺2017）。

　ベトナムでは、1986年に打ち出された「**ドイモイ**」と呼ばれる対外開放と経済改革の政策を受け、1990年代はじめから外資系企業の進出が始まった。トヨタはトヨタ70％、現地国有企業VEAM20％、KUOシンガポール10％出資で、ビンフック省にトヨタベトナム（TMV）を設立した。1996年の外資法改正後、ベトナムで生産を開始した。「ヴィオス」「カローラ・アルティス」「カムリ」などを生産している。「イノーバ」「ハイラックス」「フォーチュナー」「ハイエース」を輸入販売している。

　ベトナムは、2012年ごろには国内景気の減速や増税で新車販売が急減して

いるうえ、2018 年には関税がゼロになるため、輸入車が急増する可能性がきわめて高い。そのため、トヨタはタイやインドネシアからの輸入車に対する競争力を確保し、ベトナムでの事業を継続するために、コスト削減活動を進めている。コストメリットが出せる部品から順次、現地調達に切り替えていく計画ではあるが、現地生産は進みにくいのが現状である。そのため、ベトナム自動車連盟（VANA）を通して、ベトナム政府にも支援策を求めている（西村・小林 2016：201-202）。

　輸入車に対して自国の自動車産業を育成する目的から、フィリピン政府は 2015 年 6 月に、国産車の生産コストについて一台あたり 1000 ドルを補填する内容を含む自動車産業政策（CARS）を導入した。ベトナム政府も同様に、国内に自動車産業をつなぎとめるため、「自動車マスタープラン」の中に国産車への税制優遇措置を盛り込む方針であるが、策定は遅れている。

　第三のタイプであるミャンマー、ラオス、カンボジアでは、現在のところ自動車の組立生産は行われていない。ミャンマー政府は従来中古車の輸入に力を入れていた。比較的人口の大きい同国では、今後新車輸入や独自の自動車生産を行うのか分かれ目にきている。これら 3 国はタイに接しており、部品企業のタイの分工場的な役割を担うようになりつつある。

3　トヨタの対 ASEAN 戦略

1）新興国市場としての ASEAN の開拓

　2016 年、トヨタはダイハツを完全子会社とし、トヨタが弱かった新興国の小型車戦略を強化しようとしている。2017 年 1 月には、トヨタとダイハツは共同で社内カンパニー「新興国小型車カンパニー」を設立している。ダイハツが日本国内で培ったコスト競争力の高い車作りのノウハウを活用して、トヨタは新興国事業の強化に生かす体制を整えた。

　ダイハツは、開発中の次世代技術、ダイハツ・ニュー・グローバル・アーキテクチャー（DNGA）を多目的スポーツ車などの開発にも応用する。新興国市場に対応した低コスト車作りに向け、軽自動車の開発・生産ノウハウを活用する。設計の基礎となるプラットフォームやエンジンなどを新しくするほか、部品の仕入れ先も見直して、より低コストで品質の高い車作りをねらう。ダイハ

ツは独自に開発した車の世界生産台数を、2017年半ば時点で7割増の250万台にする計画である。この台数成長の大半がASEANとなる見通しである。ダイハツの既存市場であるインドネシア、マレーシアだけでなく、タイも優先して考えるとしている。トヨタが現地に持つ拠点を活用する。

ダイハツは2020年までに、DNGAを使った軽自動車を日本で発売し、その後トヨタと進めるASEANなど新興国向けの小型車に利用する計画であり、SUVなど多様なモデルや車体への対応を進める。新興国でニーズの高まるSUVなど、サイズや外観の需要が多様化していることに対応する。

また、生産の集中とは異なり、販売においては市場の特性がASEAN加盟各国によって異なるので、現地消費者のニーズや好みに合わせることも重要になってくる。例えば、タイでは1トンピックアップトラックや小型乗用車、インドネシアはミニバンと売れ筋が異なる。各国の子会社同士が、それぞれ車種を融通することにより、生産規模を確保できる。

さらに、ASEANの国々では中産階級の台頭により、各国でのディーラーを増やし販売やサービスを充実している。同時に、ASEANでは中産階級のみならず、富裕層も出現しており、高級車であるレクサスの販売も拡充しつつある。

2) サプライチェーンの構築

生産拠点としてAECを利用する際、自由に資材調達ができ、規模の経済性の実現により、製造コストの最適化で域内の分業がさらに進むと考えられる。トヨタもASEANの**サプライチェーン**を構築する際、地域全体で考えるようになりつつある。

こうした動きは、ASEAN域内の同一企業内での部品の相互補完制度から始まった。1998年、タイで開催されたASEAN経済閣僚会議で、ASEAN6カ国の閣僚は、自動車産業育成のために部品の相互補完に関する「同一ブランド内の自動車産業補完計画覚書」に調印し、域内からの調達を優遇する措置を打ち出している。

1990年のASEAN経済閣僚会議で、前年度に認可されていた三菱自動車に続いて、トヨタおよび日産の域内自動車部品相互融通プロジェクトに、メーカー別関税割引制度関税（BBC）の適用を決めている。集中生産による量産効果で競争力を高めるとともに、ASEANでの部品の現地化政策に協力するもの

であった。トヨタは、この時点では、タイ、マレーシア、フィリピン、インドネシアの4カ国の拠点間でタイ（ディーゼルエンジン、電装品）、マレーシア（ステアリング、電装品）、フィリピン（トランスミッション）、そしてインドネシア（小型ガソリンエンジン）といった形で、1993年はじめまでには自動車部品の分業生産体制を構築している（図表10-2参照）。

さらに、1993年には、域内の自由貿易協定といえるASEAN自由貿易地域（AFTA）が発効している。これにより、2002年までには、域内関税を現行の30～40％を、0～5％に引き下げる予定であった。また、各国政府間で取り決めた「**ASEAN産業協力協定（AICO）**」の確実な履行も求められた。

タイトヨタの数ある現地生産車種の中で、タイ製ハイラックスは域内部品調達率95％の「ASEANカー」となっている。生産拠点のバンポー工場は、約5000種類の部品の大半を域内で調達する。例えば、部品大手である矢崎総業のグループ企業、矢崎カンボジアプロダクツは、タイ国境から2kmほどの場所にあるカンボジア南西部コッコン州に、2012年から労働集約的なワイヤーハーネスを製造するための約100本の電線や、端子を組み合わせる作業を移転している。10時間かけて部材をタイから陸送し、完成品をタイのトヨタに納入する。往復の輸送費や時間を負担してもコスト上の恩恵があるという。また、矢崎タイで20年以上の経験を積んだベテランのタイ人社員を、矢崎カンボジ

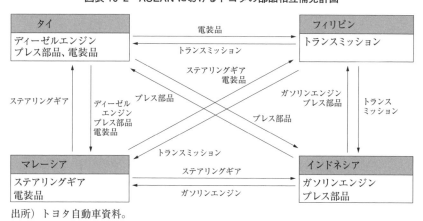

図表10-2　ASEANにおけるトヨタの部品相互補完計画

出所）トヨタ自動車資料。

第2部　企業の機能別・事業別戦略

アの管理職に派遣し、品質改善や効率化に努めている。

　座席シートメーカーのトヨタ紡織はタイ工場をマザー工場とし、ラオス工場はタイ工場を補完するサテライト工場としている。投資額は約560万ドルで、2014年に自動車用シートカバーの生産に乗り出した。デンソーも2017年春には、首都プノンペンに二輪車・四輪車部品の新工場を稼働させている。タイ工場を核に、カンボジア、ベトナムの3カ国にまたがるサプライチェーン構築を急いでいる。タイ政府がカンボジア、ラオスなどとの国境沿いに工業団地の整備計画を進めるなど、分業体制の受け皿も増えている。

　このように、トヨタのサプライチェーンは進化し続けている。トヨタでは、「組立はタイが中心だが、コスト競争力を維持するため人件費の安いカンボジアやラオス、ミャンマーに部品生産を支援してもらう」と、分業体制を強化する考えを示している。そのために、同社は調達戦略として加工品を提供する現地企業を育てていく方針でもある。

3) ASEAN の輸出拠点化

　AEC が目指す統一経済圏の創出においては、先行する関税撤廃はすでに効果が現れている。ASEAN 各国の2013年の域内向け輸出は3286億ドルで、貿易自由化が始まる前の1990年の約12倍に達している。ASEAN の輸出全体に占める域内向けの割合も20％から26％に高まっている。

　一方で、ASEAN は域外への輸出拠点としての役割を強めつつある。配達網の整備とともに、生産技術も向上したタイは輸出拠点として成長している。現在タイで生産される自動車のうち、6割以上が輸出向けである。国際戦略車（IMV）と呼ばれるピックアップトラックは、タイがマザー工場の役割を果たしているし、小型車同様にタイが世界への供給拠点となっている。輸出先はASEAN 域内のみならず、中東や欧州、日本など100カ国にも及ぶ。

　タイトヨタのゲートウエイ第一工場では、小型車「ヤリス（日本名ヴィッツ）」や「ヴィオス」が生産されている。ASEAN 域内に加え、オーストラリアや中東、欧州など世界100カ国以上に供給する。タイの自動車輸出台数は2014年に112万台で、世界10位である。さらに、トヨタは2017年8月、まずタイで導入した「ヤリス・エイティヴ」を、周辺国を含む世界70カ国への輸出を順次進めるという。2007年にタイ政府が欧州の厳しい環境規制に対応するエコ

158

カー生産優遇策を策定し、その結果輸出車種や仕向け地の幅が広がった。

ASEANは加盟国が一つの地域として、中国、インド、オーストラリアなどと**自由貿易協定（FTA）**を結んでおり、そこに生産拠点を持てば東南アジア域外への輸出でもメリットができる。フィリピンも対EUでは関税が減免されているうえ、FTA交渉も始めるという。そうすると、フィリピンは欧州向けの輸出拠点となる可能がある。

2012年4月、トヨタ自動車はオーストラリアに輸出している主力商用車「ハイエース」の生産拠点を日本からタイに切り替え、2013年からオーストラリアで販売している1万台をタイで生産している。ASEANとオーストラリアはFTAを結んでいる。そのため、タイから輸出すれば関税がかからずコスト競争力が増すほか、ドル決済により為替相場の変動への抵抗力が高まる利点がある。トヨタは2014年2月には、通貨高、人件費の高騰、政府による製造業援助の打ち切りなどにより、2017年末をもってオーストラリアで年間10万台強あった現地生産を止めることとしている。

インドネシアもトヨタの輸出拠点の一つとなりつつある。インドネシアの利点の一つは地の利である。とりわけ、中東やアフリカは海を隔てて実質的には対岸である。海上交通は活発で距離以上に関係は縮まっているといえる。通貨ルピア安もトヨタの輸出戦略にとって追い風となっている。

インドネシアの中東・アフリカ向け輸出拠点のもう一つの鍵は、巨大な「イスラム経済圏」との結びつきである。インドネシアは中東と長い交流の歴史を持つ。インドネシア北西端のアチェは、「メッカの前庭」と呼ばれる中東・アフリカ世界の入口になっている。トヨタがインドネシアで生産しているミニバン「キジャン・イノーバ」やSUV「フォーチュナー」を中東に輸出している。2013年にジャカルタの港から輸出された自動車約15万台のうち、4割以上が中東・アフリカ向けであった。域内のASEAN向けを上回っている。このうち7割を担ったトヨタの2014年の輸出台数はさらに35％伸びている。

2014年には、新興国向け小型セダン「ヴィオス」が加わった。行先はインド洋を渡ったオマーンやアラブ首長国連邦など中東9カ国である。生産するのはジャカルタ東方カラワンにある工場である。ヴィオスは新興国専用車としてタイで生産してきた車種だが、中東方面への地の利も踏まえインドネシアに一

第2部　企業の機能別・事業別戦略

部移管した。このように、インドネシアは中東などへの輸出拠点としても成長している。

　さらに、トヨタはアフリカ諸国にも完成車を輸出している。ナイジェリアやモザンビークなど10カ国以上にインドネシア産のミニバンが入っている。車高と走破能力が高いインドネシア仕様が人気を集めているという。

4）競争激化への対応

　トヨタをはじめ日系自動車会社が80％以上のシェアを有するASEANにおいては、引き続き日系企業同士の激しい競争が展開されると思われる。しかしながら、AECの発足により、新たな競争が始まろうとしている。欧米や中国・韓国企業との競争激化である。

　中国での減速感が強まる中、GMは中国の上海汽車と820億円を投資しインドネシアに新工場を建設する。米フォードはタイのエコカー生産誘致に参加する方針を立てている。同じく、独フォルクスワーゲン（VW）も、同政策に則り2019年までに新工場を建設する計画を有している。ASEAN市場は欧米企業にとっても魅力となりつつある。ASEAN各国も日本車以外の誘致に動き、好条件を提示しているという。

　こうした動きに対して、日本車メーカー各社は巨大投資に踏み切り、現地との結びつきを強めている。トヨタはピックアップトラックや多目的車など3車種で構成する新興国専用車「IMV」に約1000億円を投資し、11年ぶりに全面刷新する。今後2020年にかけて環境規制の強化が見込まれ、燃費や排ガス性能を向上させた低価格帯の自動車がシェア拡大に欠かせない。タイでは2015年春を目処に全面改良したIMVの生産を始めている。さらに、フィリピンやベトナムなどでは韓国車が攻勢をかけている。

ケースを読み解く

　本章では、AECという新たな成長エンジンがいかに、ASEANの自動車産業の姿を変えようとしているのかを、トヨタの事例を通して見てきた。

1 地域統合・グローバル化と産業集積・クラスター論

　自動車産業は裾野の広い産業であり、国の経済の発展を牽引するものであることはよく知られている。そのため、多くの後発国が自動車産業発展のための産業政策を導入し、国民車の開発を行ったりして、産業自立化を目指してきた。

　しかしながら、もともと自動車産業の集積のない国にとっては、外国の有力な自動車メーカーや部品メーカーの誘致によって、産業を育成することが必要となってくる。外国の企業は現地で影響力を持つが、同時に現地政府の自動車産業政策に対応することが求められるのである。

　1960 年代には、**S. ハイマー**や **R. バーノン**らによって、米国企業の多国籍化の背景には、統合化した企業の持つ資金力、技術力、そして経営力などにおける優位性や寡占体制における競争優位性があることが明らかにされた。1970 年代に、ヨーロッパや日本の企業が多国籍化するようになってくると、単に優位性のみでは説明がつかず、関税などの市場の失敗や取引コストといった視点から、企業の海外進出を説明するいわゆる「**内部化理論**」が登場してくる。

　これら既存の理論を統合して構築されたのが、**J. H. ダニング**の **OLI**（Ownership, Location and Integration）パラダイムであった。これは、多国籍企業は経営上の優位性を持ち特定の資源を有する地域に、関税や輸入規制などの市場の失敗に対応したり、取引コストを節約するために海外に進出するというものであった。日本においても、日本企業のアジア進出を考察した**赤松要**ならびに**小島清**によって、「**雁行形態論**」が拡充・精緻化された。

　1990 年代になってくると、ヨーロッパ連合（EU）、**北米自由貿易協定（NAFTA）**、そして ASEAN 自由貿易地域といった地域統合が起こってきた。ところが近年、イギリスの EU 離脱、米国の TPP 離脱や NAFTA の見直しなどが生じ、企業のグローバル化や地域統合に対して一国の主権が強調されるようにもなっている。ASEAN においても、多国籍企業は域内全体の動きと同時に、各国政府の個別の政策への対応とのバランスをとりながら、経営活動を展開していかなければならないことを示唆している。

　近年、ASEAN 主要国の経済発展を牽引してきた自動車企業の発展に関しては、**産業集積論**や産業クラスター論的な視点が導入されてきた。**A. マーシャ**

ルや **A. ヴェーバー**らが、特定の地域では気候、土壌、鉱物資源などの伝統的な生産要素の比較優位が存在し、これらが宗教的、政治的、経済的な要因と相互にかみ合って産業集積が生まれ、この産業集積が外部経済性をもたらし、産業集積には持続性があることを主張した（二神 2008）。

　一方、**M. E. ポーター**は企業の競争力を改善とイノベーションに基づく生産性の向上と考え、産業集中が国の競争優位の形成にとって重要であるとし**産業クラスター論**を展開している。産業クラスターを「特定分野における関連企業、専門性の高い供給業者、サービス提供者、関連業業界に属する企業、関連機関（大学、規格団体、業界団体など）が地理的に集中し、競争しつつ同時に協力している状態」と定義している。彼は生産性の向上を推進するものとして、関連支援産業、要素条件、企業戦略と競争の環境、需要要素という4要素・条件から成り立つ**ダイヤモンド理論**を構築し、これらが競争優位を作り出すとした（ポーター 1992）。

　自動車産業の場合、集積とは「自動車組み立てメーカーや部品メーカー、素材メーカー、関連サービス企業などの企業群が空間的に近接・集中し、結果として自動車産業がある地域の中心的生産活動となっている状態のことである」と定義づけられるであろう。自動車産業の場合、製品の設計に始まり、部品の製造・調達、完成車の組立、完成車の販売、そしてアフターサービスといった**バリューチェーン**からなる（藤原 2007：8, 11）。

　ASEAN 内では、AFTA が発足した 1990 年代はじめころから、域内全体を見渡したサプライチェーンの構築が目指されてきていた。発展途上国の自動車産業の集積過程においては、これらのバリューチェーンを担当するいくつかのプレイヤーが存在する。中でも重要なのが当該国の政府である。中央政府や地方政府は産業政策や産業クラスター政策を通して、自動車産業をどのように発展させようとするのかを示す。第二は、もともと自動車産業を持たない後発国で、中心的な役割を果たすのが外国の多国籍自動車メーカーである。これには組立メーカーと部品メーカーがある。そのほかにも、自ら自動車の関連事業を行おうとすると地場の企業者や現地の自動車関連の多国籍企業、地場企業で働く経営者、技術者、労働者がある。さらに、自動車産業に人材を供給する専門学校や大学といった教育機関がある。

自動車産業の集積の基本的な形態は、自動車メーカーの組立工場が単独ハブとなって、周囲にこの工場と取引関係のあるサプライーや事業者が取り巻く、階層状の「**ハブ・アンド・スポーク型**」を形成するものであり、ハブとなる組立メーカーの役割はきわめて大きいといえる。

2　トヨタの戦略と課題

ASEAN は経済の発展段階、消費者のニーズや好み、そして自動車産業の集積度など多様な国々から構成されている。したがって、各国の市場状況にあった商品の提供がきわめて重要になる。一方では、多様化はコストを引き上げることになる。域内でのサプライチェーンの構築により、生産サイドでは集中化を図って効率を上げると同時に、販売面での多様性を実現しなければならない。そういった意味で、ASEAN 全体の経営戦略の要をタイの TMAP や R & D 組織が担うようになり、トヨタではタイの統括機能を拡充する考えである。さらに、トヨタはカンボジア、ラオス、ミャンマーなど域内新興国の開拓を担う統括組織を発足させており、需要拡大と域内物流の活発化を進める。いうまでもなく、これはこれまでのタイにおける自動車の組立・部品産業の集積を背景としているものである。

他方では、市場としては近年急速に経済発展している人口 2 億 5000 万人のインドネシアや同じく 1 億人強を擁するフィリピンが、ASEAN の自動車産業をリードしていくことが期待される。

ASEAN 加盟国は、AEC のみならず他の地域統合にも参加しつつある。米国の離脱によって不透明となったが、**環太平洋経済連携協定（TPP）** にインドネシア、フィリピン、タイが参加を表明している。また、中国の主導する**東アジア地域包括的経済連携（RCEP）** には ASEAN 10 カ国が参加している。広域的な経済連携が林立するアジア太平洋地域で、ASEAN は結節点の役割を担うことができるかどうか注目される。

というのは、例えば TTP が成立すれば、製造コストが低いメキシコの製造拠点の重みは増える。TPP で太平洋の対岸の市場と関税ゼロの輸出に道が開けるからである。中間消費層が育つ ASEAN 諸国で、ベトナムの人口は約 9000 万人である。将来的には有望な市場である。現在は、関税が約 50 ％ とき

わめて高い。これが TPP で撤廃されれば、日本からだけでなくメキシコから
の輸出もしやすくなる。逆に、TPP に加わるベトナム、マレーシアを経由して、
ASEAN が NAFTA とつながることになる。こうなると、恩恵を受けるのは
メキシコに進出している日系自動車メーカーだけではなく、独フォルクスワー
ゲンや米ビッグスリー、そして韓国勢などメキシコに生産基地を設けている企
業である。TPP 交渉に係らない国の企業までが利益を得るようになる。

　トヨタにとっては、地域統合が地域を越えてグローバルな経済に結びついて
いく時代になっているのであり、地歩を築いた ASEAN での競争も激しくなる。
どの国で何を作り、いつ、どんな市場へ輸出するか、創造的な供給と販売を結
ぶサプライチェーンを確立していく経営力が問われているのである。

　企業としては、最も有利な枠組みを探し、それに基づいてヒト、モノ、カネ
を動かそうとする。一方で、輸出入に煩雑な手続きが残り、自国企業を守るた
め輸入品に高い税金などを課す「非関税障壁」が残れば、一つの経済圏の創出
はおぼつかない。ASEAN の中でも比較的市場開放の要求水準の高い 7 カ国と
それ以外の 3 カ国が混在している。

　こうして利害が異なる国々の間で、企業としては最も有利な枠組みを探し、
それに基づきヒト、モノ、カネを動かさなければならない時代になったといえ
る。

　さらに、新たな課題も生じている。特にタイはコスト高に伴う生産移転や国
内自動車市場の成熟が問題になりつつある。現地での **R & D**（Research and
development：研究開発）の強化や EV（電気自動車）への対応など、新たな役割を
求められている。トヨタはダイハツと共同で「新興国小型車カンパニー」を設
けた。軽自動車技術を生かして新興国向けの次世代主力車種を作るグループ戦
略プロジェクトの一端をタイが担う。長期的なテーマとしては、EV など環境
対応車の現地生産がある。タイ政府は環境対応車に投資優遇措置を用意してお
り、特に EV の生産には強い関心を持っているようである。将来は ASEAN
においても EV シフトが起きる可能性がある。EV の部品点数は従来の内燃機
関の自動車に比べて、10 分の 1 の部品で製造可能といわれている。そのため、
供給網を含む生産体制も大きく変わらざるを得ない。すでに、タイなど
ASEAN の先進国においては、EV 育成の産業政策が検討され始めているという。

EV 時代への対応は、トヨタにとっても ASEAN にとっても新たな課題といえそうである。

参 考 文 献

穴沢眞（2010）『発展途上国の工業化と多国籍企業―マレーシアにおけるリンケージの形成―』文眞堂

石川幸一・清水一史・助川誠也編著（2017）『ASEAN 経済共同体の創設と日本』文眞堂

川辺純子（2007）「タイの自動車産業育成政策とバンコク日本人商工会議所―自動車部会の活動を中心に―」『城西大学経営紀要』第 3 号、城西大学経営学部、pp. 17-36

川辺純子（2017）「フィリピンにおける自動車産業政策と日系自動車メーカー―トヨタ・モーター・フィリピン（TMP）の事例研究―」『城西大学経営紀要』第 13 号、城西大学経営学部、pp. 51-84

川邉信雄（2011）『タイトヨタの経営史―海外子会社の自立と途上国産業の自立―』有斐閣

木村福成ほか（2016）『東アジア生産ネットワークと経済統合』慶應義塾大学出版会

西村英俊・小林英夫編著（2016）『ASEAN の自動車産業』勁草書房

藤原貞雄（2007）『日本自動車産業の地域集積』東洋経済新報社

二神恭一（2008）『産業クラスターの経営学―メゾ・レベルの経営学への挑戦―』中央経済社

ポーター, M. E. 著、土岐坤ほか訳（1992）『国の競争優位　上・下』ダイヤモンド社

第 11 章

鉄道会社における観光戦略

　本章では、インバウンド（訪日外国人旅行）、わが国における少子高齢化に伴う人口減少といった近年の動向を受け、「観光」を切り口とした企業の戦略を読み解く。近畿・中部地方において鉄道事業を展開し、同地方に世界遺産や景勝地があり、かつ宿泊施設や飲食、小売・物販施設を有する近鉄グループホールディングスを取り上げ、「観光」をテーマとした現状分析、課題抽出、アクション立案および実行という、観光戦略の観点から同社の実施施策について考察する。

ケース　近鉄におけるインバウンド・観光収益増大に向けた取り組み

1　わが国の観光概況と近鉄グループホールディングスの概要

　近年、わが国の総人口は 2015 年の国勢調査で 1 億 2709 万 5000 人と前回統計調査以来 96 万 3000 人減少し、今後も減少が続くものと予測されている。一方、訪日外国人旅行者数は 2013 年に 1000 万人を突破して以来年々増加し、2016 年には 2404 万人に達しており、政府も 2020 年には訪日外国人旅行者数 4000 万人を目標に掲げ訪日促進策に取り組んでいる。このような状況の中、国土交通省によるビジット・ジャパン事業（国土交通大臣が本部長となり、関係省庁および民間団体・企業が参加している「ビジット・ジャパン・キャンペーン実施本部」による海外諸国での日本旅行の広報や、国内における外国人旅行者向きインフラの整備などの総称）を通じた訪日プロモーションの実施、また宿泊施設の整備や免税店および外国人向けツアーの増加などインバウンド需要を見込んだ企業活動が盛んになっている。

　このような背景をもとに、観光における諸要素として大きく①観光資源（景

第11章　鉄道会社における観光戦略

勝地など）および観光関連施設（レジャー施設など）からなる観光資源、②旅行関連施設（宿泊・飲食施設）、③観光基盤施設（航空・陸上・水上交通機関など）に分けられる。それにあてはめると、①鉄道沿線に多くの観光資源、②ホテル、レジャー施設、名所となるビルなどの旅行関連施設、および③鉄道・バス・タクシーなどの観光基盤施設をすべて有する近鉄グループホールディングス株式会社を例にとって観光戦略について考察する。

　近鉄グループホールディングス株式会社は、連結売上1兆2180億円、当期純利益290億円（2016年3月期）を誇る大企業である。近畿日本鉄道株式会社など、近畿および中部にまたがる民鉄最長の501.1 kmの路線距離を擁する鉄道をはじめ、バス、タクシー、物流などを擁する運輸事業、高さ日本一の300 mを誇るあべのハルカスを有し、近畿・東海・首都圏において分譲・賃貸を手掛ける不動産事業、近鉄百貨店はじめ、ストア、駅ナカ（ターミナル駅を中心に、コンビニエンスストア、カフェ、ドラッグストア、雑貨専門店、高品質スーパーマーケットなどを展開し、駅そのものの価値を高める事業）での事業を展開する流通事業、ホテルブランド「都ホテルズ&リゾーツ」を展開し、海遊館などのレジャー施設の運

図表11-1　近鉄グループホールディングス　企業情報

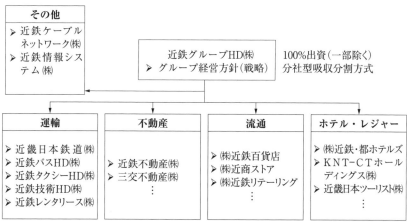

出所）近鉄グループホールディングス株式会社ウェブサイト情報を参考にデロイトトーマツ コンサルティング合同会社作成。

第2部　企業の機能別・事業別戦略

営、および「近ツー」こと近畿日本ツーリストといった大手旅行代理店からなるホテル・レジャー事業といった大きく4つの事業からなるグループ会社を擁する純粋持株会社である（図表11-1）。

2 近鉄グループホールディングス中期経営計画における観光施策とその結果

近鉄グループホールディングスでは「近鉄グループ経営計画（2015年度～2018年度）」の事業戦略の重点テーマ2において「インバウンド・観光による収益増大」を掲げている。具体的には、「(1) 観光に関わる多様な事業と、世界遺産など貴重な観光資源を沿線に有するグループの強みに加え、ゴールデンルート（訪日外国人にとって定番となっている人気ルートで、ここでは東京・箱根・富士山・名古屋・京都・大阪のルートを指す）からのアクセスの良さを活かして、インバウン

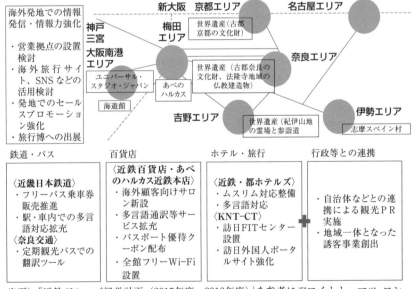

図表11-2　事業戦略の重点テーマ2　インバウンド・観光による収益増大

出所）「近鉄グループ経営計画（2015年度～2018年度）」を参考にデロイトトーマツ コンサルティング合同会社作成。

ド旅客への対応力を強化する」（図表11-2）、「(2) ホテル、旅行業、レジャー施設において、インバウンド需要の取り込みを図る」「(3) 戦略商品である特急サービスをさらに磨き上げることで、新たな需要を創造する」としている。行政など地域と連携しつつ、世界遺産などの観光資源およびレジャー施設を沿線に有するグループの強みを活かした、鉄道・バス、百貨店、ホテル・旅行、不動産のシナジー創出を目指したインバウンド需要の取り込みを掲げている。中でも近鉄グループが有するホテル事業・旅行事業・レジャー施設において、訪日外国人の中でも割合の高いアジアからの訪問客、最近増加している FIT（海外個人旅行）、およびスポーツイベントや国際会議などの MICE（Meeting〔会議・研修〕、Incentive〔招待旅行、travel, tour〕、Conference〔国際会議・学術会議〕または Convention, Exhibition〔展示会〕または Event の 4 つの頭文字をとったもの）に目をつけ、海外大手旅行代理店への積極的営業やインバウンド向けポータルサイト「YOKOSO Japan Tour」の商品充実による誘客強化を図っている。また、運輸においても観光特急として「しまかぜ」を運行し上質な空間・サービス提供を目指している。また沿線観光地への旅客誘致の取り組みを強化するため鉄道会社に専門部署（観光事業統括部〔平成 29 年 6 月 22 日現在、近畿日本鉄道ウェブサイトでは「鉄道本部 企画統括部 観光・宣伝部」〕）を設置することで、グループ各社間の連携強化・自社資源の最大限活用を目指している。

　地域ごとの取り組みという観点では、伊勢志摩エリアについては、2016 年に開催された「G7 伊勢志摩サミット 2016」を契機として観光事業を強化しており、各種イベントなどの事業機会の取り込み、ホテル・旅館への MICE 誘致強化、「舞台は、伊勢志摩」のキャッチコピーをはじめとする継続的なエリア PR などの施策を実施している。また大阪エリアについてはアジアを中心とする訪日外国人増加を受け、鉄道における多言語化対応、百貨店における訪日外国人専用サロンの設置や Alipay、WeChatPay などの電子決済マネーの利用可能売場の拡大、またホテルではハラール認証取得などのムスリム対応、海外旅行代理店への営業対象国の拡大などを通じた自社グループ資源の選択・利用機会の拡大を目指している。

　その結果、中期経営計画 3 年目時点の進捗として伊勢志摩地域では、伊勢志摩サミットを機に伊勢神宮（伊勢市）2016 年の参拝者は約 874 万人と前年比で

第 2 部　企業の機能別・事業別戦略

4 ％増え、このうち外国人は約 11 万人と同 12 ％伸びた。三重県を昨年訪れた延べ宿泊者数も、式年遷宮の影響で過去最高を記録した 2013 年を超え、1002万人と初の 1000 万人を突破。沖縄県に次ぐ全国 2 位の伸び率を示した。伊勢志摩エリアの PR が功を奏し、伊勢志摩特急の利用人数も 2014 年度と比較しても順調に伸ばしており、また、志摩観光ホテルの宿泊人員のうち首都圏からの来訪割合は 2014 年度以降堅調に推移し、2016 年度には 40 ％弱にまで至っている。さらに、志摩観光ホテルの稼働率についても 2016 年度に 60 ％を超え、2017 年度はさらに上回るものと予想されている。2016 年の県内の宿泊施設における客室稼働率が 40.9 ％と全国ワースト 2 位であることと比較しても大きく上回る結果となっている。

　一方、大阪エリアにおいては、日本一高い高層ビル（2017 年 9 月現在）である「あべのハルカス」に焦点をあててみると、2014 年の開業以来、見込みを大きく上回る来館が続いた結果、累計来館者数が 1 億 2000 万人を超え、今後訪日外国人の取り込みにさらに力を入れるとしている。また同ビル内の大阪マリ

図表 11-3　事業戦略の重点テーマ 2　インバウンド・観光による収益増大　進捗状況

インバウンド受入れの主な施策と近鉄グループのインバウンド売上高（想定）

鉄道	**近鉄グループのインバウンド売上高(想定)**
➢ 車内放送や駅案内サインの多言語化 ➢ 会員登録不要なインターネット特急券発売	2014年度を100とした場合、 〈百貨店事業〉 ➢ 2016年度は300程度、2017年度は300超 　（会社予想） 〈鉄道事業〉 ➢ 2016年度は250弱、2017年度は200弱 　（会社予想） 〈旅行事業〉 ➢ 2016年度は150強、2017年度は200弱 　（会社予想） 〈ホテル事業〉 ➢ 2016年度は150程度、2017年度は150弱 　（会社予想）

百貨店
➢ 訪日外国人専用サロン「フォーリンカスタマーズサロン」の設置
➢ 電子決済マネー(Alipay, WeChatPay)の利用可能売場を拡大

ホテル
➢ レストランでのハラール認証取得などのムスリム対応
➢ 海外AGTセールス対象国の拡大

グループ共同での海外旅行代理店への訪問営業による沿線のPR
アジアから人気の高い大阪エリアにおける、免税売上の確実な取り込み
ホテルでは、MICE等団体客のいっそうの取り込みと、増加傾向にあるFIT対応の両輪施策

出所）「近鉄グループ経営計画（2015 年度〜2018 年度）を参考にデロイト トーマツ コンサルティング合同会社作成。

オット都ホテルにおいても外国人宿泊者数が大きく伸長し、稼働率・平均客室単価も高水準で推移している。百貨店においても、あべのハルカス近鉄本店では集客力向上のための施策が功を奏し、2016年末より売上高がプラス基調に転じるとともに、免税売上高が2017年より過去最高水準となるなど、あべのハルカス全体での収益力強化につながっているといえる。

　近鉄グループ全体におけるインバウンド受入れという観点では、近鉄グループ共同での海外旅行代理店への訪問営業による沿線PR、アジアから人気の高い大阪エリアにおける免税売上の確実な取り込み、およびホテルにおけるMICEなど団体客のいっそうの取り込みと、増加傾向にあるFIT対応を一体的に実施している。その結果、近鉄グループのインバウンド売上高については、図表11-3の通り全事業分野においてインバウンド領域を大きく成長させている状況である。

ケースを読み解く

1　観光戦略の目的と視点

　本節では、経営戦略の理論を用いた解説を行う。本章における観光戦略は、会社のビジョン実現に向け、全社としてどのような道を歩むべきかを考える経営戦略のような全体としての戦略ではなく、観光をテーマにしていかに収益および企業価値を向上させるかを考えるものである。経営戦略が会社全体の戦略の要とすると、会社が有する事業部ごとにその事業の在り方を検討する事業戦略が会社組織（事業部）に紐づく「タテ」の戦略となる。一方、観光戦略は、会社全体の最適なITの在り方を検討する**IT戦略**、会社全体の最適なマーケティングの在り方を検討する**マーケティング戦略**、会社全体の最適な調達の在り方を検討する**調達戦略**などと同様、「テーマ」を軸に、組織横断的に検討・策定する「ヨコ」の戦略として位置づけられる。

　観光戦略の目的は、ターゲットとする国・都市・地域において、前1節で説明した観光に関わる諸要素である、①観光資源（景勝地など）および観光関連施設（レジャー施設など）からなる観光資源、②旅行関連施設（宿泊・飲食施設）、③

171

第2部　企業の機能別・事業別戦略

図表 11-4　近鉄グループの企業価値最大化に向けた観光戦略の視点

近鉄グループホールディングス保有の資産へ観光客を誘引し、観光満足度を高めるための価値（サービス）提供を念頭に置いた戦略立案が近鉄HDの企業価値最大化につながる

近鉄グループホールディングスの目指すべき方向性から見た観光戦略

視点	近鉄グループホールディングスが保有する資産に観光客をいかに誘引し、消費してもらうか？

┌─ **近鉄HD保有資産** ─────┐

運輸事業における保有資産
・鉄道（観光車両含む）、バス、タクシー、ロープウェイ

レジャーに関する保有資産
・ホテル、テーマパーク

小売に関する保有資産
・百貨店

$\times$

┌─ **観光資源** ─────┐

自然資源
・景観、景勝地　等

文化・歴史的資源
・寺社仏閣、歴史的建造物　等

⇒KNTの活動が、保有資産を観光に振り向けている

近鉄グループホールディングスの企業価値最大化

出所）デロイトトーマツ コンサルティング合同会社作成。

観光基盤施設（航空・陸上・水上交通機関など）の最大限の利活用である。図表11-4 の視点から近鉄グループホールディングスにあてはめてみると、京都・奈良の世界遺産、伊勢志摩の景勝地、およびあべのハルカス、海遊館、志摩スペイン村などをはじめとする①観光資源への誘引客を増やす、同時に近鉄沿線に旅行した観光客に対して、都ホテルズ、近鉄百貨店などの②旅行関連施設をいかにして利用してもらうか、さらには観光資源の訪問、自社ホテル利用のために③観光基盤施設（自社の交通インフラなど）をいかに利用してもらうか、また観光車両を投入し、いかに旅行を楽しんでもらうか、が重要である。つまり、いかにして同社が保有する資産に観光客を誘引し、消費してもらうかが観光戦略策定における視点であり、それが達成されて初めて企業価値の向上につながるのである。

　観光はその有する性質上、人々に認知されてから、実際の観光に至るまでには中長期的レベルの時間を要する。そのため、短期的な視野で観光施策を検討

第11章 鉄道会社における観光戦略

するというよりは中長期的に観光戦略のゴールとゴールに行きつくための施策を検討することが必要となる。近鉄グループホールディングスにおいては、同社の中期経営計画（4年度）の目標を踏まえながら戦略ゴールを策定することが観光資源活用に向けた営業活動・誘客 PR、資源への投資、および旅行客増加に寄与するものと考える。

前段では、観光戦略の視点として沿線に有する観光資源および自社施設への誘客を通じた企業価値の最大化を目指すものと述べたが、それはすなわち、観光関連の売上および利益の最大化を考えることにほかならないため、売上および利益を導出するためのフレームワーク（商品・サービス別の売上・利益分析については、まずは事業別に概括的に分析し、詳細分析が必要なものについては個別に詳細分析するという方法もとり得る）を紹介する（図表 11-5）。

売上および利益について、売上および利益を、A）商品・サービスの単価、B）商品・サービスを購入する客数、C）同一の客が商品・サービスを継続して購入するかというリピート率に因数分解して、各要因について分析するという手法が考えられる。A）商品・サービスの単価については、近鉄グループホールディングスが有する事業ごとに分解できるため、ここでは交通（鉄道・バス・タクシー）、小売（百貨店・スーパー）、レジャー（観光施設・テーマパーク）、宿

図表 11-5　観光による売上／利益導出のフレームワーク

観光による売上／利益最大化を、下の算定式によるアプローチで考える

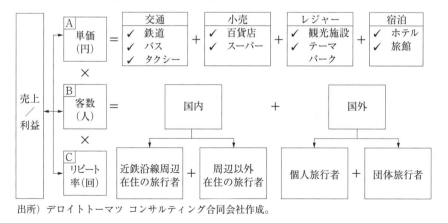

出所）デロイトトーマツ コンサルティング合同会社作成。

第2部　企業の機能別・事業別戦略

泊（ホテル・旅館）の各事業の単価に分けることとなる。また、B）客数およびC）リピート率については、旅行客の属性の一つである地理的所在がその国または地域の観光動向に大きく影響することから、国内の旅行客と国外からの旅行客に分類することが分析上効果的である。国内の旅行客についても、地理的要因が作用するため（近郊からの旅行客は日帰り旅行となる傾向があり、遠方からの旅行客は宿泊旅行となる傾向があるなど）、こちらも「近鉄沿線周辺に在住の旅行者」と「近鉄沿線周辺以外の地域に在住する旅行者」に分類される。また、国外からの旅行客については、いずれの国・地域からでもほとんどが宿泊旅行客となるため、どのような目的を持って分析するかで分類する要素が異なる。例えば、「国・地域別の旅行客の嗜好」に目を向け、国・地域ごとのニーズに即した商品・サービスを提供することを企図する場合、京都に来訪する旅行客においては他地域と比べ欧米からの来訪客割合が高く、かつリピート率も高い。また、韓国からの来訪客は大阪への旅行を好む傾向があり、かつリピート率も高い、といった国・地域ごとの旅行客の特性に着目した分類が有効となる。一方、「国外からの旅行客の旅行形態」に目を向けた場合、これまで多かった団体旅行よりFITの方が増加しているなど、旅行者の旅行態様が多様化している側面を踏まえた場合、団体旅行客を誘客する場合とFITを誘客する場合の営業アプローチは全く異なるため、団体旅行客かFITに分類して分析することが有効となる。

2　環境分析による観光戦略対象エリアの仮説導出

　観光戦略対象エリア、すなわち企業の営業エリアにおける経営課題の抽出を行うが、抽出にあたっては企業を取り巻く外部環境が、その企業にどのような影響を与え得るのか、また企業内部においてどのような経営課題が生起し得るのかを抽出・整理し、これら外部環境・内部環境からそれぞれ出される結果を統合的に分析することが必要である。今回紹介するのはPEST分析といい、外部環境を分析する手法である（図表11-6）。**PEST分析**は経営学者でありマーケティングの第一人者である**P. コトラー**が提唱したものであるが、マクロ環境を把握するためのPEST分析を行うことで、環境の変化や事業活動に影響を与える要因を探ることが可能となる。観光においては、Pだとビザ発行要件

174

第11章　鉄道会社における観光戦略

図表 11-6　PEST 分析

P（Politics） 政治的要因	■　法改正・規制など市場ルールを変化させるもの 　➤　法改正（規制・規制緩和）、税制（増税・減税）、政権交代など
E（Economy） 経済的要因	■　景気や経済成長など、価値連鎖に影響を与えるもの 　➤　景気動向、物価、消費動向、経済成長率、為替・株価・金利など
S（Society） 社会的要因	■　人口動態の変化など、需要動向に影響を与えるもの 　➤　人口動態・密度・構成、少子高齢化、世論、宗教・教育・言語など
T（Technology） 技術的要因	■　IoT、AI など、競争ステージに影響を与えるもの 　➤　インフラ、イノベーション、新技術、特許など

出所）デロイトトーマツ コンサルティング合同会社作成。

の緩和など、E では東アジア、東南アジア諸国の一人あたり GDP の増加など、S ではインバウンド増大による観光需要拡大や日本の少子高齢化による日本国内旅行の将来的減少など、T では IT の普及によるネットでの旅行申込み、観光情報の入手などが可能になったことなどが影響要素となると考えられる。例えば、以前筆者が独自に分析した内部環境要素として近鉄沿線での外国人観光客推移を見ると、大阪・京都エリアに集中しており、かつ年々増加している一方、奈良・三重エリアにおいては伸び悩んでいる状況がうかがえる。

　また、内部環境要素として宿泊稼働率を見た場合、同じく大阪・京都エリアに集中しており、奈良・三重エリアは比較的低い状況となっている（奈良は宿泊が比較的少なく日帰り旅行客が多い状況である）。以上のようなエリアにおける環境の状況から、概観的ではあるがエリアごとに特性が明らかになる。例えば、訪問客数の多寡、宿泊稼働率の高低の 2 点からだけでも、訪問客数が多く、宿泊稼働率が高い A. 過密エリアの大阪・京都、訪問客が多いが宿泊稼働率があまり高くない、日帰り客中心の B. 中間エリアの奈良北部、訪問客数、宿泊稼働率がともに低い C. 過疎エリアの三重・吉野といった形に分類される。

　訪問客数、宿泊稼働の状況からエリア分類した後は、各エリアで、観光資源や自社資源を活用してどのように誘客するかを検討する必要がある。近鉄グループホールディングスの場合、どの沿線エリアにおいても世界遺産または重要文化財が存在しており、自社が有する資源と組み合わせた観光地の PR、旅

175

第2部　企業の機能別・事業別戦略

図表 11-7　各エリア内の観光資源と自社資源の結びつけ

A. 過密エリア→C. 過疎エリアに観光客を誘導することも重要だが、単価を上げるためには、まずエリア内観光資源と自社資源の結びつけが重要である

近鉄グループホールディングスの観光課題（仮説）

	エリア内の観光資源	エリア内の自社資源
A. 過密エリア （大阪・京都）	✓　USJ　大阪城 ✓　古都京都の文化財	✓　都ホテルズ & リゾーツ ✓　鉄道　バス　海遊館 ✓　上本町 YUFURA ✓　あべのハルカス ✓　百貨店 3 店舗
B. 中間エリア （奈良北部）	✓　古都奈良の文化財 ✓　法隆寺地域の仏教建造物	✓　都ホテルズ & リゾーツ ✓　鉄道　バス　タクシー ✓　奈交フーズ ✓　ゴルフ場　百貨店
C. 過疎エリア （三重・吉野）	✓　熊野古道 ✓　伊勢神宮	✓　都ホテルズ & リゾーツ ✓　ゴルフ場 ✓　志摩マリンランド ✓　志摩スペイン村 ✓　鉄道　バス　タクシー

出所）デロイト トーマツ コンサルティング合同会社作成。

行商品・サービスの開発・販売の方法次第で魅力をさらに引き出すことが可能である（図表 11-7）。

　上記の組み合わせを踏まえつつ、外部環境と内部環境を関連させながら分析する手法が**SWOT 分析**である。SWOT 分析とは目標を達成するために意思決定を必要としている組織のプロジェクトなどにおいて、外部環境や内部環境を強み（Strengths）、弱み（Weaknesses）、機会（Opportunities）、脅威（Threats）の 4 つのカテゴリーで要因分析し、事業環境変化に対応した経営資源の最適活用を図る経営戦略策定方法である。図表 11-8 では、観光戦略の流れにおいて近鉄グループホールディングスの強み（S）、弱み（W）、機会（O）、脅威（T）を分類した後、近鉄グループホールディングスが進むべき方向性を明確にするために、①強み（S）と機会（O）のかけ合わせ、②強み（S）と脅威（T）のかけ合わせ、③弱み（W）と機会（O）のかけ合わせ、④弱み（W）と脅威（T）のかけ合わせという 4 つの戦略オプションを導出する**クロス SWOT 分析**について示している。①は広い事業領域（強み）を活かし多くの観光資源（機会）を積極的に取り込む**積極化戦略**、②は広い事業領域（強み）を活かし、少子高齢化

176

第11章　鉄道会社における観光戦略

図表 11-8　クロス SWOT 分析（仮説）

近鉄グループホールディングスの方向性を明確に規律するためにもクロス SWOT 分析により戦略オプションの方向性決定の材料を事前に検討すべきである

	機会（O）	脅威（T）
強み（S）	[S×O]〈広い事業領域×多くの観光資源〉 1. 交通 IC・クレジットカードを利用したビッグデータ活用によるニーズ導出 2. あべのハルカスをモデルとした外国人対応充実施策 3. キャパシティとニーズに対応したホテルのM＆A推進	[S×T]〈広い事業領域×少子高齢化〉 4. 旅行消費額の大きいアクティブシニア層向けの単価増加のための商品開発 5. 50 代以下をターゲットにした IT 広告強化
弱み（W）	[W×O]〈認知度、連携不足×改善余地〉 6. 認知不足解消、客数の増加をねらった PR 強化 7. 事業間連携強化をねらった横軸差込み旅行業の海外営業強化 8. 日帰り客問題を解消する外食＆宿泊連携施策	[W×T]〈不良事業×競合の存在〉 9. 成長が見込めない志摩スペイン村の誘客強化

出所）デロイトトーマツ コンサルティング合同会社作成。

（脅威）を受けつつ他社と差別化を図る**差別化戦略**である。また、③は認知度、連携不足（弱み）について改善余地（機会）を活かし、段階的に弱点克服を目指す**段階的施策**、④は不良事業（弱み）について競合の存在（脅威）をにらみつつ撤退もしくはテコ入れを図る**専守防衛・撤退**にそれぞれ分類される。

3　戦略オプションの導出とアクションプランの優先順位づけ

クロス SWOT 分析で戦略の方向性が導出されれば、それに基づく戦略オプションの策定と評価である。図表 11-9 のように、戦略オプションは A～C の各エリアで個別に設定するとともに、中期経営計画との整合性、インパクト（前述の A. 単価×B. 客数×C. リピート率）、実現可能性の観点から各オプションを評価し、評価の高いオプションを施策として選定する（ほかにも、内部要因として①企業理念・中期経営計画との整合性、②既存サービス・観光資源の活用、③投資タイミングの適正、④近鉄グループの各事業とのシナジー可能性、外部要因として⑤市場成長の

177

第 2 部　企業の機能別・事業別戦略

図表 11-9　各エリアにおいてとり得るアクションと 3 つの観点からの評価（仮説）
エリアごとにきめ細やかな戦略オプションを考えることで各事業の営業利益に反映可能

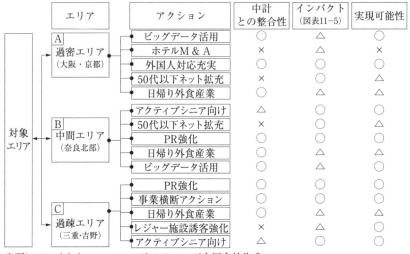

出所）デロイトトーマツ コンサルティング合同会社作成。

可能性、⑥競合、新規参入の脅威、⑦他社との差別化で優位性が確保できるか、⑧コスト優位を築くことができるか、などの要素が挙げられる）。例えば A. 過密エリア（大阪・京都）では言語対応、外国人旅行客サロン、電子決済サービスの拡充など外国人対応充実策、B. 中間エリア（奈良北部）だと認知度を上げるための積極的 PR 策、また、C. 過疎エリア（三重・吉野）では観光 PR の強化のほか、インバウンド強化に向けた鉄道事業・宿泊事業・旅行・レジャー事業の事業間連携といったオプション選択の優先順位が高くなる。

　オプション選択後の実行順位づけも重要である。優先度に応じて初年度から 3 年度目に実施するオプション、4 年度目以降に実施するオプションをそれぞれ分類した場合、例えば A エリア（大阪・京都）においてホテル事業を強化し、旅行客を誘客できればそれが運輸収入、また A エリアを起点とした C エリア（三重・吉野）への誘客により運輸収入、宿泊収入アップへと波及する、というプラスの流れができあがる。そのため、観光をテーマとしたエリア間および事業間のつながりを意識したオプションの実行順位が重要となる（図表 11-10）。

　実際に近鉄グループホールディングスでは、A エリアにおいてはあべのハ

図表 11-10　アクションプラン間の顧客・消費の流れを踏まえた優先順位づけ（仮説）

アクションプランの優先順位づけが重要である（最初の3年度に優先すべき施策等）

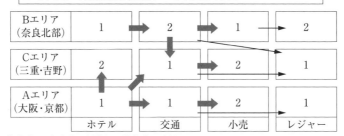

注1：初年度～3年度目に優先して強化する分野。
注2：4年度目以降に強化する分野。
注3：■▶：アクション実施後の顧客・消費の流れ（影響大）。
注4：─▶：アクション実施後の顧客・消費の流れ（影響小）。
出所）デロイトトーマツ コンサルティング合同会社作成。

ルカスの収益基盤の強化を図っており、ホテル（大阪マリオット都ホテル）、小売（あべのハルカス近鉄本店）、レジャー（ハルカス300）およびあべのハルカス訪客による運輸などの収益増加につなげている。Cエリアにおいては、伊勢志摩サミットを契機として同観光地の積極的PRを行った結果、運輸収入の増加、またそれによるホテル（志摩観光ホテル）への誘客増加につながっている。もちろん、訪日外国人の延べ宿泊者数については近鉄の鉄道沿線エリアの大阪、京都、奈良と比較しても依然低い状況であり、今後は訪日外国人の誘客が伊勢志摩地域における旅行客数伸長の鍵となるものの、企業戦略上は堅調な推移と捉えるべきであろう。さらに、全体として、運輸における多言語化対応や電子決済マネー利用可能売場の増大、ホテルでのハラール認証取得、海外大手旅行代理店への積極営業が功を奏し、グループ全体のインバウンド売上の増大につながっており、戦略目標達成に向け順調に推移していると考えられる。

4　戦略実行スタイル

戦略オプションを策定した後は、それに基づきひたすら実行に移すこととな

図表11-11　DMO/DMCをはじめとする各ステークホルダーとの連携推進モデル（イメージ）

観光振興の中核となるDMO/DMCと連携しながら関係主体を巻き込むことで継続的にアクションを打ち出していくことが必要である

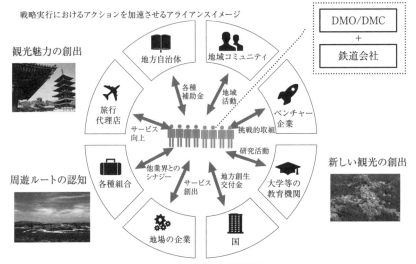

出所）デロイトトーマツ　コンサルティング合同会社作成。

る。図表11-11に示すように、観光地としての魅力を伸ばす、もしくは保ち続けるためには人々に「飽きさせない」ことが重要である。そのためには、常に誘客のための事業の企画実施、情報発信を通じて観光地の価値を認知してもらうことが必要であるが、その主体として **DMO**（Destination Management/Marketing Organization）、**DMC**（Destination Management Company）が注目されている。基礎自治体レベルから複数県をまたぐ広域までのマーケティング、エリアマネジメントを担うため、鉄道会社としてはこのような地域のDMO/DMCと連携して観光振興を行うことが効果的である。

なお、近鉄グループホールディングスでは、各エリアで活動中のDMOとも連携をとりつつ、観光価値の発信と誘客に取り組んでいるが、2016年京都市に訪日外国人向けサービス事業の拠点として「DMC Japan 京都」を設立、訪日旅行客のサポートおよび海外向け情報発信を行っており、今後インバウンドのさらなる取り込みが期待される。

参 考 文 献

トライブ, J. 著、大橋昭一・渡辺朗・竹林浩志訳（2007）『観光経営戦略』同友館
近鉄グループホールディングス株式会社ホームページ
　http://www.kintetsu-g-hd.co.jp/（2017 年 7 月 25 日アクセス）

第 12 章

中小製造業の生産戦略

　日本の企業の 99％は中小企業といわれている。中小企業の支えこそ日本の力と称する専門家もいるが、一部のずば抜けた技術力等の特徴を持つ中小企業を除いて、その実態は明らかになっていない。バブル経済崩壊、リーマンショック等、企業環境の変化の激しい時代の中、何十年も生き残る中小企業は自社の資源を的確に把握し、環境に適応した経営をしているはずである。本章では中小製造業を 3 社取り上げ、その特徴を踏まえて中小製造業の生産戦略を考える。

ケース　中小製造業を取り巻く環境

　ここでは中小製造業として 3 社を例に挙げる。3 社とも製造業ではあるが、主要製品、取引先、保有技術等、企業環境は内外ともに異なる。はじめに企業ホームページより基本情報を把握しビジネスの概要を理解し、続いて 3 社共通の事項からビジネスの特徴を考える。

1　村上製作所

　1966 年に設立された村上製作所は、資本金 2000 万円、群馬県富岡市（本社）に位置する機械加工メーカーである。企業コンセプトは、「最先端に挑む機械加工のエキスパートとして、日本のリーディング産業を支えます」であり、独創的な製品作りを根底で支える機械加工の技術開発を目指している。そして顧客のあらゆるニーズに応えるため、量産品から小ロットの特殊加工品まで幅広く対応している。製品は、油圧機器関連、発電所関連、ATM・メカトロ機器、冶具設計・各種機器である。主要設備として、CNC 精密自動旋盤やマシニングセンターを有している。

2　田中製作所

　1966年に設立された田中製作所は、資本金3600万円、東京都武蔵村山市（本社）に位置する縫製メーカーである。企業コンセプトは、「人の和と確かな技術で、豊かな価値を生み出す企業を目指します。お客様の信頼と満足を得る高品質な製品を提供します」である。日本の自動車産業の発展とともに歩み、そこで培った高い縫製技術をもとに裁断→縫製→組立の一貫生産を強みに、セル生産方式とライン生産方式を組み合わせることにより、少品種多量生産から多品種小ロットまで対応している。製品は、大型トラック完成品SEAT、乗用車 H/RESTCOV発泡タイプ、SUV H/REST被せタイプ、乗用車 A/REST被せタイプ、大型トラックSEAT COV、保冷ボックス、航空機用マガジンラック、帆布製品である。主要設備として、NC裁断機やミシンを有している。

3　日 昭 電 器

　1962年に設立された日昭電器は、資本金4000万円、東京都大田区（本社）に位置するOEM（Original Equipment Manufacturing：相手先ブランドによる生産）・ODM（Original Design Manufacturing：相手先ブランドによる設計・生産）メーカーである。企業コンセプトは、「長年にわたる『産業機器開発・製造』経験の中で築き上げた工業技術資産（コア技術）を活かし、お客様の希望・想い・願いを製品化」であり、医療設備や計測器など、繊細なメカニカル制御や柔軟な可動性を必要とする産業機器の「提案・開発・製造・検査・メンテナンス」などを、すべて国内で一貫して手掛けることができることを強みとしている。そして対象製品における生産数量の少なさや出荷時期の不安定さに対して、多品種小ロット生産を開発・製造ポリシーの一つに掲げている。製品は、医療機器・医薬関連設備、分光計測制御・化学分析器、画像認識・判別処理装置、アミューズメント関連機器、省力化システム機器全般である。主要設備として、高速チップマウンター、基盤外観検査装置、ディスクリート部品実装用スプレーフレクサー等を有している。

第2部　企業の機能別・事業別戦略

4　中小製造業の生産の特徴

　企業概要より、3社とも共通して「**多品種小ロット生産**」を特徴としている。品種とは扱う製品の種類、ロットとはあるまとまりを示している。したがって、多品種小ロット生産とは、多くの種類の製品を少量ずつ生産することを示している。単純に生産性を高めるためには、同じ製品を連続的に多量に生産すればよい。同じ製品を作ることにより早く作業に慣れ（習熟）、製品を一つ完成するまでの作業時間が短縮し、単位あたりの生産量が向上するからである。これはロットという表現を用いると**大ロット**での生産となる。**小ロット**であるということは、同じ製品を連続的に生産する個数が少ないということである。生産量が少ないため習熟効果には大きな期待ができず、なおかつロットとロットとの間に**段取り**という作業が余分に発生する。段取りは、ロットの生産の前に発生する事前準備である。以上のことより、多品種小ロット生産とは、ある程度生産性を犠牲にし、多くの種類の製品を少量ずつ生産することである。なお、工場の生産形態を示す用語では多種少量生産に該当する。

　現在、製造業を取り巻く環境を考えると、多種少量での生産は避けることができない。顧客ニーズは多種多様であるため、それを提供する企業は品種の数で対応することになる。これについては企業規模に関係がなく、概ね製造業の共通した事項であるといえる。

ケースを読み解く

　ケースで取り上げた中小製造業を対象に各社の生産戦略を考える。はじめに中小製造業の果たすべき役割を明確にする。そのうえで3社が構築している生産戦略について考察する。3社に共通するところは多品種小ロット生産であるが、各社の企業概要より、その実現手段は別々であると考える。ここでは多品種小ロット生産実現までを、目的と手段の連鎖で表現し、これを生産戦略の見取り図とする（図表12-1参照）。「持続的な成長と発展（長期的な利益確保）」を最終目的、その手段を多品種小ロット生産とし、これを展開することにより3社独自の生産戦略の見取り図を明らかにする。

184

図表 12-1 目的−手段連鎖としての戦略

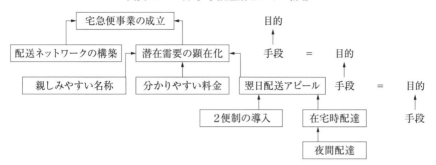

出所）網倉久永・新宅純二郎（2011）『経営戦略入門』日本経済新聞出版社、p. 7、図1.2。

図表 12-2 自動車生産における企業間関係

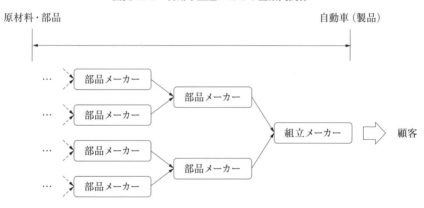

1 中小製造業の役割

　中小製造業の役割について自動車業界を例に挙げる。日本でも名高い自動車メーカー、トヨタ、日産、ホンダ、マツダ等は、自動車を部品からすべて生産しているわけではなく、最終的な組立を主に担っている。自動車組立に必要な部品は、多くの部品メーカーから供給されている（図表12-2参照）。部品メーカーには規模の大きい企業もあるが、その多くは中小製造業である。自動車業界における中小製造業は、一台の自動車を作る過程の一部を担っているといえる。

第2部　企業の機能別・事業別戦略

　さて、このような一連の生産過程の中、中小製造業はどのようなことが求められるのであろうか。ここでは需要の3要素である**QCD**（Quality：品質、Cost：原価、Delivery：納期）の観点で考える。はじめに品質（Q）の観点であるが、部品の品質が悪いと自動車の機能に影響を及ぼす。さらに品質問題は企業の存続にまで影響する大きな事象に発展する可能性を秘めているため、部品一つひとつに厳しい品質基準が要求される。次に原価（C）の観点であるが、製造業はグローバルな競争環境において市場競争価格に打ち勝っていかなければならない。継続的な原価低減は製品の競争力確保には不可欠となる。最後に納期（D）の観点であるが、どんな小さな部品であっても納入遅れは自動車全体の生産計画の遅れを引き起こす。自動車全体の納品を遅らせないためには、納期遵守が求められる。

　中小製造業が求められるQCDと大企業が求められるQCDに特段な違いはないと考える。最終顧客（自動車購入者等）と接する大企業は顧客の要求に応えるため製品を生産し、その生産に必要な部品を中小製造業は供給する。最終顧客の要求にすべてが紐づくため、ある種当然である。ただし厳密に表現すれば、中小製造業は顧客企業が設定するQCDの達成となる。

　続いて中小製造業の特徴をDに絞って考えてみたい。顧客企業の特徴として、部品在庫を可能な限り持ちたがらない。特にトヨタは顕著であり、すべての工程が、後工程の要求に合わせて、必要な物を、必要な時に、必要な量だけ生産（供給）する「**ジャストインタイム**」を徹底している。当然のことながら自社への部品納入についても同様であり、自社の組立ラインが必要とするタイミングで部品の納入を指示する。中小製造業にとっては、納品を指示されてから生産したのでは間に合わない部品もあるため、あらかじめ一定の在庫を保有する等対応を余儀なくされる。さらに多くの中小製造業は特定の顧客企業一社のみに部品を納入するのではなく、複数の顧客企業と関係し納品をしている（図表12-3参照）。したがって、顧客企業からの生産指示のタイミングもそれぞれであるため、柔軟な生産体制の構築が不可欠となる。

　以上のことより、中小製造業の役割を明確にした。中小製造業は、単に多品種小ロット生産ではなく、「顧客企業の要求（QCD）に合わせた」という付帯条件がつくことになり、対応としてかなりの柔軟性が求められることになる。次

186

第12章　中小製造業の生産戦略

図表12-3　組立メーカーと部品メーカーの関係

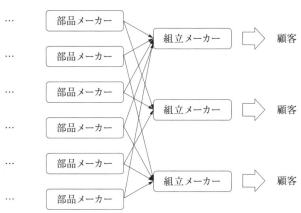

図表12-4　マシニングセンターによる加工

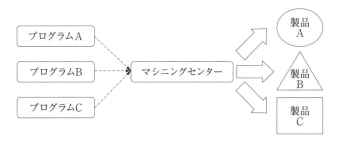

節より、ケース対象の3社について、その柔軟性を戦略見取り図より表現する。

2　村上製作所の生産戦略

　村上製作所は機械加工に特徴を持つ企業であるため、機械加工が多品種に対応していなければならない。したがって汎用的な加工ができる設備の保有が不可欠となる。村上製作所が多数の異なる種類の作業を自動的に行う数値制御多機能工作機（以下、マシニングセンター）を多数保有しているのは、まさしく汎用的な加工に対応するためであることがうかがえる。

　機械加工の実施に関わる業務を検討する（図表12-4参照）。マシニングセンターによる加工は、対象製品を加工するためのプログラム開発、プログラムの

第 2 部　企業の機能別・事業別戦略

インストール、刃物等の取りつけおよび設定を実施し、加工が行われる。製品 A を加工するためには、製品 A を加工するためのプログラム A が必要となる。製品の加工精度はマシニングセンターに依存するため、新しい加工を始めるためには、プログラムによるマシニングセンターの動作を確認しなければならない。機械加工の場合、機械の動作確認についても段取り（事前準備）に含まれる。

ケースにおけるビジネスの特徴で述べたように、多品種化の促進は段取り回数の増加につながる。一方で顧客企業の条件は要求する QCD の満足にほかならない。したがって、多品種化により発生する段取りの改善を継続的に実施することが、様々な製品の加工を実施するためには不可欠である。また、機械による加工のため、マシニングセンターの機械トラブルを極力防がなければならない。機械加工技術をコア技術と定める本事例対象企業にとって、マシニングセンターの維持管理は生命線である。したがって、常時安心して機械加工を実施するため、設備に対して日常的または定期的な計画、点検、検査、調整、整備、修理、取替えなどの諸活動（設備保全）の実施が必要である。

以上のことより、村上製作所の戦略見取り図として図表 12-5 を示した。長期的な利益を実現する手段として顧客企業の要求（QCD）に合わせた多品種小ロット生産、顧客企業の要求に合わせた多品種小ロット生産を実現する手段として、汎用設備の活用、汎用設備の活用を実現する手段として、段取り作業改善と設備保全の徹底となる。生産現場において継続的に段取り作業改善と設備保全の徹底に取り組むことが、QCD を満足した多品種化につながり、長期的な利益に結びつくといえる。

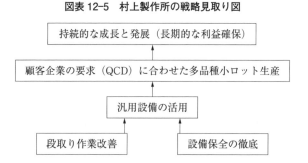

図表 12-5　村上製作所の戦略見取り図

3 田中製作所の生産戦略

　田中製作所は縫製技術をコア技術とした企業である。多数のミシンを保有し、顧客の注文（品種と量）に基づいて**ライン生産**と**セル生産**を組み合わせて対応している。ライン生産とは、対象製品の生産のための作業を複数の作業者で分担し、ラインを移動するにつれて加工が進行していく方式であり、セル生産とは対象製品の生産のための作業を一人の作業者や複数の作業者で分担して生産する方式である。ラインの種類には、多品種混合ラインという一つのラインに複数の種類の製品を流す方式もあるが、田中製作所はライン生産とセル生産という両極の生産方式を組み合わせることで多品種化を実現している。

　図表12-6はライン生産とセル生産の概要であるが、例えばαという仕事を分ける際、4人で分ければ一人あたりの担当範囲は狭くなり、2人で分ければ一人あたりの担当範囲は広くなる。仕事の習熟性を考えると、担当範囲が狭い場合、作業が習熟するまでの期間が短くて済むが、その分作業者の人数が必要となり、担当範囲が広い場合はその逆となる。

図表12-6　ライン生産とセル生産

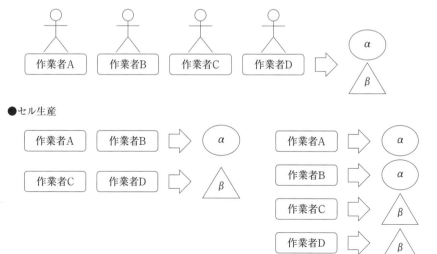

第2部　企業の機能別・事業別戦略

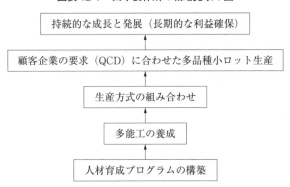

図表 12-7　田中製作所の戦略見取り図

　セル生産を実現するためには、ミシンを担当する一人ひとりの作業者が多くの種類の縫製に精通していなければならない。多くの技能を有する作業者を多能工といい、多能工の養成のためにはしっかりとした人材育成プログラムの構築が欠かせない。田中製作所には作業者の技能を適切に把握し、養成する仕組みがあると考える。

　以上のことより、田中製作所の戦略見取り図として図表 12-7 を示した。長期的な利益を実現する手段として顧客企業の要求（QCD）に合わせた多品種小ロット生産、顧客企業の要求に合わせた多品種小ロット生産を実現する手段として生産方式の組み合わせ、生産方式の組み合わせを実現する手段として多能工の養成、多能工の養成を実現する手段として人材育成プログラムの構築となる。生産現場において計画的に作業者の技能を養成していくことが多くの多能工の輩出につながり、ライン生産とセル生産を組み合わせることが可能となる。そしてそれは、顧客企業の要求（QCD）に合わせた多品種化につながり、長期的な利益に結びつくといえる。

4　日昭電器の生産戦略

　日昭電器は委託開発・製造（OEM・ODM）メーカーであり、生産形態としては顧客が定めた仕様の製品を生産者が生産する**受注生産**であると考える。受注生産は顧客の注文を起点に生産を開始することであるが、実際の受注の成否は、

図表 12-8 受注生産の流れ

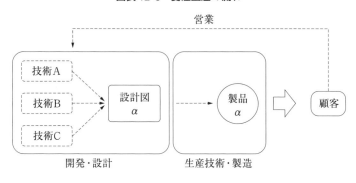

　顧客からの問い合わせに対する製品提案の迅速性であると考える。したがって、注文を待つという意味合いより、積極的に顧客の要求を先読みすることが求められる。そのためには企業内の情報共有が欠かせない。具体的には、自社内の開発技術、設計技術、生産技術等の把握である。把握内容としては技術概要だけでなく、設計や生産に要する期間等、具体的なリードタイムの把握も重要である。

　図表 12-8 は日昭電器の受注生産の流れを表したものである。営業は顧客の要求を把握しかつ自社内技術を十分に認識していることが求められる。開発、設計、製造等の部署においては、営業からのいかなる問い合わせに対しても迅速に回答できるよう部署内の保有技術を第三者が理解できる形式で整理しておくことが求められる。開発・設計部と生産技術・製造部との問題としては、前者で設計図が作られ、それをもとに後者で製品の生産が行われるが、お互いの情報共有が不十分であると現有の能力では生産できない設計図を描くことになり、生産開始が滞ってしまう可能性がある。顧客の要求への対応は必然的に多品種となるため、求められる QCD に対応するためには部署間での情報共有を継続的に実施する必要がある。

　以上のことより、日昭電器の戦略見取り図として図表 12-9 を示した。長期的な利益を実現する手段として顧客企業の要求（QCD）に合わせた多品種小ロット生産、顧客企業の要求に合わせた多品種小ロット生産を実現する手段として部署間の情報共有、部署間の情報共有を実現する手段として部署内の情報

第2部　企業の機能別・事業別戦略

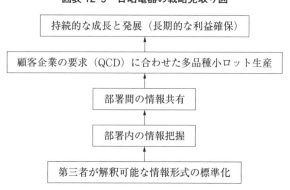

図表12-9　日昭電器の戦略見取り図

把握、部署内の情報把握の手段として第三者が解釈可能な情報形式の標準化となる。各部署において継続的に保有技術を統一フォーマットに落とし込み、把握することは、部署間の情報共有につながる。それはQCDを満足した多品種化につながり、長期的な利益に結びつくといえる。

5　中小製造業の生産戦略と環境適応力

　本章では実在している中小製造業を3社取り上げ、中小製造業の生産戦略を解説した。一般的に中小製造業の強みは生産現場の柔軟性であるといわれているが、柔軟性の在り方は各社とも異なる。本章では持続的な利益と生産現場の日常的な管理を戦略見取り図という表現で結びつけを試みた。はじめに顧客の多様なニーズへの対応として、「多品種小ロット生産」を3社共通して企業の特徴としていた。それを実現するための手段としては3社とも異なり、各社の外部・内部環境に応じた柔軟性のある生産体制を構築している。村上製作所は機械中心の生産体制、田中製作所は人中心の生産体制、日昭電器は情報中心の生産体制の構築を推進している。

　本章の考察より、日本の産業界を支える中小製造業にはそれぞれ独自の生産戦略があり、長期的な利益確保に結びついていることが推察された。ただし現在の各社の生産戦略は、設立年を考えるとバブル経済崩壊や**リーマンショック**等の大規模な環境変化を経験した末の結果ともいえる。今後も大きな変化の際には、現在の柔軟な生産体制の在り方を、保有するコア技術をもとに再構築す

るることは想像に難くない。変化の激しい時代の中で何十年も生き残る中小製造業は、生産戦略自体を柔軟にし、環境適応力を高めてきたと考える。その適用力こそ、日本の産業界を支える真の力である。

参 考 文 献

大野耐一（1978）『トヨタ生産方式』ダイヤモンド社
左近祥夫（2010）『よくわかる「ライン生産とセル生産」の本』日刊工業新聞社
日本規格協会編（2014）『JIS ハンドブック品質管理』日本規格協会
日本経営工学会編（2002）『生産管理用語辞典』日本規格協会

第 13 章

ニッチャーの技術・情報戦略

　この章では、業界で圧倒的に大きな市場シェアを持つわけではないのに独自の技術や高い情報管理能力を持つことで他社の模倣を防ぎ、独自の顧客との強固な結びつきを作ることで、市場の中に独自の場所（ニッチ）を作り出して独自の地位を築いているニッチャーと呼ばれる企業の戦略について考察する。

　本章では、戦略的ポジショニング、ゲーム理論、ストラクチュラル・ホールの 3 つの理論を用いて、東邦電子株式会社の事例を分析する。

ケース　東邦電子の情報・技術戦略

　東邦電子株式会社は、現会長の河本洋次が工学院大学を卒業後、2 年 8 カ月の計測器メーカーでの技術者としての勤務を経て、1963 年に 28 歳で設立した有限会社東邦電子製作所の創業以来、独自の技術力で半世紀にわたって成長をし続けている工業用制御機器の専門メーカーである。中小企業庁および神奈川県による技術表彰を受けるなど、技術開発志向が強く、主力製品である温度制御装置分野における市場シェアは 6.6 ％で業界第 5 位である（富士経済調査報告2015 年）。

1　創　　業

　計測器メーカーに勤務していた時、「どの産業でも温度調節が重要なテーマになっていることを知った」ことが、河本が起業するきっかけとなった。「掘っ立て小屋」で真空管式温度調節器を自作し、「調べると、温度調節器をよく使うのは理化学関係の会社だとわかり、見本を持って、その方面の会社に売り込んだ」という。

　温度調節というのは一般に「温度制御」と呼ばれていて、制御する対象が目

図表 13-1　企業データ

社名	東邦電子株式会社
本社	神奈川県相模原市緑区西橋本 2-4-3
事業内容	各種温度センサおよび制御機器、半導体ウエハー計測用プローブカードの設計・開発
創設	1963 年 10 月
資本金	4000 万円
年商	40 億円
従業員数	190 名
表彰実績	平成 7 年中小企業長官賞受賞、平成 12 年第 17 回神奈川県工業技術開発大賞受賞
主な取引先	東京エレクトロン、東芝、ルネサステクノロジー、日亜化学工業、三菱重工業、TSMC（台湾）、サムスン電子（韓国）など

出所）河本洋次（2017a）「我が人生、我が事業　第一回」『商工ジャーナル』第 508 号、商工中金経済研究所、中小機構ホームページより筆者作成。

的とする温度となるように、電力や火力を調節することである。例えばパンを焼くオーブンの内部温度が目的の温度となるようにヒーターの電力を操作するような作業や、お湯の温度を 90℃で一定に保つために火力を調節するような作業を意味する。

　この温度制御を自動制御する電子機器が温度調節器である。人間が温度を見ていなくても自動的にヒーターの電力や火力が決定されて温度が目的の値になることを自動制御と呼ぶ。これに対して、人間が温度計を見ながら手動でヒーターの電力や火力を勘で調整しながら目的の温度に近づけていくことを手動制御と呼ぶ。

　部品の仕入・設計・製造・営業のすべてを河本は一人でこなしながら、温度制御に関する様々な機器を作り、成功や失敗を重ねて温度制御関連機器の開発力を徐々につけていった。「赤字を出さない会社をつくる」という東邦電子株式会社のポリシーは、このころ作られたという。これは河本の企業経営に対する「つくった会社を倒産させるようなことがあってはならない」という信念、すなわち永続的な企業（**ゴーイングコンサーン**）、を具体的に示した行動目標である。

2　高度成長期

　徐々に技術力を蓄積して温度調節器（図表 13-2）のメーカーとして目処が立

図表 13-2　温度調節器

出所）東邦電子ホームページより。

つようになったのは、1965年ごろだという。このころ日本は「**いざなぎ景気**」と呼ばれる景気拡大期を迎えていて、1965年10月から1970年7月までの57カ月の間に実質 GDP が10％前後の成長をしており、1968年には世界第2位の経済大国となった。

近年成長の著しい中国経済の実質成長率が2007年に14.2％で2015年に6.7％であることからして、当時の日本経済がどれほど急激に成長していたのかを想像できるだろう。この好景気とともに東邦電子製作所の業績も伸びた。しかしながら、当時の東邦電子製作所は河本の個人事業であり、個人の力のみでこれ以上の成長は望むべくもなかった。

河本はさらなる成長のために、このころから年に1人から2人のペースで社員の採用を開始した。中でも、他社の理学博士を河本の「倍ぐらいの給料を出し」てヘッドハンティングするなど、創業以来の技術開発志向を強く反映した形で人材の拡充に努めた。さらに大手企業との共同研究にも取り組み、技術蓄積を加速した。この成果は1967年には形となって現れる。独自開発を行った画期的な湿度センサーを用いた温湿度計が数多くのマスコミに取り上げられ、東邦電子製作所の技術力の高さを全国に示すこととなった。

この評判がそれまで一介の町工場に過ぎなかった東邦電子製作所に信用を生み出し、「従来は難しかった」金融機関からの融資を可能にした。1969年、相模原市淵野辺に敷地面積353 m^2、工場面積198 m^2 の工場を取得する。その後、1970年に株式会社化を実施し、有限会社東邦電子製作所は、東邦電子株式会社（以下、東邦電子）となり現在に至る。

3　多角化—新たな領域へ進出する—

温度制御の業界で一定の地位を確立した東邦電子は、1999年にそれまでの温度制御の世界とは全く異なる新規分野の事業に満を持して参入することにな

る。その新製品はプローブカードといって、半導体製造工程の中で、ウエハー
に焼きつけられたマイクロチップ（LSI）の電気特性を検査する工程で用いられ
る治具である（"じぐ"と読み、英単語 jig の当て字。ドリルのような機械加工などで工作
物を固定したり位置がずれないようにして、加工しやすくするためのガイドや装置の一般名
称）。ウエハーは半導体の主要材料で、シリコンのインゴット（棒）から薄く切
り出したシリコンの板のことである。この表面に写真原理を用いて LSI の回
路パターンを焼きつけて半導体が製造される。プローブカードは半導体ウエ
ハー上に作られた LSI の電極に、数万本もの針（プローブ）を接触させて電気
信号を半導体試験装置に伝える役割をする装置である。

　半導体製造設備産業への参入は「全くの異業種」であり東邦電子にとっては
大きな挑戦であった。1985 年から 1991 年にかけて日本の半導体業界は世界
トップの生産量を誇り、日本は半導体王国などと呼ばれる絶頂期を迎えていた。
半導体産業は装置産業であるとされるほど、製造・品質管理や技術開発に占め
る装置の役割が大きいために、製造装置に対する巨額の投資が必要となる。そ
の製造装置産業に参入することは東邦電子にとっては大きな飛躍のチャンスで
あると思われた。

　半導体業界も他の製造業と同じく製造プロセスでの温度管理は欠かせない。
そのため、他業種でありながら河本のもとには情報が自然と集まり、半導体
メーカーの動きがよく分かったという。そして、半導体製造装置産業への進出
は「すぐに無理だとわかった」という。

　半導体業界にはシリコンサイクルと呼ばれている約 4 年周期の好・不況の波
が見られる。まず、半導体産業は技術革新の速度が速いために製品のライフサ
イクルが非常に短い。さらに、半導体はパソコン・家電品・生産設備などの主
要部品であるために、最終製品市場の影響を受けやすい。そのために、サイク
ルの上昇期には大量の見込発注が行われる一方、下降期には発生した過剰在庫
を解消するために発注を大幅に減少させるという調整過程が半導体の生産に大
きな変動をもたらす。この景気の波が製造装置を供給する企業の経営にも大き
な影響を与えることは明らかだ。つまり、好況時の生産ラインの新設・増設に
伴う大量発注と不況時の大幅な発注減との変動への対応に耐えられず、経営資
源が脆弱な中小企業の多くは倒産の危機に見舞われるのである。

第2部　企業の機能別・事業別戦略

図表13-3　プローブカード

出所）東邦電子ホームページより。

情報を集め産業の特徴や動向を観察することで、シリコンサイクルに直接的な影響を受けにくい事業を河本は発見する。それがプローブカード（図表13-3）の製造・販売である。プローブカードは半導体検査の必需品でありながら消耗品であるために、半導体の製造が行われる限り必要とされる。つまり、主要な製造設備は生産ラインの新設・増設の波の影響を受ける一方、消耗品であるプローブカードはそれらの設備需要と比べれば好・不況の波の影響を受けにくいのである。

　新規参入を決断した河本が見た半導体業界は企業秘密が多く「非常に閉鎖的な世界」だったという。したがって、技術も販売網も持たない新規参入者である東邦電子にとって、プローブカードの製造・販売は困難を極めた。わずかな情報をもとに、手探りで試作を繰り返しながら技術の向上を図り、同時に得意先の確保をするなど、ビジネス基礎作りに10年を要した。こうした試行錯誤の後、1999年に極小化プローブカードの開発を世界に先駆けて成功し、第17回神奈川県工業技術開発大賞を受賞するに至る。「世界中でうちでしかつくれないから、言い値で買っていく」商品として、現在では、温度制御とならんでプローブカード事業は東邦電子を支えるもう一本の柱になっている。

4　技術の進歩の一歩先をねらう

　「世の中の進歩の一歩先を狙う」という言葉は、前出の「赤字を出さない経営」と並んで東邦電子の基本ポリシーである。具体的には、技術開発志向の企業のトップとして、「自分で創造し、自分で作って売ろうという自立した」経営者であろうとする、河本の企業経営に対する信念を言葉にしたものである。

　先端技術の情報を入手し自社の技術として吸収し、新事業を立ち上げて継続していくことは、大企業にとっても安易なことではない。しかし、河本は「製

品開発のための情報は、あらゆる業種から集まってくる」という。この原動力は異業種間交流にある。これまでの様々な経験から中小企業が一社の力だけで成長を続けるのには限界があると感じていた河本は、異業種間交流に取り組むことになる。1982年に自らが音頭をとり、年商2〜3億円程度の企業を7社集めて相模原技術交流研究会を設立する。この研究会の仲間たちと情報交換を行うことで助け合い「大手ではできない部分を埋めよう」と考えたのである。

相模原技術交流研究会での河本の役割は、外部の各種団体の会合に出席して情報を収集することと、その情報を理解・咀嚼したうえで研究会の仲間にいち早く伝えることであった。河本は「いろいろな団体の会合に出席して、情報を入手する。仲間の会合では、その全てを披露する」という。それは、「情報は与えてこそ返ってくる」ということと、肩書きとは関係なく「グループ内で情報交換のリーダーになれるかが肝心」という河本の情報に対する考え方に基づいた行動である。

近年、IoT（Internet of Things）という考え方が普及しつつある。IoTとは、人の生活に関わるすべての物理的なモノが情報化され、それらの情報のある一部はその場で、またある情報はインターネット上に接続されているサーバーやAI（人工知能）などで収集・分析されて、分析結果をもとに人や人の生活に働きかけることで豊かにしていくという考え方である。具体的には、スマートフォンは最もよく見かけるIoT機器であり、スマートスピーカーと呼ばれている家庭用の音声アシスタントは今後身近なIoT機器になるだろう。また、現在世界中で開発競争が行われている自動運転車もまたIoT機器といえる。

Ng and Wakenshaw（2017）によれば、IoTは以下の4つに分類できる。IoT1：センサーなどが集めたデータと地理・人間などのデータを組み合わせる。IoT2：それまで数値化されていなかったモノを計測して数値化する。IoT3：IoT1、IoT2で集め・解析された情報をさらにまとめてAIなどを用いて分析を加えて今まで見つかっていなかった関係

図表13-4　温湿度センサノード

出所）東邦電子ホームページより。

を見つけ出す。IoT4：モノが消費者の手で自由に再定義できる。IoT4の段階になるとすべてのモノはIoT4を実現するためのプラットフォームとして消費者の手元に置かれ、消費者はそのモノを自分のやりたい目的のためにカスタマイズできるようになる。IoT4が実現するようになると、現在のマーケティング理論も影響を受けて新しい理論体系が必要になるだろう。

　東邦電子はこの機会を逃さず「環境計測」というコンセプトの新事業を立ち上げて、もう一本の柱とするために技術戦略室という新しい組織を立ち上げた。ここで「環境計測」というのは、様々なセンサーが検出した熱・光・温度・ガス・加速度などのデータを収集して、それらのデータを地理情報や人的情報などのメタデータと組み合わせることによって、空間や人間の作業のようなこれまでは数値化されていなかった事柄や関係をコンピュータや人間が扱いやすい情報として加工することをいう。ここで加工された情報は、通信機能によって即時に離れた場所にある他の情報やモデルによる分析などと組み合わされ、空間と時間を越えて新しい知の形を作り出す。例えば、製造現場でそれまではカンと経験で行われていて後継者育成が困難だった作業が、科学・工学に基づく理論と手順として第三者に分かりやすく効率的に伝えられるようになる。

　収集した環境データを時間と空間を越えて利用するという環境計測ビジネスへの挑戦は、1980年代に挑戦して当時の技術では実現不可能だと諦めたビジネスである。それが簡単に実現可能になった今、「私の仕事は、その時代、その時代の科学の進歩と技術の発展を活用してものづくりをすることである」と河本は語る。

5　世代交代と新たな戦略

　2000年に河本は会長となり副社長であった長男の河本悟が社長に就任した。現在は新社長のリーダーシップのもとでコスト削減を目的とした「シグマプロジェクト」を展開中である。それまで東邦電子の**バリューチェーン**（組織の様々な活動を明確にして、どの活動とどの活動との調整がうまくいっていないかを把握するためにポーターが提唱したフレームワーク）を見直し、購買物流・製造・出荷物流・販売マーケティング・サービスのシステム化を行い、電子化・情報化によるコスト削減を行った。これは「絶対に赤字を出さない」というポリシーを新社長の

考えで実際の経営行動に反映した成果である。

　現在、東邦電子は新潟に新工場を開設し本格稼動開始を待つばかりである。これについて「チャンスは地方にあり」だと河本はいう。工場の海外進出が進み産業の空洞化が進む日本の社会の趨勢に対する、起業家河本の出した回答である。

ケースを読み解く

　東邦電子はいわゆるニッチャーと呼ばれる企業に分類できる。**ニッチ**は本来「すき間」を意味する言葉で、大企業ではビジネスが成立しないような独特な小さな市場を意味する。その小さな市場で利益を上げる小規模な企業があるとき、その企業を**ニッチャー**と呼び市場をニッチ市場と呼ぶ。

　ニッチャーとして成功するためには、その企業を取り囲む外部環境からの影響を把握したうえで、顧客や商品の特性に関して選択と集中という戦略の基本を実行することで、競争優位を維持できるかどうかが、その企業の成功・失敗を分ける。

　そのためには、企業の外部環境を構成する様々なプレイヤーに対して、高い交渉力を持つようなポジションに立つための戦略を経営者は考えなければならない。さらに、他社が模倣不可能な経営資源を内部に作り出して、差別化を実現できなければ、その事業をできる限り長く続けていくことは難しくなる。差別化を実現するためには、情報を収集・蓄積・拡散・融合する過程で、情報をいかにして企業の優位性に結びつけていくかという情報管理能力が求められる。

　本節では、まず、競争戦略論の古典的著作ポーター（1980）で**M. E. ポーター**が開発した産業構造を分析するフレームワークとPorter（1996）の企業が選択する戦略的ポジショニング（strategic positioning）についての分類とを用いて、東邦電子の競争戦略を分析する。その中で、ポーターが日本企業が追い求めてきた効率性の追求は戦略とは呼ばないのはなぜかについて、ゲーム理論を用いて解説を行う。次に、東邦電子の競争優位を成立させる核である情報・技術戦略について、Burt（1995）によるストラクチュラル・ホールという人や組織の社会的なつながりに関する比較的新しい考え方に基づいて分析を試みる。

201

第2部　企業の機能別・事業別戦略

1　買い手に対する高い交渉力

　企業が激しい競争を勝ち抜いて生き抜いていくための戦略は、まず、その企業が置かれている競争の状態を見極めることから始まる。ポーターのフレームワークでは、競争の状態を決定するものとして5つの要因がある。それらは、①新規参入の脅威、②売り手の交渉力、③買い手の交渉力、④他産業の代替品の脅威、⑤同業者との競争、以上の5つである。

　温度制御業界は、汎用量産型の製品を製造するビジネスとカスタム製品を製造するビジネスとに分かれる。汎用量産型の温度調節器は、あらかじめメーカーが用意した温度制御のパターンからユーザーのやりたい温度制御に最も近いものを本体のキー入力や通信機能を用いて本体と接続したパソコンのアプリケーションで選ぶことができるようになっていて、アズビル、オムロン、横河電機が国内の大手である。一方、カスタム型の温度調節器は、顧客の要求に合わせて基板からカスタマイズして設計・製造を行う。

　東邦電子は温度制御の専門メーカーではあるとはいうものの、汎用量産型の温度調節器では6.6％のシェアしかない。一方、カスタム温度調節器のビジネスでは業界トップである。つまり、比較的短い期間に変化する顧客の要求に応じて技術的な提案を行い、顧客の求めるカスタム製品に仕上げるビジネスを得意としている。

　量産品と比べて生産量が少ないカスタム製品は量産効果が得られないばかりか、それぞれの製品の開発から生産までの納期が短いために、コストがかさむことは明らかである。したがって、ライバルとの価格競争などに巻き込まれたならば、利益を確保することが難しくなる。しかも、この条件のもとで利益を確保するためには、ただ単に製品がライバルに対して差別化できているだけでは十分ではない。

　ここで必要になるのが、顧客すなわち買い手に対して強い交渉力を持ち続けることができるかということである。具体的には、顧客が求めるものが東邦電子にしか作れないという事実とそれを「言い値」で買うような顧客を慎重に選び出す戦略である。

　なぜ、東邦電子の顧客は「言い値」で商品を購入するのだろうか。この答え

はスイッチング・コストという概念である。**スイッチング・コスト**とは、顧客が他の商品に切り替えるための有形無形の費用のことで、これが高ければ顧客に対して強い交渉力を持つことができる。

東邦電子の場合、少量・短納期・特別な仕様などの顧客の要求に対応するだけでなく、顧客の事情を知り尽くして技術提案まで行い、しかも温度制御に関する知識や技術力は顧客よりもはるかに高い。つまり、顧客は製品の性能や価格だけを比較して東邦電子以外の企業を選んだ時、これまでの取引関係でお互いに築き上げた有形無形の資産がすべて無駄になるばかりか、同じような関係を作り出すために費用が発生してしまう。これは、温度制御だけでなくプローブカードについても同様である。このように、買い手に対する強い交渉力を持ち、手間のかかるものを高く売ることで東邦電子の利益と競争優位は形成されているのである。

2 戦略的ポジショニング—ニッチャーの企業戦略—

企業が激しい競争に勝って生き抜いていくための基本となる戦略は①ライバルより安い価格で売る、②ライバルとは違ったことをやる、この2つである。同質な商品で競争をしている時、ライバルに勝つためには相手よりも安く売るか、価格はそのままで商品やサービスの質を上げる（高品質：実質的な値下げ）しかない。ポーターは「競争戦略とは他と違っていること（差別化）である」（Porter 1996）といっている。そればかりか、品質管理や業務改善による効率性追求（operational effectiveness）は必要ではあるが戦略としては不十分であるとして、1980年代の日本企業には戦略がなかったとまでいっている。効率性追求によるコスト削減や価格競争が戦略とはいえないのは、現在では効率性追求のためのテクニックはすぐに知れ渡りライバルに模倣され、企業間の相対的な差別化は実質的には存在せず、行き着く先は破壊的な戦闘（destructive battle）だからだとポーターはいう。

実際、コスト削減競争も価格競争も始まってしまうと途中で止めることができなくなってしまう。**ゲーム理論**を用いて、この問題の本質を**囚人のジレンマ**というゲームで表現してみよう（図表13-5）。

例えば、同質のプラスチック製の整理ケースを製造している企業Aと企業

203

第 2 部　企業の機能別・事業別戦略

図表 13-5　囚人のジレンマ

企業 A ＼ 企業 B	高価格（1,000 円）	低価格（900 円）
高価格（1,000 円）	（30 万円、30 万円）	（-60 万円、31 万円）
低価格（900 円）	（31 万円、-60 万円）	（-14.5 万円、-14.5 万円）

Bがあったとする。両社の製品はほとんど違いが分からないので、消費者は価格の安い方を買う。今、製品一個あたりの原価が 800 円、固定費用を 60 万円とする。両企業がともに 1000 円（高価格）で売れば一つあたり 200 円の儲けになり、それぞれが 4500 個売り上げる。しかし、どちらか一方の企業（例えば企業B）だけがライバルよりも安い 900 円（低価格）にした時、価格低下によって拡大した市場全体の需要 9100 個を独占する。その反対に相手方の企業（例えばA）の売上は 0 個になる。そこで、相手と同じ低価格にすると、両社ともに市場需要の半分である 4550 個を売り上げるとする。

　この時、両社とも高価格（1000 円）をつけていれば 30 万円の利潤が得られるが、そこで片方の企業だけ（例えばB）が低価格（900 円）をつければそれよりも高い利潤 31 万円が得られる。その反対に相手方の企業（例えばA）は 60 万円の赤字になってしまう。そこで、相手と同じように低価格にすると、結局は両社とも 14 万 5000 円の赤字になってしまう。

　このゲームが値下げの泥沼に落ちいってしまう理由は、以下の通りである。まず、両社にとって望ましい状態とは、ともに「高価格」をつけることである。一方、それぞれの企業の意思決定は、相手が「高価格」を選んでも「低価格」を選んでも、自社は常に「低価格」をつけた方がよい結果になる。両社が同じように行動することによって、結局は両社にとって望ましくない結果になってしまう。これは、サービス競争でも同じような結果を招いてしまうのは明らかだ。

　差別化するということは戦略的なポジショニングを決定することと等価であり、戦略的なポジショニングには以下の 3 種類があるとポーターはいう。その第一は業界に存在する幅広い商品の中から特定の商品やサービスに絞って集中すること、第二は特定のグループに属する顧客のほとんどすべての要求に応えること、第三は自社の商品やサービスを利用する時に顧客の要求にあった利用

204

形態を提供すること、以上の3種類である。ポーターの視点で見ると東邦電子の戦略は、プローブカードでは第一のポジショニングを、温度調節器では第二のポジショニングをとっていることが分かるだろう。具体的には、半導体の製造過程で必要とされる機器は多種多様に存在するにもかかわらず、プローブカードという消耗品にのみ集中して差別化を実現している。また、河本会長がいうようにすべての製造業で温度調節の技術は必要とされている。しかし、そのすべての企業を相手にするのではなく、ほんの一握りの東邦電子でなければならないという熱烈なファンに対して、ほとんどすべての要求に応えるポジションをとっている。

これが、景気変動の波に影響を受けず、価格競争にも巻き込まれずに、東邦電子にしかできないビジネスで他社との差別化を実現するニッチャーとしての東邦電子の戦略なのである。

3 起業家の情報戦略

東邦電子が成長の過程で実行してきた戦略の核は技術力というよりも、河本会長が情報や知識の流れを意識してコントロールしていることにその本質がある。具体的には、まず、自社の技術に何か足りないことを発見すると、それを補うために大学や大企業との共同研究を行い自社の技術力の習得・育成・蓄積に努めている。さらに、異業種の人たちとの情報交換の場を立ち上げて、主体的に情報や知識の収集に努めている。ここで注目するのは、技術力の向上を目的とした前者ではなく、後者の異業種間交流会である。

河本会長は「いろいろな団体の会合に出席して、情報を入手する。仲間の会合では、その全てを披露する」といっている。さらに、「グループ内で情報交換のリーダーになれるか」が重要であるともいっている。これらは、**R. バートによるストラクチュラル・ホール**という概念（Burt 1995）に基づくならば、理にかなった行動なのである。実は、この河本会長の行動が東邦電子の競争優位の源泉なのである。東邦電子の経営戦略の秘訣は、ここにあるといっても過言ではない。

図表13-6は、YOUとAとBとラベリングされた3人が、それぞれ属する3つのグループ（クラスター）による社会的なネットワークを表している。一つ

205

図表13-6　ストラクチュラル・ホールと弱いつながり

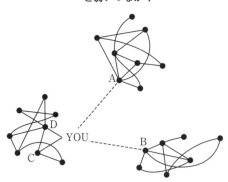

出所）Burt, R. S. (1995) *Structural Holes: The Social Structure of Competition,* Harvard University Press, p. 27 より。

ひとつの点が各グループに属する個人を、実線が人と人との強いつながり（strong ties）を、点線が弱いつながり（weak ties）を表す。グループの内側は強いつながり（例えば企業の内側）で他のグループとのつながりはそれよりも弱いつながりで結ばれている。

もしYOUが存在していないと仮定すると、これら3つのグループの関係は絶たれてしまい、それぞれバラバラに孤立してしまう。つまりもともと、グループとグループとの間には隙間（gap）が存在する。この隙間をストラクチュラル・ホール（Structural holes：構造的空隙と訳される場合もある）とバートは名づけた。

ストラクチュラル・ホールは情報そのものによる便益（benefit）と情報を統制することによる便益を生み出し、数多くのストラクチュラル・ホールを効率的に活用する人に競争優位をもたらす。

YOUのネットワークには3つのストラクチュラル・ホールが存在する。それは、①YOUグループとAグループとの間、②YOUグループとBグループとの間、③AグループとBグループとの間である。

Aは自分のグループとYOUの間とYOUを介してBとの間との2つのストラクチュラル・ホールを持つ。例えば、AはYOUと2人で遊びに行くことと、AとYOUとBとの3人で遊びに行くことができる。しかし、YOUを抜きにしてBと2人で遊びに行くことは難しいだろう。これはBも同様である。つまりYOUがいないと、AグループとBグループはネットワークを作れない。

そして、YOUのような立場にある個人は他の個人と比較した時、ネットワークが持つ便益をより多く引き出すことができる。例えば、Aグループの持つ情報をYOUはBよりも先に入手することができる。またBグループの

情報を YOU は A よりも先に入手することができる。つまり、A と B の両方の情報を入手する手段（アクセス）と最新の情報を手に入れるタイミングについて、A、B だけでなく各グループの中にいるどの個人よりも、YOU は有利な立場にある。これが、情報そのものによる便益である。

さらに、A グループの情報は YOU を通してのみ B に伝えられ、反対に B グループの情報は YOU を通してのみ A に伝わる。これは YOU グループの情報についても同様で、YOU を介さないと A と B とには伝わらない。さらに、A と B とが知る情報の内容とそれを伝えるタイミングを YOU が決定している。そればかりか、これらの 3 つのグループによる情報のネットワーク自体の存続についての決定権までもが YOU に属している。このように、YOU は 3 つのグループによって作られている情報のネットワークを支配し統制しているのである。これが情報を統制することによる便益である。

弱いつながりで接続された YOU と A と B のネットワークを河本会長が立ち上げた異業種間交流会に置き換えて考えるならば、河本会長が YOU の立場にいることが分かるだろう。「情報交換のリーダーになれるかが肝心」という河本会長の言葉から、ストラクチュラル・ホールを持つような立場に自らを置くことを念頭に、河本会長が自らの情報ネットワークを構築していることを示している。世の中にあるストラクチュラル・ホールを見つけ出して、情報の便益と支配の便益をビジネスに結びつけられる人のことを**起業家（アントレプレナー）**と呼ぶにふさわしいとバートはいう。その意味で河本会長の行動は、まさに起業家そのものであるといえる。

4　今後の展望

世代交代を機にコスト削減を目指す戦略へと東邦電子は舵を切った。創業 50 周年を迎えて東邦電子は大きな分岐点を迎えていると考えることができる。

システム化が進むということは、それぞれの価値を生み出す企業内の諸活動を論理的に再構築可能になったということでもある。つまり、バリューチェーンを分析した結果は、業務に熟練した社員一人ひとりの経験や勘によって運営されていた東邦電子のコストを削減して生産効率を高める一方で、それまでは伝わりにくかった経験や勘が簡単に第三者に模倣可能になることを意味する。

第2部　企業の機能別・事業別戦略

　業務改善によって引き下げられた生産コストは、製品一つあたりが生み出す利潤を増加させる一方で、生産性の向上は価格の引き下げを可能にして、それまでは東邦電子の商品が高価なゆえに手を出せなかった新しい顧客の需要を産み出す。それが、増収・増益のよいサイクルを産み出すという戦略は、ニッチを脱して、さらなる成長を目指す企業にとっては常識的なものである。

　しかし、その一方で、顧客に対して高い交渉力を持ち続けるという、これまでの戦略との間でトレードオフが生じるだろう。それを乗り切ってさらなる成長を持続できるかどうかは、河本悟社長の手腕にかかっているのである。

　最後に、円安や中国の人件費高騰の影響で、2016年度は一部の製造業が製造拠点を中国から国内に戻しているとはいうものの、中国に代わってASEAN諸国への海外進出も珍しいことではなくなってきている。このような状況で、「チャンスは地方にあり」として東邦電子が日本国内に工場を建てても利益を確保できると考えるのはなぜだろうか。この問を考えることで、戦略論への理解を深めていただきたい。

参 考 文 献

神奈川新聞報道部編（2000）『匠の新世紀』日本評論社

河本洋次（2017a）「我が人生、我が事業　第一回」『商工ジャーナル』第508号、商工中金経済研究所、pp. 76-78

河本洋次（2017b）「我が人生、我が事業　第二回」『商工ジャーナル』第509号、商工中金経済研究所、pp. 94-96

河本洋次（2017c）「我が人生、我が事業　第三回」『商工ジャーナル』第510号、商工中金経済研究所、pp. 76-78

ポーター, M. E. 著、土岐坤・中辻萬治・服部照夫訳（1980）『競争の戦略』ダイヤモンド社

Burt, R. S. (1995) *Structural Holes: The Social Structure of Competition,* Harvard University Press

Ng, Irene, C. L. and Wakenshaw, Susan, Y. L. (2017) "The Internet-of-Things: Review and Research Directions", *International Journal of Research in Marketing,* Vol. 34 No. 1, pp. 3-21

Porter, M. E. (1996) "What Is Strategy?", *Harvard Business Review,* Vol. 74 No. November-December, pp. 61-78

中小機構ホームページ（2016）「ジェグテック　東邦電子株式会社」
https://jgoodtech.jp/jaJP/web/jc0000000002595/（2017年10月1日アクセス）

第 14 章
シェアリングエコノミーと
プラットフォーム戦略

　モノを個人で「所有」する時代から、モノを「共有」「共用」する時代に、今、世界は移りつつある。たくさん働いて、たくさんお金を稼いで、たくさんモノを買って、というサイクルが当たり前であった時代は、終わろうとしている。この章では、民泊サービスを提供するプラットフォームの運営会社であるAirbnb（エアビーアンドビー）を取り上げ、現在世界で注目を浴びているシェアリングエコノミーの誕生・成功物語から、その成功を導いた要因・プラットフォームなどの基本的な仕組み、さらにはシェアリングエコノミーの現状・今後の展望までを概説する。

ケース　Airbnb の新たなビジネスモデル

1　「所有」から「共有」「共用」へ

　一つのモノを、複数の人で「**共有**（共同所有）」する。あるいは、誰かが所有しているモノを、他の多くの人が自分のモノのように活用する。「**共用**（共同使用）」する。そうすることで、モノを所有・維持するために必要な費用を抑えることができるだけでなく、モノそのものを最大限に有効活用することができるようになる。

　個人で「**所有**」することから「共有」「共用」することへ移行しているのは、景気が低迷する中、給与が伸びず、そのため「所有」を諦めて「共有」することを選択する人が増えているからだ、と考えることもできるであろう。確かに「所有」を諦める（例えば、自動車を買うことを諦める）ことの一因は景気の低迷にあるといえるかもしれないが、それだけでこれほど「共有」への移行が進んでいるとはいえまい。景気が低迷する時代はかつても存在したが、ここまで「共

209

第 2 部　企業の機能別・事業別戦略

有」が注目を浴びることはなかった。「共有」時代を推進する大きな追い風（要因）が、何かあるに違いない。

　また、「共有」すること、自分で所有せずに他の人のモノを使うこと自体は、何も新しい現象であるわけではない。例えば自動車の「共用」という点では、レンタカーというビジネスは昭和の時代から存在する。排他的に独占的にモノや空間を取り扱うのではないという点では、従来山林原野では「入会権」が認められ、住民が等しく山林原野を利用できたし、財産の帰属先は、歴史的に見れば、むしろ「個人」より「家」であったことの方が長いともいえる。個人が一つのモノを排他的に「所有」することがスタンダードになったのは、明治以降のこととともいえよう。

　「共有」は、シェア（share）することであり、「共有」を基盤とした経済活動は「**シェアリングエコノミー**」と呼ばれる。では、ここから、シェアリングエコノミーの嚆矢（＝起源）ともいわれる民泊のプラットフォーム企業、Airbnbを通して、シェアリングエコノミーの概要について説明してきたい。

2　世界を席巻する Airbnb

　「シェア」の一つのモデルは、「住まい」の共有・共用という形で登場した。今、ホテル業界、旅行業界が、一つの企業の誕生によって大きく揺らぎ始めている。2007 年に米国の 3 人の若者によって生み出された Airbnb が、旅行のスタイルそのものを大きく変えようとしているのだ。

　Airbnb とは、民家に泊まりたい人と民家を宿泊場所として提供したい人とをつなぐ宿泊紹介サイト（民泊サービスのプラットフォーム）である。米国で始まったこのサイトは、瞬く間に世界に広がり、いまでは世界 200 カ国以上で200 万以上の部屋を提供している。

　今まで、旅行といえば、例えば旅行代理店に行くのであれインターネットの旅行サイトを訪ねるのであれ、こうした仲介を通して、旅行先の「ホテル」「旅館」「民宿」「ペンション」などに宿泊するのが普通であった。ところが、この Airbnb の登場によって、旅行先で普通に生活している人のアパートの一室に宿泊したり、空き家となっている家を借りたりする宿泊スタイルが一般化されようとしているのだ。旅行ばかりではない。ビジネスホテルの不足などから、

210

ビジネスマンが出張に行く際にも、この Airbnb を利用し、民泊で済まそうとする人も増えている。

また、最近では、Airbnb は、旅先でのプログラムも提供し始めている。プログラムは、その地域で暮らす人たちが作成し、地元をよく知る人ならではの体験を中心としたプログラムで、その多くが好評となっている。

実際に Airbnb のウェブサイトを訪れてみよう。トップページには、「場所」「日時」「ゲスト数」を入力する欄が現れる。そこに例えば「京都」「2017 年 11 月 20 日-21 日」「ゲスト 1 人」と入力してみると、すぐに美しい写真で「体験」として京都で同時期に楽しめるツアーと、「京都のお家」として 1 泊 2490 円（サービス料込みで合計 2701 円）から泊まれる民家の一覧を見ることができる。

「体験」で気に入ったアクティビティがあれば、その写真をクリックすると、京都に住む一般の人々が提供できる京都での体験（例えば自転車での 4 時間のツアーが一人 4500 円）が、具体的なスケジュールや多くの写真とともに紹介されている。

「京都のお家」で気に入った物件があれば、その写真をクリックするとすぐに「予約」できるページにつながる。トップページからわずか 3 クリックで、ホテルと比べるとかなり格安な宿泊場所が手に入るのだ。

そしてこの「体験」のページでも「京都のお家」のページでも、それぞれのアクティビティを体験した人、その民家に泊まった人の、それぞれ具体的な体験談（レビュー）がたくさん記載されている。このレビューを読むことで、サイトを訪れた人は、アクティビティや宿泊場所の詳細を知ることができ、安心して実際に利用することができるのだ。

Airbnb が提供するこうした情報を頼りに、旅行を楽しむ人が全世界で増えている。『日本経済新聞』（2017 年 6 月 1 日電子版）によると、米 Airbnb を利用した訪日外国人が 2016 年度（2016 年 4 月～2017 年 3 月）に前年比約 4 割増の約 400 万人に達したという。となると、既存のホテル、旅館、民宿、旅行会社等は、宿泊者数や利用者数の減少といった、直接的な大きな影響を受けることとなる。

3 Airbnb の誕生

「所有」から「共有」へ、その象徴ともいえる Airbnb。しかしその始まりは、

第2部　企業の機能別・事業別戦略

若者のちょっとした思いつきからだった。

　2007年10月、米国・サンフランシスコ。2人のデザイン学校卒業生、B. チェスキーとJ. ゲビアは、シェアハウスの家賃の支払いに困っていた。2人はつい最近、サンフランシスコのサウス・マーケット、通称ソマ地区の広いロフトに引っ越して仕事を始めたばかりだった。住み始めたばかりだというのに、前月の9月に家主が急に家賃を上げてきた。支払いの期限は翌週に迫っている。1150ドルだ。でもお金がない。口座には1000ドルしかなかった。

　2人は頭をひねった。どうやって資金を調達したらいいのだろう。

　「創意工夫で問題は解決できる」と、2人が通っていたデザイン学校では教えてくれた。その言葉を胸に、2人は、ちょうどその10月の末にサンフランシスコで毎年恒例の国際工業デザイン会議が開かれることを思い出した。大勢の人が世界各地から集まってくる。この大勢の人を対象に、何か商売はできないだろうか。

　2人が思いついたこと、それは「民宿」だった。サンフランシスコにあるホテルは、通常の時期でも旅行客で埋まっている。国際会議が開かれれば、ホテルに入りきれない会議参加者が出てくるはずだ。そういう人たちはどうする？やむを得ず、サンフランシスコの郊外に泊まる？　でもそこから毎日会議に通うのは面倒であろう。

　2人のシェアハウスには、空き部屋となっていた寝室が一つあった。それに居間とキッチンも広かった。この空いた寝室と広い居間とさらにはキッチンで、3人が泊まれる。そしてゲビアのクローゼットには、たまたまキャンプ旅行から持ち帰ったエアマットがあった。これを並べれば、寝床として十分であろう。朝食をつけて、80ドル。ホテルが予約できずに困っている会議参加者にとっては、そんなに悪い条件ではないだろう。

　2人は部屋貸しを宣伝するウェブサイトを立ち上げ（サービス名は「エアベッド＆ブレックファスト」であった）、できあがったサイトには「国際会議で新しい人脈をつくろう！」と大げさな宣伝文句を並べた。数日もしないうちに、3人から予約が入り、2人は何とかその得た臨時収入で家賃を支払うことができた。予約したうちの一人は、会議中に5泊もした。結局、1週間で1000ドル近い収入になった。

212

泊まる場所が必要な旅行者と、余った部屋を貸したい地元住民たちのマッチング商売になると確信したチェスキーとゲビアは、親友のウェブ開発者、N.ブレカクジックを仲間に入れた。そして、2008年のはじめに簡単なウェブサイトを開いた。Airbnbの誕生であった。

もともと3人は、国際会議や政治集会などの大規模イベントでホテルが満杯だったり値段が法外だったりした場合の「カンファレンス用の短期宿泊サービス」を考えていた。

ところが、「民泊」に対する世の中にある需要は、3人の想像を大きく上回っていた。当時のB.オバマ大統領がデンバーで7万5000席のアリーナで講演すると発表した時、デンバー市内には4万室しかホテルのキャパシティーがなかった。ホテルに収まりきらない3万5000室の需要が、ウェブサイトのトラフィックを急増させた。注目を浴びた3人は、CNNに出演し、『ニューヨーク・タイムズ』や『ウォール・ストリート・ジャーナル』などの有力紙にもたびたび取り上げられるようになった。

チェスキー、ゲビア、ブレカクジックの3人は、カンファレンス期間の宿泊場所が巨大市場のほんの一部に過ぎないことに気がつく。カンファレンス期間に限らず旅行者を受け入れたいと思っているホスト、旅先で地元ならではの体験も含めた割安な宿泊場所を求めるゲスト。この両者を結びつけるビジネスは、まだ手つかずだ。これは、大きなビジネスになるのではないか？

もっとも、解決しなければならない問題も見えてきた。見知らぬ人の家に泊まったり、見知らぬ人を泊めたりすることに、抵抗を感じする人が多いのではないか？　この不安を解消させるために、物件の写真、ユーザーの詳細なプロフィール、レビューシステムが考案されることになった。

以来、いくつかの困難を乗り越えながら、Airbnbは10年も経たないうちに、全世界200カ国以上で利用されるプラットフォームへと成長したのであった。

4　Airbnbのビジネスモデル

では、次に、Airbnbがどのように収益を得ているのかを見てみたい。

いわゆる「民泊サービス（戸建住宅、共同住宅等の住宅の全部または一部を活用して宿泊サービスを提供すること）」のプラットフォームの運営会社であるAirbnbは、

部屋を貸す「ホスト」と、部屋を借りる「ゲスト」をつないでいる。プラットフォーム上で、ゲストはいくつかの項目に入力することにより、自分の求める条件にあった部屋を提供してくれるホストを探すことができる。一方で、ホストはゲストからの宿泊依頼を確認して、ゲストの過去のレビューなどを参考にし、そのゲストを受け入れるか断るかを決めることができる。

Airbnbのもともとのコンセプトは、「ホームシェア」である。使用しない空き部屋や空き家などの不動産をホストに提供してもらい、それを一時利用する人（ゲスト）に貸し出すという発想だ。

ユーザー登録とオンラインプロフィールの作成をすることによって、サービスの利用が可能となる。プロフィールには貸し借りについての過去のレビューも記載されている。ホスト側は、物件に関する情報（物件の画像、宿泊料、アメニティ〔設備〕、利用制限、近隣住民の詳細情報など）を記載する義務がある。ゲスト側は、家主に自己紹介となるメッセージを送ることが必要だ。"互いの信頼によって成り立つコミュニティシステム"による貸し借りビジネスなのである。

利用する際には、都市名などから泊まってみたい宿を探す。その宿に過去に泊まったゲストのレビューを見て、ホストや部屋の様子を知ることができる。宿泊したい物件が見つかったら、家主に簡単な自己紹介や訪問の目的などを付して、予約のリクエストを送り、ホスト側が受け入れれば予約が成立する。

利用料をいくらにするのか、この最終決定権はホストにある。そして利用料

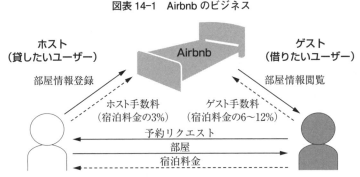

図表14-1　Airbnbのビジネス

出所）総務省（2015）「社会課題解決のための新たなICTサービス・技術への人々の意識に関する調査研究」。

はゲストから Airbnb を通してホストに支払われる。Airbnb は、ホストから利用料の３％、ゲストからは予約料に応じて6〜12％の手数料を得ている（図表14-1）。

　万が一、部屋がゲストに汚されてしまった場合などにはどうしたらよいか。その場合には、汚された部屋、既存された備品等の写真を Airbnb に送れば、最高 100 万ドル（約1億円）が補償される。火事で全焼してしまった場合なども想定している。

　Airbnb が扱っている物件は、アパートの空き部屋や戸建ての住宅が多いが、白やツリーハウス、中世の邸宅、個人所有の島なども含まれる。民泊のためにわざわざマンションを購入して登録する人たちもいる。

ケースを読み解く

1　シェアリングエコノミーとは

　現在、この流れはグローバルな規模で加速しているシェアリングエコノミーの定義を考えてみる。SHARE（シェア）とは、「共有」すること。シェアリングとは、一つのモノを一人の人が排他的に所有するのではなく、カーシェアリングや自転車シェアリングなどのように、複数の人によってモノを共有・共用し、有効に活用することをいう。

　では、**シェアリングエコノミー**とはいったい何か。総務省の『平成27年版情報通信白書』では、「典型的には個人が保有する遊休資産の貸出しを仲介するサービスであり、貸主は遊休資産の活用による収入、借主は所有することなく利用ができるというメリットがある」と説明されている。

　ここからは、主に前節で取り上げた Airbnb の例を通して、シェアリングエコノミーの市場規模、特徴、プラットフォームを中心にした仕組み、課題等について述べていきたい。

1) シェアリングエコノミーの市場

　シェアリングエコノミーは、すでに Airbnb などのような巨大企業を生み出しているが、その市場規模を推定する試みも行われている。イギリスのコンサ

215

図表 14-2　シェアリングエコノミーを代表する事例

事例名称	共有対象	創業	特徴
Airbnb（米国）	住宅	2008 年	住宅・物件を宿泊施設として登録し、旅行者などに貸し出すサービス。
Uber（米国）	自動車	2010 年	移動ニーズのある利用者とドライバーをマッチングさせるサービス。
Lyft（米国）	自動車	2012 年	移動希望者とドライバーをマッチングさせるサービス。
DogVacay（米国）	ペットシッター	2012 年	ペットホテルの代わりになるペットシッターを紹介するサービス。
RelayRides（米国）	自動車	2012 年	使用されていない自動車をオーナーから借りられるサービス。
TaskRabbit（米国）	家事など	2012 年	家事や日曜大工などの作業をアウトソーシングするサービス。

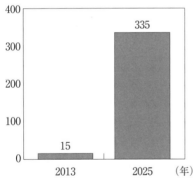

図表 14-3　シェアリングエコノミーの市場規模

注）金属、人材、宿泊施設、自動車、音楽、ビデオ配信の5分野におけるシェアリングを対象。
出所）PwC "The sharing economy-sizing the revenue opportunity"、総務省ホームページ「平成27年度版　情報通信白書」より転載。

ルティング会社、プライスウォーターハウスクーパースによると、次の5つをシェアリングエコノミーの主要業界として挙げて、市場規模を推定している（宮崎 2015：38-41）。

① P2P（ピーツーピー）金融、いわゆるクラウドファンディング
② オンライン人材派遣
③ P2P 宿泊（Airbnb はここに分類される）
④ カーシェアリング（Uber はここに分類される）
⑤ 音楽・動画ストリーミング

その推計によると、市場規模は2013 年に 150 億ドルだったのが、2025 年には3350 億ドルに達すると予測されており、この後もさらに大きなビジネスチャンスになるとも考えられ

ている。

　また、推計のもととなった５つの業界と対峙する既存の５業界（レンタカー、本・DVD レンタルなど）と比較すると、シェアリングエコノミーは既存の５業界に対して、2013 年にはその 10 ％にも満たない市場規模だったものが、2025 年にはほぼ同等の市場規模になるとも予測されているのである（図表14-3）。既存の業界とシェアリングエコノミー業界が肩を並べる時代が、もうそこまで来ているといえるのだ。

　さらに、これら５業界に加えて他の関連サービスを含めれば、シェアリングエコノミーはさらに大きい市場規模を持つことになる。

2）シェアリングエコノミーの特徴

　年々、勢いが増すシェアリングエコノミー。インターネット上のプラットフォームにおいて、個人同士によって、物やスペース、サービスなどが共有される経済活動は、シェアリングエコノミーという呼び名のほかにも様々な呼び方をされる場合がある（宮崎 2015：17）。

　　・peer to peer economy（ピアーツーピア・エコノミー、P2P）
　　・mesh（メッシュ）
　　・collaborative economy（共同消費型経済）
　　・collaborative consumption（共同消費）

　P2P（ピーツーピー）は、コンピュータ同士による通信方法の一つで、「対等の者（peer）」同士が直接ネットワークでつながり、やりとりを行う場合をいう。

　メッシュは、網の目のことで、個人個人や社会全体が網の目のようにつながって、様々なモノやサービスがシェアされている状態をいう。

　collaborative（コラボレイティヴ）とは、「協同の、合作の」という意味で、複数の個人が一つのモノなどを協同して消費する場合をいう。

　これらはいずれも「個人間でモノやサービスをシェアする」というニュアンスが含まれている言葉である。

　シェアリングエコノミーにおいて、シェアされるものは「形のあるもの」（例えば、自動車、住宅）「形のないもの」（例えば家事）だったり、売買されたり貸し借りされたりする場合もある。営利目的の場合も非営利目的の場合もある。もっとも、いずれの場合であっても、次の４つの特徴を持った経済活動である

といわれることがある（宮崎 2015：18-19）。

・シェアする、あるいは共有するといった性格を持つ取引である
・P2P あるいは個人間のモノなどのやりとりである
・取引はインターネット上のプラットフォームで行われる
・ソーシャルメディアによる信用をもとにして成り立っている

こうした特徴を持つシェアリングエコノミーは、インターネットの普及とりわけスマートフォンの普及を背景に 2000 年代後半から急速に発展してきた。前述したように、プライスウォーターハウスクーパースの推計によると、2013年の売上規模は世界全体で 150 億ドルに上り、2025 年には 3350 億ドルまで拡大されると予測されている。

3) 従来の経済活動との違い

冒頭で述べたように、モノなどをシェアすること自体は、決して新しいことではない。古くから人類は、他人とモノを共有したり、共同で様々な活動をしてきた。

では、現在、シェアリングエコノミーと呼ばれる経済活動は、それまでの人類の活動とどのような点において異なるといえるのだろうか。

何より、シェアが行われる範囲が、より広範囲で、場合によっては世界中の見知らぬ者同士が者の共有や助け合いをしている点が異なる。かつては、親兄弟近隣の人々といったいわば見知った同士の範囲に限られていた共有という行為が、インターネットを通じて見たことも会ったこともない人がつながり、取引が行われる場合が生まれたのである。

それを可能にしたのは、インターネット上のソーシャルメディアだ。シェアリングエコノミーでは、インターネット上のプラットフォームで実名性の高いアカウントによって取引が行われている。

参加者は実名を基本としたアカウントを使い、個人情報を公開し、取引を行うたびに参加者同士がレビューによって評価し合い、その評価がまた一般に公開されることで、売り手にせよ買い手にせよきちんとした振る舞いが要求されることとなる。

また、従来の共有・協同と異なる点は、シェアリングエコノミーが資本主義的・自由主義的な発想のもとで機能していることである。かつては、お隣り近

所の困った場合に「助け合う」発想が基本にあったといえよう。自分に足りないモノ、相手に足りないモノを、それぞれが持つモノを差し出すことで、物々交換として取引が成り立っていた。しかし、現在のシェアリングエコノミーでは、モノを貸したりサービスを提供したりする際の対価にお金が支払われるのが基本であり、また、助け合いの思想を超えた欲求を満たすために行われる場合がほとんどである。これによって、従来の助け合いの時以上に取引がより「効率的に」「広範囲に」行われるようになったのである。

2　シェアリングエコノミーの仕組み

　シェアリングエコノミーの仕組みは、一通りではないが、以下に代表的なものを見てみよう。

　Airbnb のほか、eBay や Uber といったシェアリングエコノミーを代表する企業は、個人と個人の間に入るプラットフォーム運営企業である。

　ここで、改めてプラットフォームの定義を考えたい。**プラットフォーム**とは、「お客さんに価値を提供する製品群の土台になるもの」、つまり「他のプレーヤー（企業、消費者など）が提供する製品・サービス・情報と一体になって、初めて価値を持つ製品・サービス群」を意味するとされる（根来 2017：17）。つまり、様々なプレーヤーがやり取りをする「場」だと考えると分かりやすいだろう。そしてプラットフォームは、それだけが存在していても無意味であり、その上に乗っていろいろな機能を果たす製品やサービスがあってこそ存在意義が見出されるのだ。

　シェアリングエコノミーにとってプラットフォームの存在・活用は必要条件といえるかもしれないが、逆に、インターネット上にプラットフォームがあるからといってそれがシェアリングエコノミーであるとは限らない。例えば、楽天はプラットフォームビジネスではあるが、シェアリングエコノミーには分類されない。それは、楽天が「個人と企業」を結ぶプラットフォームであるのに対して、Airbnb などのようなシェアリングエコノミーは前述したように「個人と個人」を結ぶプラットフォームである点が異なるからである。

　プラットフォーム運営企業は、ウェブサイトやスマートフォンのアプリを通じて、個人間の取引の仲介を行い、モノやサービスを提供する個人とそれらモ

図表14-4　シェアリングエコノミーの仕組み

個人間でメッセージ等のやりとりが行われる場合もある。

ノやサービスを求める個人はプラットフォーム上で取引を行うのである。

　プラットフォーム運営企業は、個人間の取引が行われるごとに、一般的には双方から手数料をとることで収益を上げていることになる。

　Airbnbなどのプラットフォーム運営会社は、参加する個人の数が多ければ多いほど、そして取引数も多ければ多いほど、収益を上げることができる。

　そこで、プラットフォーム運営会社にとって大切なことは、以下の2点に要約できる。

・なるべく多くの個人がプラットフォームに参加する仕組みを作ること
・プラットフォーム上で、個人が安心して取引ができる環境を整備すること

　まず、「なるべく多くの個人がプラットフォームに参加する仕組みを作ること」に関しては、「魅力的な**コンテンツ**（内容）」が大事であることはもちろんだが、その内容を多くの人に伝えるための工夫も同じように大事になってくる。

　Airbnbの場合、提供されているコンテンツ自体が魅力的なのはいうまでもない。例えば、ヨーロッパの古城を借り切って宿泊することができたり、森の中のツリーハウスで一晩過ごすことができたりするのは、同じような部屋で構成されたホテルを利用する旅行とは一味も二味も違う魅力的な体験を提供するものだ。ただ、それだけでなく、Airbnbは、そのコンテンツの魅力を伝えるための工夫を用意している。例えば、無料でプロのカメラマンを派遣し、物件の写真を撮影してくれるサービスだ。ホストは、リスティングに自分の所有する物件を掲載する際に上手な写真を撮る自信がない場合などには、このサービスを最大4件まで申請することができる。創業直後から、ウェブサイトに掲載される写真の出来不出来がプラットフォームとしての魅力を大きく左右することに気がついた創業者たちによって始められたサービスである。

　次に、「プラットフォーム上で、個人が安心して取引ができる環境を整備す

ること」に関しては、Airbnb では「評価制度」と「トラブル仲介制度」が挙げられる。

「評価制度」とは、ゲストとホストがお互いに評価し合う制度をいう。ゲストはチェックアウトした後に、宿泊体験や設備、アメニティなどについてホストを評価するメッセージを書き、またホストも泊まってくれたゲストを評価するメッセージを投稿する（レビュー）。文字メッセージのほか、星の数でお互いの評価を確認でき、どのようなホストやゲストなのかをほかのユーザーが参考にすることができる。また、この評価制度がゲストとホスト双方にきちんとした振る舞いをするようよい意味でのプレッシャーを与えることになり、全くの他人同士でも安心して取引ができるような効果を与えている。

一方で「トラブル仲介制度」としては、ゲストに部屋の設備や備品などに損傷が生じた場合に最大 100 万ドル（1 億円）まで補償する「ホスト保証」、例えばゲストがお風呂の使い方を間違えて部屋を水浸しにして下の階の部屋にまで被害を及ぼしてしまった場合、その下の階の人から損害賠償を求められた時に100 万ドルまで補償する「ホスト補償保険」、そして予約の際にゲストから預かることができ設備などの損害が生じた時にあてられる「保証金」がある。また、「問題解決センター」は、ホストとゲストとの間に生じたトラブルについて、ここに連絡をするとアドバイスを与えてくれる。

このような「評価制度」や「トラブル仲介制度」があることで、見ず知らずの他人にも安心して住居を貸そうと思う人、見ず知らずの他人の住居に宿泊してみようと思う人が増えるのである。

シェアリングエコノミーの事業を成功させるには、信頼（Reliability）と信用（Credibility）の 2 つが重要になる、と表現することもできるだろう（根来 2017：

図表 14-5　プラットフォーム運営会社の基本戦略

```
            ┌─────────────────────────────┐
            │   プラットフォーム運営会社の戦略    │
            └─────────────────────────────┘
               │                        │
    ┌──────────────────────┐  ┌──────────────────────┐
    │ 魅力的なコンテンツとその継続的な発信 │  │ 参加者が安心して取引できるための仕組み │
    │  →プロによる写真撮影        │  │  →プロによる写真撮影        │
    │  →ユーザーのコメント        │  │  →ユーザーのコメント        │
    └──────────────────────┘  └──────────────────────┘
```

99)。信頼とは「品質の確保」、信用とは「悪意の排除」であり、両者は「評価制度」「トラブル仲介制度」等によって担保され得るのだ（図表14-5）。

3　シェアリングエコノミーを可能にしたもの

1）テクノロジーの進化

2000年代以降、このシェアリングエコノミーが急速に普及した背景には、テクノロジーの進化、特にインターネットやスマートフォンの急速な普及がある。

かつては、見知った物同士でしか、モノの貸し借り、融通のし合いはできなかった。知り合いの範囲だけでやりとりをしていたのであれば、ここまでシェアリングエコノミーが爆発的に普及することはなかったであろう。

やはり、インターネットとそれを手軽に活用できるスマートフォンの普及があってこそ、全く知らない者同士での取引が可能となったといえよう。

スマートフォンの普及といえば、iPhoneの役割は大きい。このiPhoneが誕生したのが、2007年であり（1月9日、Macworld Expo 2007にて当時のCEO、S. ジョブズによって発表され、世界に衝撃を与えた）、一方、シェアリングエコノミーの両横綱、AirbnbとUberが誕生し急速に発展していった時期がこれと重なることからも、シェアリングエコノミーにおけるスマートフォンの重要性が分かるであろう。

また、ソーシャルメディアが、シェアリングエコノミーを支える評価制度を可能にしたことも大きい。これも、インターネットによって可能となった仕組みであるといえる。評価制度があるおかげで、参加者はお互いの評価を参照しながら安心して取引に入ることが可能になったのである。

2）社会環境の変化

国連によると、2014年時点で世界の人口の54％が都市部に住んでおり、2050年にはその割合が66％にまで高まると予想されている。こうした都市部への人口集中によって、都市部の住宅が不足し、不動産価格や家賃が高騰することとなる。高い家賃を支払って都市部のマンションなどに住んでいる人から見れば、自分が不在の間だけでも他人に貸し出し、その利用料を家賃の足しにしたいと思うだろう（Airbnbに対する需要）。また、都市部への人口集中は住宅

第14章　シェアリングエコノミーとプラットフォーム戦略

図表 14-6　シェアリングエコノミーの追い風となった様々な要因

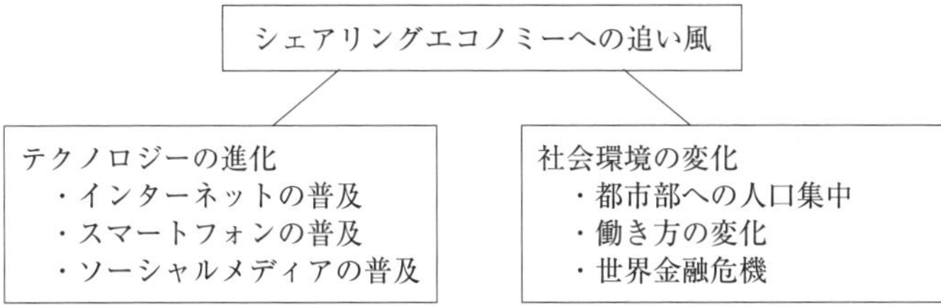

```
        ┌──────────────────────────────┐
        │  シェアリングエコノミーへの追い風  │
        └──────────────────────────────┘
         │                          │
┌────────────────────┐    ┌────────────────────┐
│ テクノロジーの進化      │    │ 社会環境の変化        │
│ ・インターネットの普及   │    │ ・都市部への人口集中   │
│ ・スマートフォンの普及   │    │ ・働き方の変化        │
│ ・ソーシャルメディアの普及 │    │ ・世界金融危機        │
└────────────────────┘    └────────────────────┘
```

不足とともに駐車場不足も引き起こし、都市部で自家用車を所有することが困難になってくることになろう。とすれば自動車はシェアをして済ませようと考える人も増えてくるに違いない（Uber に対する需要、図表 14-6）。

4　シェアリングエコノミーの影響

　カーシェアリングやライドシェアリングが増えれば、新車の販売台数が減るのではないか。Airbnb のような**民泊**が増えれば、ホテルの宿泊客が減るのではないか。シェアリングエコノミーに対しては、その成長ぶりが著しいだけに、批判とも不平ともとれる声が聞こえる。

　ただ、例えば民泊をしている人たちは従来ホテルを利用していたかといえば必ずしもそうではないであろう。そのような民泊利用者たちは、その土地でしか体験できないような民家での宿泊などといった特異な体験をさせてくれるような Airbnb のようなプラットフォームによって、初めて旅の楽しさに目覚めた人たちかもしれないのだ。シェアリングエコノミーによって、ホテルなどへの従来の需要が侵食されたのではなく、新たな需要が発掘されたと考えることもできるのだ。民泊によって初めて旅の面白さに目覚めた人が、次にはホテルを利用してみようと思うかもしれない（そこでホテルが魅力的に映るかは、ホテル業界の努力が求められることだろう）。

　一方で、シェアリングエコノミーに対しては、従来の業界の規制や課税を逃れているのではないかという批判も存在する。例えば Airbnb では、宿泊税を支払わない、ホテルの営業基準や許可を満たさない（日本には旅館業法があり、ホテルや旅館はこの法律の規制を受けている）、という形で、ホテル業界よりも有利な条件で宿泊客を集めてしまうことがホテル業界を圧迫しているのではないか、

223

第2部　企業の機能別・事業別戦略

という根強い批判もある。一般の住宅地のマンションを民泊に利用することで、そのマンションに出入りをする外国人観光客に対し地域の住民から騒音等の苦情が寄せられる場合も増えている。

この問題に対しては、ますます大きくなるシェアリングエコノミーに対する需要に対して一律に禁止するというのではなく（2015年、Airbnbを利用することでマンションを事実上ホテルとしていたという理由で、京都の業者が捕まった事例がある）、何らかの柔軟な法的な対応をすることが求められているといえよう。例えば民泊に関して、日本では、国家戦略特区の設置（東京都大田区など）、旅館業法の改正（2016年4月）、そして住宅宿泊事業法（民泊新法、2018年6月施行に向けて準備）などの対応が実行・検討されている。

参 考 文 献

ギャラガー，L. 著、関美和訳（2017）『Airbnb Story』日経 BP 社
スンドララジャン，A. 著、門脇弘典訳（2016）『シェアリングエコノミー』日経 BP 社
根来龍之（2017）『プラットフォームの教科書』日経 BP 社
ボッツマン，R.・ロジャース，R. 著、関美和訳（2016）『シェア』NHK 出版
牧野知弘（2016）『民泊ビジネス』祥伝社
宮﨑康二（2015）『シェアリング・エコノミー』日本経済新聞出版社
リフキン，J. 著、柴田裕之訳（2015）『限界費用ゼロ社会』NHK 出版

第 15 章

事件から学ぶコンプライアンスと経営

　経営戦略の観点から見た**リスクマネジメント**（risk management）が注目されている。リスクマネジメントの意義は、現在ある企業の価値を低下させないことにある。しかし、近年の企業不祥事を見ると、企業はそれを忘れているかのように思える。そこで、この章では、リスクマネジメントを怠ったことで事故が発生した場合、企業や経営責任者らが負うことになる責任について、欠陥製品に起因した死傷事故を題材に見ていく。そこから、リスクマネジメントが企業にとっていかに重要であるかを確認していきたい。

ケース　欠陥製品を巡る事件

　不法な行為は責任を生じさせる。この責任の一つは民事責任であり、もう一つは刑事責任である。

　そこで、欠陥製品に起因した事故において、民法の特別法である製造物責任法（Product Liability Law：以下、**PL法**）上の責任が問われた事案と刑事製造物責任における**業務上過失致死罪**（刑法第211条）が問われた事案について概観してみる。なお、紙幅の関係上、主要な事件を紹介していく。

1　PL法上の責任が問われた事案

1）「医療用漢方薬」でPL法が適用された事案

　医薬品等の輸入販売等を目的とする株式会社Yが輸入した医療用漢方薬「天津当帰四逆加呉茱萸生姜湯エキス顆粒『KM』医療用（KM-38）」（以下、KM）をXが服用したところ、Xが腎不全になってしまったことから、XがYに対して、PL法に基づき、Xの被った損害6024万余円などの支払いを求めた。

　名古屋地裁は、まず医薬品については、一定の効能がある反面、ある程度の

第2部　企業の機能別・事業別戦略

副作用があることは避けられない性質があるとした。

　そこで、医薬品に「欠陥」があるか否かは、その医薬品の効能、通常予見される可能性がある副作用の内容および程度、副作用の表示および警告の有無、他の安全な医薬品による代替性の有無、ならびに当該医薬品を引き渡した時期における薬学上の水準等の諸般の事情を総合的に考慮して判断するのが相当とした。

　そのうえで、KM の効能と副作用について判断すると、しもやけや腰痛などを改善する効能がある一方、長期間服用することで生じる副作用として腎障害があり、効能に比べて副作用の重篤さは顕著であるとして、1994 年 1 月の時点で、KM には副作用として腎障害があることを知ることができたにもかかわらず、それが表示されていないうえ、他の漢方薬でも容易に代替できるので、KM には、PL 法上の欠陥があるとして、X の Y に対する損害賠償請求を認めた（名古屋地判平成 16 年 4 月 9 日判時 1869 号 61 頁）。

2)「カプセル入り玩具のカプセル」で PL 法が適用された事案

　当時 2 歳 10 カ月であった X がカプセル入り玩具のカプセルを口の中に入れてしまい、その結果、喉を詰まらせ、窒息状態になり、そのことが原因で、X は低酸素脳症による後遺障害が残ってしまった。そこで、X およびその両親が、株式会社 Z に対して、製造したカプセルには設計上および表示上の欠陥があったとして、PL 法第 3 条に基づき、損害賠償を求めた事案である。

　鹿児島地裁は、乳幼児が手にするようなカプセルは、口に入れても取り出しやすいよう、多角形、荒い表面、さらに通気口を複数開けておくなどの設計が必要だが、問題となったカプセルは、3 歳未満の乳幼児が玩具として使用することが予見できる使用形態であり、形状的にも 3 歳未満の幼児の口腔内に入る危険、さらに一度口腔内に入ると、除去や気道確保が困難になり、窒息を引き起こす危険があることから、当該カプセルには設計上通常あるべき安全性を欠いていたとして、当該カプセルの欠陥を認めた。

　また、問題となったカプセルが ST 基準を満たしていても、それだけでは、幼児の窒息防止のための十分な安全性があったとは認められないとした。さらに、直径 39 mm 以下のものは誤飲や窒息事故を引き起こすおそれがあることは行政機関などが発行する文書に記載され、その内容は広く周知されていたこ

と、X の事故当時、3 歳未満の男児の最大開口量はそれ以上であることを示す調査結果も存在していたことなどの事情から、Z が当該カプセルを引き渡した時点における科学または技術の知見によっては、当該カプセルに設計上の欠陥があることを認識することはできなかったとは認められないともし、Z には製造物責任に基づく損害賠償義務があると判示した（鹿児島地判平成 20 年 5 月 20 日判時 2015 号 116 頁）。

2　刑事製造物責任

1）森永ドライミルク事件

　森永乳業徳島工場で製造のドライミルクに、ミルクの溶解度を高めるため第二燐酸ソーダが使用されていた。ところが、1955 年 4 月から 7 月にかけて納入された薬剤は、第二燐酸ソーダとは異なるヒ素が混入した他の薬剤（松野製剤）であった。しかし、工場側はその薬剤の成分を検査しないまま、原料である牛乳に混入し、ドライミルクを製造した。その結果、そのドライミルクを飲用した乳児が慢性ヒ素中毒を発症し、多数の死傷者が発生した事件である。その当時の徳島工場長 X と製造課長兼工場長代理 Y の 2 名が業務上過失致死傷罪で起訴された。

　差戻し後の第一審判決では、過失犯の構成要件としての過失行為は、被害の発生をもたらした客観的な落度として把握されるべきであり、落度があるというためには加害者が加害行為の時点で、被害を発生させないために、具体的な状況のもとで、必要と認められる負担を果たさなかったということが認められなければならないとした。

　そのうえで予見可能性は、具体的な因果経過を見通すことの可能性である必要はなく、何事かは特定できないけれども、ある種の危険が絶無であるとして無視するわけにはいかない程度の危惧感があれば足りるとした。

　そして、食品製造業者は、その食品が人体に全く無害で安全であることを消費者に保証し、これを販売している立場にあるのだから、そこで使用する原材料に不純物が混じっていないこと、および製造過程で有毒物が混入しないようにすることといった一般的義務を負う立場にある。

　ゆえに、食品製造業者が、不安感、危惧感を持つというのであれば、それが

第2部　企業の機能別・事業別戦略

結果の予見可能性を意味し、この不安感を払拭するに足る程度の回避措置を命じることには合理性が認められるとした。

そのうえで、工場側としては、有毒物の混入を避けるため、まず規格品を発注・使用する業務上の注意義務があり、規格品以外を使用する場合は、使用前に適切な科学的検査を実施すべき業務上の注意義務があり、それに違反したとして、Yは禁錮3年の実刑判決が言い渡された。一方Xは、直接的な注意義務はもちろん、監督上の注意義務も認めることはできないとして、過失責任は否定された（徳島地判昭和48年11月28日判時721号7頁）。

2) 薬害エイズ事件―ミドリ十字ルート―

製薬会社である株式会社ミドリ十字は、加熱クリスマシンHTが厚生労働省によって承認された後も、エイズ原因ウイルス（HIV）が混入していた非加熱濃縮血液凝固因子製剤（以下、非加熱クリスマシン）の販売を中止せず、また非加熱クリスマシンを回収する措置もとらなかった。その結果、その非加熱クリスマシンを投与された血友病患者がエイズを発症、死亡した事件で、当時の同社代表取締役社長X、代表取締役副社長兼研究本部長Y、代表取締役専務兼製造本部長Zが業務上過失致死罪にあたるとして起訴された。

大阪高裁は、XとYには、ミドリ十字の医薬品の製造販売に伴う危険の発生を未然に防止すべき地位にあるとした。そのうえで、XとYには、加熱クリスマシンHTの販売を開始した時点で、血液製剤を加熱化することが、エイズ対策として重要な意義があり、非加熱クリスマシンの販売を継続し、また、医療機関等に販売済みの非加熱クリスマシンを放置すれば、その投与により患者らをエイズウイルスに感染させ、エイズ発症によって死亡させる危険性があることを予見することができたため、血友病等の治療のため非加熱クリスマシンの販売や販売済みの非加熱クリスマシンをとどめ置くことの必要性はなかった。

それゆえ、直ちに非加熱クリスマシンの販売を中止するとともに、販売済みの非加熱クリスマシンの回収措置をとるべき業務上の注意義務があったとした。

それにもかかわらず、XとYは、業務上の注意義務を怠り、加熱クリスマシンHTの販売後も、引き続き非加熱クリスマシンを販売するとの営業方針を常務会等で了承し、その後も、非加熱クリスマシンの販売を継続するとともに、

販売済みの非加熱クリスマシンを回収する措置をとらないという過失を犯したとして、Xに禁錮1年6カ月、Yに禁錮1年2カ月の実刑判決が言い渡された（なお、Zは係争中に死亡した。大阪高判平成14年8月21日判時1804号146頁）。

3) パロマガス湯沸器事件

　パロマガス社製の湯沸器が故障した際、機械の一部を不正に改造して使用することができる状態となった。しかし、不正改造をすることで、強制排気装置が作動せず、その状態で使用した場合、一酸化炭素が発生し、その中毒で死傷する危険が生じていたところ、不正改造された湯沸器を使用した者が、一酸化炭素中毒によって死亡する事故が発生した。

　これについて、パロマ工業株式会社およびこれを販売した株式会社パロマの代表取締役社長ないし同会長Xとパロマ工業の品質管理部長Yが業務上過失致死罪で起訴された。

　東京地裁は、1985年1月ごろから2001年1月までの間、全国各地で、短絡という不正改造された7機種を使用したことによる一酸化炭素中毒による死傷事故が13件（うち12件は端子台における短絡）発生し、15名が死亡、14名が負傷しており、その後もさらに死傷事故が発生する危険性が高い状況にあったとして、そのような事故の再発防止のために、すべての7機種を対象として、注意喚起の徹底および点検・回収の措置がとられる必要があったとした。

　そしてXは、代表取締役社長ないし同会長として、製造販売品の安全確保、事故対応、リコールを含む業務全般を統括し、これらについて事実上の最終決定権限を有していたことから、事故までの間に、注意喚起の徹底、点検・回収の措置をとるべき刑法上の注意義務を負う立場にあるとした。

　またYに対しても、事故当時まで品質管理部長の地位にあって、その間、同社製品の事故情報の収集、原因の調査、事故対策の策定をするなどの職務に従事し、Xらに報告、指示を受けるなど、同社製品の安全対策の実務上の責任者として活動していたのであるから、Xに進言して指示を仰ぎながら、自らないしはパロマ両社の関係部署の担当者らに指示するなどの措置をとるべき刑法上の注意義務を負う立場にあるとした。

　XとYの予見可能性も認められ、Xに禁錮1年6カ月、Yに禁錮1年の実刑判決が言い渡された（東京地判平成22年5月11日判タ1328号241頁）。

第2部　企業の機能別・事業別戦略

ケースを読み解く

1　企業の法的責任

1)　P L　法

　欠陥製造物を巡っては、民事法の分野で、1994年に民法の特別法として、人の生命、身体または財産に係る被害が生じた場合に、被害者の保護を図り、それにより国民の生活の安定向上と国民経済の健全な発展に寄与することを目的（PL法第1条）としてPL法が制定された。

　PL法の特徴の一つとして、被害者救済を容易にするため、**無過失責任**を導入したことである。つまり、被害者は、製造業者等の過失を証明しなくても、製造物の欠陥を証明することができれば、製造業者等は損害賠償責任を負うことになる（PL法第3条参照）。

　その一方で、製造業者等に対しても、「当該製造物をその製造業者等が引き渡した時における科学又は技術に関する知見によっては、当該製造物にその欠陥があることを認識することができなかった」場合には、PL法第3条に規定する賠償の責任を負わない（PL法第4条1号）とする**開発危険**（Development risk）の抗弁が認められている。

　「**欠陥**」とは、その製造物の特性、通常予見される使用形態、製造業者等がその製造物を引き渡した時期その他のその製造物に係る事情を考慮して、その製造物が通常有すべき安全性を欠いていることと定義されている（PL法第2条2項）。学説上、欠陥には、①製造上の欠陥、②設計上の欠陥、③警告上の欠陥の3類型があるとされる（鎌田＝山口 1998：126以下）。

　「**製造業者等**」とは、①その製造物を業として製造、加工または輸入した者、②自らその製造物の製造業者として、その製造物に氏名、商号、商標その他の表示をした者、またはその製造物にその製造業者と誤認させるような氏名等の表示をした者、③その製造物の製造、加工、輸入または販売に係る形態その他の事情から見て、その製造物に実質的な製造業者と認めることができる氏名等の表示をした者と定義される（PL法第2条3項）。

230

2) 刑事製造物責任

　刑法第38条1項但書で「法律に特別の規定がある場合」に成立する犯罪が過失犯である。過失とは「うっかり」のこと、つまり不注意である（**注意義務違反**という）。刑法はPL法と異なり、無過失の場合は「不注意がない」ので、処罰することはできない。

　注意義務の内容については、例えば、「人の死傷」などの結果を回避すべきためには何をすべきであったかという**結果回避義務**であり、その前提として結果の**予見可能性**が要求されるとするのが通説である。また、注意義務の判断基準は**一般人**であるとするのが判例・通説とされる。

　予見可能性については、予見可能性の対象は構成要件的結果とその結果発生に至る因果経過の基本的部分と解し、その程度は、一般人であれば、その結果を回避しようと思う程度に結果を具体的に予見できることが必要であるとする考え方（**具体的予見可能性説**）と「何かが起きるかもしれない」という危惧感や不安感でよいとする考え方（**危惧感説**）とが対立しているが、判例・通説は前者である。

　ところで、民事裁判では「法人」にPL法上の責任が認められているが、刑事裁判では、「法人」にではなく、企業関係者ら「個人」に対する過失責任が問題となっている。

　これは、法人に犯罪能力が認められるとしても、現行刑法上、犯罪の主体は自然人のみを予定しているからである。

　業務上過失致死傷罪（刑法第211条）も、犯罪主体は自然人を予定しているので、製薬会社のような企業が製造した製品によって、消費者が死傷したとしても、その企業には刑法第211条は適用できない。

　この点、企業活動における事件が発生した場合、担当者など個人の刑事責任だけではなく、企業自体を主体として刑事責任を問えるような新たな法的枠組みが必要であるとの見解もある（船山 2007：90）。

3) 本ケースでの企業の責任

　以上の点を踏まえて、まずPL法上の責任が問われた判例を概観してみよう。

　名古屋地裁平成16年判決は、被告となった会社は、医薬品等の輸入販売業者だが、PL法第2条3項1号で輸入業者も含まれることから、PL法上の責任

第2部　企業の機能別・事業別戦略

が問題となった。

　この事案で問題となった漢方薬の欠陥だが、副作用が生じたことから判断すれば、「欠陥」の3類型のうち、「設計上の欠陥」「指示・警告上の欠陥」が問題となったと判断できよう。

　医薬品に欠陥があるか否かは、先の判例でも見たように、問題となる医薬品の効能や通常予見される可能性がある副作用の内容、程度、副作用の表示、警告の有無、その他の安全な医薬品による代替性があるか否か、ならびにその医薬品を引き渡した時期における薬学上の水準など、諸々の事情を総合的に考慮して判断することが必要としている点が注目に値する。

　鹿児島地裁平成20年判決では、玩具を入れているカプセルの欠陥が問題となったものであるが、この事案で問題となった「欠陥」は「設計上の欠陥」と「指示・警告上の欠陥」と思われるが、鹿児島地裁は「指示・警告上の欠陥」は判断するまでもなく、「設計上の欠陥」を肯定している。

　この裁判でZ側は、PL法第4条1号の「開発危険の抗弁」による免責事由を主張している。しかし、鹿児島地裁は、ST規準などを満たしているだけでは、十分な安全性を確保しているとはいえないなどの理由から、その主張を退けている。

　以上のように、PL法上の責任を判断する場合、「欠陥」の存在が重要となり、また、被告となるのは、当該製品の製造を担当した者や現場責任者のような製造者ではなく、製造物を「業」とする「製造業者等」であることも注意しておく必要がある。

　次に、刑事製造物責任が問われた事案を概観していく。

　森永ドライミルク事件では、裁判所は結果の予見可能性について「危惧感説」を採用した。しかし、この判決以降、「危惧感説」を採用した判例はないとされている。

　この事件では、製造工場の課長の監督過失が認められたが、工場長の過失責任については、事務系出身であることや職務権限などが考慮され、過失責任は否定されている。しかし、今日の企業の在り様からすれば、工場長は意思決定の責任者ゆえ、実行行為者としての地位が問題となるだろうという指摘もあり（甲斐 2006：160-161）、現在であれば、過失責任が否定される可能性は低いかも

232

しれない。

　薬害エイズ事件ミドリ十字ルート事件で重要な点は、①HIVが混入している非加熱クリスマシンの継続販売を中止する業務上の注意義務と②すでに市場に出回っている非加熱クリスマシンを回収する業務上の注意義務の2点を注意義務の内容として挙げている点である（北川 2006：186）。

　そして、①の場合、販売を継続した責任は誰にあるか、②については、早急に回収するという措置をとらず漫然と放置したことで、使用者の死亡という結果を防ぎきれなかったことの責任は誰にあるかを明らかにすることが求められた。

　この点、大阪高裁は、X・Yが常務会など会社の意思決定をする会議に参加している点を挙げ、①も②もX・Yに責任があるとしている。

　パロマガス湯沸器事件でも、ミドリ十字ルート判決と同様、欠陥製品の回収という業務上の注意義務の内容として挙げている。

　この事件も、Xがパロマ工業の事実上の最終決定権者で製品の安全確保を含めた業務統括者であったこと、Yは製品による死亡および負傷事故等についてXに報告し、指示を受けるとともに事故調査・対策等の業務を行う責任者であったことを根拠に、この2人に責任があると認定したものと思われる。

　以上のように、「森永ドライミルク事件」は、製品販売前の段階で危険性を予見できたか否かが問われた事案であり、「パロマガス湯沸器事件」は、製品の販売後、当該製品に欠陥があったことが判明したが、その欠陥製品の回収を怠るなど、漫然とそれを放置した製造管理部門の責任者だけでなく、企業経営者や幹部にも刑事過失責任が問われた事案、「ミドリ十字ルート事件」はその両方が問題となった事案といえよう。

　経営責任者らが逮捕・起訴され、実刑判決を受けた場合、企業が受ける打撃は、民事裁判以上のものであろう。

2　リスクマネジメント

　私たちの社会はリスク社会である。リスクとは、何かをする、あるいは何かをしないことで生じる反対危険のこととされる（高橋 2016：211）。このようなリスクを回避するため、将来そのリスクが生じることを予見し、それを事前に

第2部　企業の機能別・事業別戦略

回避するための措置を講じる、あるいは、それが顕在化した場合、その損害を最小限に抑えるための対応をすることが、「リスクマネジメント」である。

リスクを事前に回避する措置として、企業の担当者や経営責任者らは、その製品の品質等を保証して市場に流通させる以上、その製品から人の生命・健康を害するような事故が生じないよう、消費者保護のための安全義務を最大限に講じるべきである。

企業や経営責任者らは、急速に進歩している科学技術が、私たちの生活の質を向上させる一方で、たった一つの事故が、企業に大損害を与えることを念頭に置かなければならない。

それゆえ、類似の実験などにより危険性が、ある程度でも推測できるなら、たとえ具体的な危険がない場合でも、未知の危険から生じた事故による甚大な被害を負担するのが消費者であることを考えれば、企業の担当者や経営責任者らは、危惧感の程度に応じて、その危険性を回避するための措置を講じるべきである。

したがって、具体的な危険が予見されている場合にも、その結果の防止措置をとることはもちろんのこと、危険発生の危惧感がある限りは、危惧感の程度に応じて、その防止措置をとることが妥当であり、そうすることで、わずかな負担で広範囲にわたる危険を防止することが可能となる（藤木 1972：138 以下）。

「**ハインリッヒの法則**」（Heinrich's law; The 300-29-1 Ratio Opportunity）という法則がある。これは、一件の重大事故が発生する裏には、29 件の軽微な事故があり、さらにその裏には 300 件の未然の事故があるという事故発生における経験則のことをいう。

ハインリッヒの法則に則り、未然の事故やインシデントの情報を把握できていれば、最悪な事態を回避するよう、事前に適切な防止装置をとることができる。

一方、製品を販売後に欠陥が判明し、情報を得た場合には、速やかに適切な措置をとる必要がある。企業がとるべき措置としては、消費者が通常の用法に従って使用することで危険が及ぶおそれのある程度に応じて、欠陥情報の公表や警告、製品回収などいくつかの措置が考えられる。

対応が遅ければ遅れるほど、被害が拡大するだけでなく、企業に対する社会

の風当たりは強くなり、その信頼も低下する。さらに、ミドリ十字ルート判決やパロマ湯沸器事件のように、欠陥情報を知りながら、漫然と回収措置などを行わなかったことで、消費者に死傷者が出た場合、経営責任者らは刑事過失責任を問われる可能性があることを忘れてはならない。

それゆえ企業は、消費者に対して企業が持っている欠陥製品の情報を速やかに公表し、リコールを実施するなど欠陥製品の回収に取り組むことが必要である。また、これ以外にも、消費者に対して謝罪やお見舞いを行い、原因究明と再発防止策を表明することも重要である（馬場 2015：36 以下）。

3　CSR

近年、経営の重要なテーマの一つとして注目されているのが CSR である。CSR は、先の判例にもある「森永ドライミルク事件」が起きた 1970 年代に盛んに議論されたテーマであった。一時下火にはなっていたが、近年の企業不祥事が続出する現状などから、再び CSR の取り組みの必要性が議論され始めている。

このような状況の中、CSR を戦略的に捉える枠組みとして提唱されているのが「戦略的 CSR の基本フレーム」である（伊吹 2003：60）。これには、「予防倫理と積極倫理」「事業内領域と事業外領域」の 2 つの軸と、企業が取り組むべき CSR として「企業倫理・社会責任」「投資的社会貢献活動」「事業活動を通じた社会革新」の 3 つの領域があるとされる（伊吹 2003：60 以下）。この章の性格上、「企業倫理・社会責任」の領域にスポットをあててみよう。

もしある企業が製造・販売した製品が欠陥品であった、その製品を使用した消費者に死傷者が出た、あるいはその事故によって、製造業者の経営責任者や幹部に逮捕者が出たなどが報道されたとしたら、消費者はどのような行動をとるだろうか。

おそらく多くの消費者が、その企業が作る製品は危ないと思うだろう。また、その企業が社会の一員として果たすべき社会的責任を果たしていないとして、製品やサービスの購入を避けるだろう。それによって企業の売上は当然のことながら激減することになる。森永乳業も「森永ドライミルク事件」後、森永製品に対する不買運動が起こった結果、その売上が下降線をたどったことは周知

第2部　企業の機能別・事業別戦略

の事実である。

　このような事態になれば、企業は経営戦略を再考せざるを得なくなる。さらに、同分野の他企業との競争にも負けることにもなろう。

　そこで、企業がこのような状況に陥らないために、「企業倫理・社会責任」の領域の具体的な取り組みが必要である。すなわち、企業は法令遵守を徹底することはもちろんのこと、企業**コンプライアンス**を構築し、それを社内全体に広めるための徹底した社員教育を行うことが必要である。さらに、内部の機関によるチェック体制を確立し、運用することも重要である。

　もちろん法令遵守を徹底したから、また企業コンプライアンスを確立したからといって、CSR の取り組みができているというわけではない。先に示した「企業倫理・社会責任」以外の2つの領域とのバランスを保ちながら、CSR に取り組むことが必要である。

　しかし、法令遵守の徹底と企業コンプライアンスの確立は、企業価値を上げるために必要な絶対的条件だと考えれば、「企業倫理・社会責任」領域の重要性も理解できるであろう。

　企業の信用やブランドイメージを守っていくためにも、経営責任者や幹部、現場責任者だけでなく、たとえ製造や承認に関わっていない社員であっても、一人ひとりが法令遵守を徹底し、企業コンプライアンスや CSR を意識した活動を行うことが求められる。

参 考 文 献

朝見行弘（2013）「製造物責任法における立証責任」『国民生活』第6号、国民生活センター、pp. 32–35

井田良（2008）『講義刑法学・総論』有斐閣

伊吹英子（2003）「経営戦略としての『企業の社会的責任』」『知的資産創造』2003年9月号、野村総合研究所、pp. 54–71

今上益雄（1997）『重点講義刑法総論』北樹出版

岩間康夫（2010）『製造物責任と不作為犯論』成文堂

甲斐克則（2006）「欠陥製品の製造・犯罪と刑事過失」『神山敏雄先生古稀祝賀論文集』第1巻、成文堂

鎌田薫＝山口斉昭（1998）「製造上の欠陥、設計上の欠陥、警告上の欠陥」升田純編『現代裁判法大系 8　製造物責任』新日本法規出版

北川佳世子（2006）「欠陥製品回収義務と刑事責任―市販後の製品回収義務をめぐるわが国の議論―」『神山敏雄先生古稀祝賀論文集』第1巻、成文堂

北川佳世子（2008）「欠陥製品と企業の刑事責任」甲斐克則編『企業活動と刑事規制』日本評論社

高橋則夫（2016）『刑法総論（第3版）』成文堂

馬場新一（2015）「被害や欠陥が発生した場合の信頼回復に向けた対応」『ジュリスト』第1477号、有斐閣、pp. 32-38

藤木英雄（1972）『刑法各論』有斐閣

藤木英雄（1975）『刑法講義　総論』弘文堂

船山泰範（2007）『刑法の役割と過失犯論』北樹出版

船山泰範（2010）『刑法学講話　総論』成文堂

索　引

ア　行

R & D	164
RBV	128
ISO	42
IoT	199
IT 戦略	171
IT バブル	107
赤松要	161
ASEAN	150
——経済共同体	150
——産業協力協定（AICO）	157
アンゾフ, I.	65
EMS	24
異業態間競争	7
いざなぎ景気	196
イノベーションのジレンマ	111
ヴェーバー, A.	162
AI	199
SPA	15
エノキアン協会	46
M & A	30, 104
MBO	52, 102
エントリー・バリア	64
OEM	24, 134, 153, 183
OS	116
OLI	161
OHSAS	45
ODM	24, 183
オピニオンリーダー	90

カ　行

格付け	80
カテゴリー価値	95
——戦略	93
金のなる木	17
ガバナンス	77

雁行形態論	161
環太平洋経済連携協定（TPP）	163
起業家（アントレプレナー）	207
企業家学派	147
技術戦略	146
機能獲得型	31
規模の経済	3
基本的競争戦略	14, 144
キム, W. C.	19
QCD	186
競争優位	44
共有	209
共用	209
金融	74
クリステンセン, C. M.	111
グローバル戦略	146
クロス SWOT 分析	176
ケイ, A.	127
経験価値	95
——戦略	93
ゲーム理論	203
コアコンピタンス	114
小売の輪	14
ゴーイングコンサーン	195
コール, A. H.	147
小島清	161
コスト・リーダーシップ	14
——戦略	29, 64, 144
コトラー, P.	14, 174
コンテンツ	220
コンプライアンス	77, 236

サ　行

サードパーティ・ロジスティクス（3PL）	102
差異化（ポジショニング）	21
サブ・カテゴリー	95
サプライチェーン	15, 156

──・マネジメント（SCM）	33	製品ライフサイクル	89
差別化	14	セイラー, R.	20
──戦略	29, 44, 64, 144, 177	セーフガード	132
3S	42	セグメンテーション	21
産業クラスター論	162	積極化戦略	176
産業再生機構	16	セル生産	189
産業集積論	161	専守防衛・撤退	177
3C	26	先発ブランド	95
産地ブランド戦略	140	相乗効果（シナジー効果）	112
CSR	48, 235	相補効果（コンプリメント効果）	112

タ　行

CPU	115		
GUI	115	ターゲティング	21
シェアリングエコノミー	210, 215	第一次産業	62
事業拡大マトリックス	65	第三次産業	62
事業承継	52	第二次産業	62
事業ポートフォリオ	112	ダイヤモンド理論	162
事業ミックス	61	大ロット	105, 184
市場地位別競争戦略	14	ダニング, J. H.	161
市場のコモディティ化	92	多品種小ロット生産	184
市場リーダー	14	段階的施策	177
ジャストインタイム	186	段取り	184
JAPAN ブランド育成支援事業	141	チャレンジャー	14
囚人のジレンマ	203	調達戦略	171
集中戦略	29, 64, 125, 144	DMO	180
集中貯蔵の原理	22	DMC	180
自由貿易協定（FTA）	159	ドイモイ	154
受注生産	190	導入期	17, 89
シュンペーター, J.	147	独自価値（先発）戦略	92
焦点絞り込み（集中）	14, 114	特化型戦略	70
小ロット	104, 184		

ナ　行

所有	209		
真空地帯論	18	内部化理論	161
新市場参入型	31	中内功	3
衰退期	17, 89	ナレッジマネジメント	128
垂直統合型	31	2S	45
垂直統合モデル	5	ニッチ	201
スイッチング・コスト	203	──市場	128
水平統合型	30	ニッチャー	14, 201
SWOT 分析	176	ネット通販	11
ストラクチュラル・ホール	205		
スマイルカーブ	26		
成熟期	17, 89		
成長期	17, 89		

索　引

ハ　行

バート, R.	205
バーノン, R.	161
ハイマー, S.	161
ハインリッヒの法則	234
破壊的イノベーション	111
花形	17
ハブ・アンド・スポーク型	163
林周二	13
バリューチェーン	162, 200
PL 法	225
PC	114
P2P	217
東アジア地域包括的経済連携（RCEP）	163
ビジネスモデル	52
品質価値	94
——戦略	92
5 forces	18
ファミリービジネス	46
フォロワー	14
プラットフォーム	219
ブランディング	133
ブルーオーシャン	19, 110
——戦略	19, 110
プロスペクト理論	20
分業・協業体制	130
PEST 分析	174
ポーター, M. E.	14, 29, 64, 144, 162, 201
ポートフォリオ戦略	17

ホール, M.	22
北米自由貿易協定（NAFTA）	161

マ　行

マーケティング戦略	171
マーシャル, A.	161
マクネア, M. P.	14
負け犬	17
マッチング	104
民泊	223
無店舗小売業	11
メガバンク	69
メンタルアカウンティング	20
モボルニュ, R.	19
問題児	17

ラ　行

ライフサイクル論	17
ライン生産	189
リーマンショック	192
リスクマネジメント	225
リテール戦略	69
『流通革命』	13
レッドオーシャン	19, 109
レビット, T.	21
六次産業	62
六次産業化法	62
ロングテール理論	22

編著者略歴

草野素雄（くさの・もとお）
早稲田大学第一政治経済学部経済学科卒業
早稲田大学大学院商学研究科博士課程単位取得満期退学
城西大学経済学部教授、経営学部教授、経営学部長、副学長を経て、
経営学研究科長、城西短期大学学長
【主な著書】
『入門｜マーケティング論』（単著）八千代出版
『新・マーケティング総論』（共著）創成社
『流通と商業』（共著）創成社
『新時代のマーケティング理論と戦略方向』（共著）ぎょうせい

上村聖（かみむら・しかと）
一橋大学社会学部卒業
食品メーカー、コンサルティングファーム、物流企業に勤務
首都大学東京大学院社会科学研究科経営学専攻博士前期課程修了
コンサルティング事務所代表等を経て、城西大学経営学部教授
【主な著書・論文】
『通販物流―ビジネス成功への必要条件―』（共著）海事プレス社
「強い現場に必要な組織能力に関する一考察―物流センターの事例より―」（単著）
「中国のサプライチェーンにおける管理技術移転に関する一考察」（共著）

ケースで読み解く経営戦略論

2018 年 4 月 5 日　第 1 版 1 刷発行

編著者―草野素雄・上村聖
発行者―森口恵美子
印刷所―美研プリンティング（株）
製本所―（株）グリーン
発行所―八千代出版株式会社

〒101-0061　東京都千代田区神田三崎町 2-2-13

TEL　03-3262-0420
FAX　03-3237-0723
振替　00190-4-168060

＊定価はカバーに表示してあります。
＊落丁・乱丁本はお取替えいたします。

© 2018 M. Kusano & S. Kamimura et al
ISBN978-4-8429-1723-8